Felicia Huber
2015

Constanze Schäfer

Dokumentation

Constanze Schäfer

Dokumentation

Constanze Schäfer, Düsseldorf

Mit 53 Formular-Abbildungen

Deutscher
Apotheker Verlag

Anschrift der Autorin

Dr. Constanze Schäfer MHA
Apothekerin
Abt. Aus- und Fortbildung
Apothekerkammer Nordrhein
Poststr. 4
40213 Düsseldorf

Bibliografische Information der Deutschen Nationalbibliothek
Die Deutsche Nationalbibliothek verzeichnet diese Publikation in der Deutschen Nationalbibliografie; detaillierte bibliografische Daten sind im Internet unter http://dnb.d-nb.de abrufbar.

1. Auflage 2015
ISBN 978-3-7692-6346-6
ISBN 978-3-7692-6501-9 (E-Book, PDF)

Birkenwaldstr. 44, 70191 Stuttgart
www.deutscher-apotheker-verlag.de
Printed in Germany

Satz: primustype Hurler GmbH, Notzingen
Druck und Bindung: Kohlhammer, Stuttgart
Umschlagabbildung: ©quka – Fotolia
Umschlaggestaltung: deblik, Berlin

Inhaltsverzeichnis

Abkürzungsverzeichnis

ApBetrO	Apothekenbetriebsordnung
ApoG	Apothekengesetz
BAK	Bundesapothekerkammer
BtM	Betäubungsmittel
BtMBinHV	Betäubungsmittel-Binnenhandelsverordnung
BtMG	Betäubungsmittelgesetz
BtMVV	Betäubungsmittel-Verschreibungsverordnung
ChemVerbotsV	Chemikalienverbotsverordnung
DAV	Deutscher Apotheker Verlag
EVE	Endverbleibserklärung
GefStoffV	Gefahrstoffverordnung
GHS-Kennzeichnung	Kennzeichnung nach global harmonisiertem System (Gefahrstoffe)
MP	Medizinprodukt
MPBetreibV	Medizinprodukte-Betreiberverordnung
MPG	Medizinproduktegesetz
SGB V	Sozialgesetzbuch V
QM	Qualitätsmanagement

1 Apothekenbetrieb

1.1 QM-System

§ 2a ApBetrO Qualitätsmanagementsystem, § 135a Sozialgesetzbuch V Verpflichtung zur Qualitätssicherung, i. d. R. auch Vorgaben in den Heilberufsgesetzen der Länder.

1.1.1 Bedeutung für die Apotheke

Die Einführung eines QM-Systems dient der belegbaren Durchführung von Qualitätssicherungsmaßnahmen in der Apotheke. Auf eine Zertifizierungspflicht wurde wegen der Überwachung der Apotheken verzichtet. Wenn auch die Ausgestaltung des QMS in der Apotheke nach ApBetrO keiner Norm entsprechen muss, sind aber bestimmte Inhalte dennoch zu erfüllen, um von einem Qualitätsmanagementsystem zu sprechen. Dazu zählen:

- Leitbild,
- Definition der Ziele,
- Betriebs- und Personalorganisation,
- Warenwirtschaft,
- Kennzahlen,
- interne Audits und Selbstinspektion,
- Managementbewertung,
- Überprüfung der Kundenzufriedenheit,
- Fehler- und Beschwerdemanagement,
- Korrektur- und Vorbeugemaßnahmen mit dem Ziel der kontinuierlichen Verbesserung.

Für das Verblistern und das Herstellen von Parenteralia werden in der ApBetrO in den §§ 34 und 35 spezielle Festlegungen gefordert. Das QM-System einer Apotheke muss insbesondere die Arzneimittel- und Arzneimitteltherapiesicherheit abbilden.

Auch wenn die ApBetrO lediglich die Implementierung, nicht jedoch die Zertifizierung des QM-Systems in der Apotheke vorsieht, so ist es im Hinblick auf Vertrags- und Versorgungsformen, die das SGB V auch Apotheken ermöglicht, sinnvoll oder sogar notwendig, eine Zertifizierung durch einen externen Auditor vornehmen zu lassen.

1.1.2 Besonderheiten zwischen Haupt- und Filialapotheken

Das QM-Managementsystem kann für alle Betriebe einer Haupt- und Filialapotheke eingesetzt werden.

1.1.3 Form und Umfang der Dokumentation

Das QM-Handbuch kann sowohl in Papierform als auch elektronisch geführt werden.

Tab. 1.1 Was muss im Einzelnen dokumentiert werden?

Was (Auszug)	Wer
Regelmäßige Personalschulungen, z. B. ▶ Kap. 1.3, 4.5, 4.7	QM-Verantwortliche/Apothekenleiter
Aktualisierung wissenschaftlicher Hilfsmittel	QM-Verantwortliche/Apothekenleiter
Hygienemaßnahmen, ▶ Kap. 1.3	QM-Verantwortliche/Apothekenleiter
Sicherstellung der Dienstbereitschaft	QM-Verantwortliche/Apothekenleiter
Selbstinspektion	QM-Verantwortliche/Apothekenleiter
Qualitätssichernde Maßnahmen für Herstellung und Lagerung von Arzneimitteln und Medizinprodukten, z. B. ▶ Kap. 3.1ff.	QM-Verantwortliche/Apothekenleiter

Tipp

Ein Minimal-QM entsprechend den Anforderungen der ApBetrO bietet z. B. QM Basic (DAV). Einige Landesapothekerkammern bieten zudem ein eQMH (elektronisches QM-Handbuch) an.

1.1.4 Ordnungswidrigkeit/Straftat

Das Nichtbetreiben eines Qualitätsmanagementsystems ist eine Ordnungswidrigkeit.

1.1.5 Aufbewahrung

Im Rahmen der regelmäßigen Audits – sowohl im Fall der unzertifizierten, als auch der zertifizierten Lösung – ist das QM-Handbuch mindestens einmal jährlich zu aktualisieren.

1.2 Raumtemperatur

Apothekenbetriebsordnung § 4 Beschaffenheit, Größe und Einrichtung der Apothekenbetriebsräume (1) 3 und (2d).

1.2.1 Bedeutung für die Apotheke

Die Lagertemperatur hat Einfluss auf die Qualität von Arzneimitteln und Medizinprodukten. Laut Arzneibuch werden folgende Lagerbereiche unterschieden:

- tiefgekühlt: < – 15 °C,
- im Kühlschrank: + 2 bis + 8 °C,
- kühl bzw. kalt: + 8 bis + 15 °C,
- Raumtemperatur: + 15 bis + 25 °C.

Je nach Arzneimittel sind diese Lagervorschriften einzuhalten. Dies gilt auch für den Kommissionierautomaten, in dem die Lagerung von Arzneimitteln von 15 °C bis 25 °C gewährleistet sein muss. Auch auf den Medizinprodukten finden sich Hinweise zur qualitätserhaltenden Lagertemperatur.

Die qualitätssichernden Maßnahmen erstrecken sich nicht allein auf die Lagerung der Arzneimittel im korrekten Lagerbereich; es muss darüber hinaus auch die Einhaltung der jeweiligen Temperaturbereiche regelmäßig abgelesen und dokumentiert werden. Für die Lagerung bei Raumtemperatur kann dies auch zur Folge haben, dass eine Klimaanlage installiert werden muss, um den Temperaturbereich einzuhalten.

Für das Messen und Erfassen möglicher Temperaturspitzen sowohl nach oben als auch nach unten, haben sich Min-Max-Thermometer bewährt und gelten heute für qualitätssichernde Zwecke als Standard. Es gibt im Handel kalibrierfähige Geräte mit Speicher- und Warnfunktion, die bei Temperaturabweichungen Alarm geben; dies ist z. T. auch per Funkweiterleitung möglich. Einige Geräte verfügen auch über PC-Schnittstellen, so dass ohne viel Aufwand Temperaturverlaufsprotokolle erstellt werden können.

1.2.2 Form und Umfang der Dokumentation

Die Dokumentation ist sowohl in Papierform als auch elektronisch möglich (z. B. QM Basic, DAV. Zu dokumentieren sind:

- das Ergebnis der Temperaturmessung in den Betriebsräumen – eventuelle Temperaturspitzen im Tagesverlauf (Sommer) dabei berücksichtigen,
- das Ergebnis der Temperaturmessung in Kühlgeräten (Kühlschrank) – eventuelle Temperaturspitzen im Tagesverlauf dabei berücksichtigen.

Tab. 1.2 Was muss im Einzelnen dokumentiert werden?

Was	Wer
Ⓐ Betriebsraum oder Gerät	PKA, PTA oder Apotheker
Ⓑ Festgelegte Solltemperatur, bzw. Solltemperaturbereich	PKA, PTA oder Apotheker
Ⓒ Datum	PKA, PTA oder Apotheker
Ⓓ Temperatur in den Betriebsräumen und den jeweiligen Geräten täglich zu einem festgelegten Zeitpunkt ablesen und Werte dokumentieren	PKA, PTA oder Apotheker
Ⓔ Namenszeichen	PKA, PTA oder Apotheker
Maßnahmen erforderlich → wenn ja Bewertung der Ergebnisse	PKA, PTA oder Apotheker → Apothekenleiter

1.2.3 Sonstiges

Die Thermometer sollten am besten in den Betriebsräumen bzw. in den jeweiligen Geräten fest installiert sein.

Beim Einsatz von Automaten zur Arzneimittellagerung auch die Temperatur im Automaten selbst erfassen.

> **Tipp**
> Das Ablesen und die Dokumentation möglichst mit einer anderen regelmäßigen Tätigkeit kombinieren, z. B. der Aktualisierung der Notdienstausschilderung.

1.2.4 Ordnungswidrigkeit/Straftat

Es handelt sich um eine Ordnungswidrigkeit, da die Überprüfung der Raumtemperatur Teil des verpflichtenden QM-Systems ist.

1.2.5 Aufbewahrung

Die Aufzeichnungen müssen vollständig und nicht weniger als fünf Jahre (§ 22 (1) ApBetrO) aufbewahrt werden.

Dokumentation der Kühltemperatur

Monat Ⓒ *Januar*	Kühlschrank Ⓐ		Sollwert Ⓑ +2 bis +8 °C	Namenszeichen
Tag	Minimalwert	Maximalwert	Entspricht Sollwert	
1.	*+3*	*+7*	✓	*CS* Ⓔ
2.	*+3*	*+7*	✓	*CS*
3.	*+3*	*+6*	✓	*CS*
4.	*+2*	*+6*	✓	*CS*
5.				
6.	Ⓓ			
7.				
8.				
9.				
10.				
11.				
12.				
...				

1.3 Hygiene

Apothekenbetriebsordnung § 4a Hygienemaßnahmen.

1.3.1 Bedeutung für die Apotheke

Hygiene hat für die Apotheke eine hohe Bedeutung, nicht nur im Bereich der Herstellung von Rezeptur und Defektur, sondern auch im Labor, bei der Durchführung von Dienstleistungen wie Blutzuckermessungen, bei der Lagerung von Arzneimitteln und Medizinprodukten. Auch an die Personalhygiene sind besondere Anforderungen zu stellen.

Über geeignete Flächen- und Hautdesinfektionsmittel gibt der Verbund für angewandte Hygiene Auskunft (VAH: www.vah-online.de). Der Mindeststandard zur Reinigung des Rezepturarbeitsplatzes ist einmal tägliches Wischen der Arbeitsflächen mit 70 %igem Isopropanol. Die Flächen von Gerätschaften, die mit dem Produkt in Berührung kommen, sind ebenfalls mit 70%-igem Isopropanol zu reinigen. Die Händedesinfektion ist vor der Herstellung von Rezepturen durchzuführen.

Darüber hinaus sind bei gehäuftem Auftreten von Infektionskrankheiten (z. B. Grippe, Norovirus) die Desinfektion des HV-Tischs und die regelmäßige Händedesinfektion der Mitarbeiter im HV-Bereich sinnvoll und sollte sowohl im Sinne des allgemeinen Infektionsschutzes, aber auch der Fürsorgepflicht des Apothekenleiters für die Mitarbeiter durchgeführt werden.

Für die Durchführung der Hygienemaßnahmen muss zuvor ein Plan erstellt werden, was wie häufig von wem zu reinigen ist (s. Reinigungs- und Desinfektionsplan). Dieser Plan ist Teil des QM-Systems.

Für Leihgeräte muss die Aufbereitung – Überprüfung, Reinigung und Desinfektion – dokumentiert werden (▸ Kap. 2.11).

1.3.2 Besonderheiten zwischen Haupt- und Filialapotheken

Die individuellen Regelungen können auf alle Betriebsstätten übertragen werden.

1.3.3 Form und Umfang der Dokumentation

In Papierform (z. B. Hygienemanagement in der Apotheke, DAV, QM Basic, DAV) oder elektronisch möglich.

Tab. 1.3 Teilnahme Mitarbeiterschulung (einmal jährlich)

Was	Wer
Ⓐ Name der Apotheke, Datum, Referent	PKA, PTA oder Apotheker
Ⓑ Name, Funktion, Unterschrift	Alle Teilnehmer (inkl. Reinigungspersonal) müssen nach der Schulung unterschreiben

Tab. 1.4 Abzeichnungslisten für Hygienemaßnahmen (einmal jährlich bis täglich)

Was (Beispiele)	Wer
Jährliche/halbjährliche/vierteljährliche Hygienemaßnahmen	**Jährliche/halbjährliche/vierteljährliche Hygienemaßnahmen**
Ⓐ Umfang der Hygienemaßnahmen	Je nach Regelung in der Apotheke Reinigungskraft oder PKA
Ⓑ Datum	Je nach Regelung in der Apotheke Reinigungskraft oder PKA
Ⓒ Verantwortlicher	Je nach Regelung in der Apotheke Reinigungskraft oder PKA
Monatliche Hygienemaßnahmen	
Ⓐ Umfang der Hygienemaßnahmen	Je nach Regelung in der Apotheke Reinigungskraft oder PKA
Ⓑ Datum	Je nach Regelung in der Apotheke Reinigungskraft oder PKA
Ⓒ Verantwortlicher	Je nach Regelung in der Apotheke Reinigungskraft oder PKA
Tägliche Hygienemaßnahmen in der Rezeptur z. B. Arbeitsflächen und Bodenreinigung	
Ⓐ Umfang der Hygienemaßnahmen	Je nach Regelung in der Apotheke Reinigungskraft oder PKA
Ⓑ Datum	Je nach Regelung in der Apotheke Reinigungskraft oder PKA
Ⓒ Verantwortlicher	Je nach Regelung in der Apotheke Reinigungskraft oder PKA

1.3.4 Sonstiges

Wenn Reinigungspersonal entsprechend geschult wird, kann es eine Vielzahl an Aufgaben übernehmen.

> **Tipp**
> Die BAK hat eine Leitlinie Hygienemanagement mit einer Kommentierung sowie Arbeitshilfen zur Abfallentsorgung, Personalhygiene, Raumhygiene, Hautschutz- und Hygieneplan der BGW, und je eine Checkliste zur Raumhygiene bzw. zur Hygiene Rezepturherstellung entwickelt. www.bak.de → Qualitätssicherung → Leitlinien →

1.3.5 Ordnungswidrigkeit/Straftat

Es handelt sich um eine Ordnungswidrigkeit, da Hygiene Teil des verpflichtenden QM-Systems ist.

1.3.6 Aufbewahrung

Die Aufzeichnungen sind vollständig und nicht weniger als fünf Jahre (§ 22 (1) ApBetrO) aufzubewahren.

Teilnahme Mitarbeiterschulung – Dokumentation

Apotheke: Musterapotheke

Thema: Hygienemanagement in der Apotheke

Ⓐ

Datum: 1. Juli 2014

Referent: Frau Lisa Müller

Ich wurde im Rahmen der Mitarbeiterschulung über den Hygieneplan belehrt. Mit meiner Unterschrift verpflichte ich mich, mich an die darin festgeschriebenen Maßnahmen zu halten.

Name	Funktion	Unterschrift
	Ⓑ	
Herbert Mayer	Apoth. Leiter	Meyer
Anna Schmidt	Apothekerin	Schmidt
Maria Schneider	PTA	Schneider
Yilmaz Özil	PKA	Özil
Petra Schäfer	Reinigungskraft	Schäfer

Reinigungs- und Desinfektionsplan (Grundreinigung)

Frequenz										Objekt	Modus	Besonderheit	VW
Woche						Jahr							
M	D	M	D	F	S	m	v	h	j				
x		x		x						Fußböden	FW	Keine BHZ	RK
x		x		x						Teppich	SS		RK
x		x		x						Geflieste Flächen	FW		RK
x		x		x						Allg. Arbeitsplatz	FW	Keine BHZ	RK
x										Offene Regale	FW		RK
									x	Geschlossene Regale	FW	Keine BHZ	RK
									x	Schränke	FW	Keine BHZ	RK
									x	Schübe	FW	Keine BHZ	RK
x	x	x	x	x						Waschbecken	FW		RK
x		x		x						Toilette	FW/DI		RK
x		x		x						Küche	FW		RK
x		x		x						Tische	FW		RK
				x						Stühle	FW		RK
		x			x					Arbeitskleidung	WT		RK
						x				Schaufenster	FW/GR	Vor jeder Deko	RK
							x			Übrige Fenster	FW		RK
		x								Fensterbänke	FW		RK
								x		Decken	TW		RK
		x								Lichtschalter	TW		RK
							x			Lampen	FW	Ausgeschaltet?	RK
x		x		x						Monitore	FW	Ausgeschaltet?	RK
				x						Computer	FW	Ausgeschaltet?	RK
				x						Tastatur	TW		RK
x		x		x						Telefon	FW/DI		RK
				x						Fax	FW		RK

M-D-M-D-F-S = Wochentage, **h** = halbjährlich, **m** = monatlich, **j** = jährlich, **v** = vierteljährlich
FW = feucht wischen (Wasser/Reinigungsmittel), **SS** = staubsaugen, **DI** = desinfizieren,
TW = trocken wischen (Staubwischen), **GR** = Glasreiniger, **WT** = Wäscherei/Textilreinigung
RK = Reinigugnskraft, **BHZ** = besondere Hygienezonen, **AL** = Apothekenleiter, **VW** = Verantwortlicher

Kürzel Mitarbeiter	Sch
Unterschrift	Schäfer

Reinigungs- und Desinfektionsplan (besondere Bereiche)

Frequenz									Objekt	Modus	Besonderheit	VW
Woche					Jahr							
M	D	M	D	F	m	v	h	j				
Arbeitsbereich Offizin												
x									Griffe der Zierschubladen	FW		RK
					x				Zugestelle Flächen unter Arbeitsplätzen	FW		RK
								x	Arzneimittelkühlschränke	FW		PKA
								x	Arzneischubladen innen	FW		Alle
		x							Packtisch	FW		PKA
							x		Übervorratsregal	FW		PKA
				x					Großhandelsregal	FW		PKA 2
								x	Verbandsstoffregal	FW		AL
Arbeitsbereich Offizin												
x		x		x					Ablagefläche HV-Tische	FW/DI		RK
					x				Freiwahlregale	FW		RK
x		x		x					Spieltisch Kinder	FW		RK
x		x		x					Personenwaage	FW/DI		RK
								x	Schubladen HV-Tische	FW		RK
							x		Ablagen unterm HV-Tisch	FW		RK
					x				Tische mit Freiwahlartikeln	FW		RK
Rezeptur												
x	x	x	x	x					Arbeitsplatte mit Geräten	FW/DI		PTA
x	x	x	x	x					Rezepturwaage	FW/DI		PTA
x	x	x	x	x					Analysewaage außen	FW		PTA
								x	Schubladen	FW		RK
					x				Standgefäße	FW		RK
					x				Wasserbad	Scheuern		PTA
		x							Mikrowelle	FW		RK
					x				Wasserkocher	Entkalken		RK
x		x		x						FW/DI		RK
x		x		x					Waschbecken mit Abdeckung	FW/DI		RK
Rezeptur												
				x					Feuerlöscher	FW		RK
x		x		x					Mülleimerschublade	Ausleeren/DI		RK

Frequenz									Objekt	Modus	Besonderheit	VW
Woche					Jahr							
M	D	M	D	F	m	v	h	j				
Labor												
				x					Abzug	FW		RK
				x					Standgefäße	FW		RK
				x					Spülmaschine	FW		RK
					x				Quarantäneecke	FW		RK
				x					Leinsamenmühle	TW mit Pinsel		RK
				x					Feuerlöscher	FW		RK
				x					Alle anderen Geräte	FW		RK
								x	Reagenzienschrank	FW		PTA
								x	Schränke innen	FW		RK
								x	Schubladen	FW		RK
bei Bedarf									Sterilisator	DI		PTA
									Wasserdestillationsgerät	DI		PTA
									Trockenschrank	DI		PTA
				x					Waschbecken	FW/DI		RK
Beratungsraum												
x	x	x	x	x					Messplatz zur Bestimmung von Blutparametern	FW/DI	nach jeder Blutbestimmung	PTA
							x		Schränke	FW		RK
x		x		x					Waschbecken	FW/DI		RK
x									Ablagefläche	FW		RK
								x	Glasregale	FW		RK
				x					Feuerlöscher	FW		RK
Tee-Ecke												
x		x		x					Waage	FW/DI		PTA
					x				Horodosen	FW		RK
x		x		x					Abfüllplatz	FW		RK

M-D-M-D-F-S = Wochentage, **h** = halbjährlich, **m** = monatlich, **j** = jährlich, **v** = vierteljährlich
FW = feucht wischen (Wasser/Reinigungsmittel), **SS** = staubsaugen, **DI** = desinfizieren,
TW = trocken wischen (Staubwischen), **GR** = Glasreiniger, **WT** = Wäscherei/Textilreinigung
RK = Reinigugnskraft, **BHZ** = besondere Hygienezonen, **AL** = Apothekenleiter, **VW** = Verantwortlicher

Kürzel Mitarbeiter	RK = Schäfer (Sch); PKA = Özil (Ö), PTA = Schneider (MS)
Unterschrift	Schäfer, Özil, Schneider

Abzeichnungslisten für Hygienemaßnahmen

Jährliche Hygienemaßnahmen

Was ist zu tun? Ⓐ	Erledigt am: Ⓑ	Von: Ⓒ
Arzneimittelkühlschränkke feucht wischen	10.01.14	Özil
Arzneischubladen innen wischen	1.6.–7.6.14	Özil, Schneider, Schäfer
Verbandstoffregal wischen	25.5.14	Schneider
Schubladen HV-Tisch wischen	19.5.14	Schäfer
Schubladen Rezeptur wischen	19.5.14	Schneider, Schäfer
Reagenzienschrank wischen	30.6.14	Schneider
Laborschränke innen wischen	28.6.14	Schäfer
Laborschubladen innen wischen	29.6.14	Schäfer

Halbjährliche Hygienemaßnahmen

Was ist zu tun? Ⓐ	1. Halbjahr (Jan–Jun)		2. Halbjahr (Jul–Dez)	
Ⓑ	Erledigt am:	Von: Ⓒ	Erledigt am:	Von:
Übervorratsregal wischen	10.1.14	Özil	1.7.14	Özil
Ablagen unter HV-Tisch wischen	10.1.14	Schäfer	10.7.14	Schäfer
Schränke im Beratungsraum wischen	1.2.14	Schäfer	9.7.14	Schäfer
Regale	3.2.14	Schäfer	9.7.14	Schäfer
Decken abstauben	12.1.14	Schäfer	15.7.14	Schäfer

Vierteljährliche Hygienemaßnahmen

Was ist zu tun? Ⓐ	1. Halbjahr (Jan–Jun)				2. Halbjahr (Jul–Dez)			
	Erledigt am: Ⓑ	Von: Ⓒ			Erledigt am:	Von:		
Innenfenster	5.2.	Schäfer	8.6.	Schäfer	2.9.	Schäfer	10.11.	Schäfer
Lampen	15.1.	Schäfer	13.4.	Schäfer	20.7.	Schäfer	11.10.	Schäfer

Monatliche Hygienemaßnahmen

Was ist zu tun? Ⓐ	Jan	Feb	Mär	Apr	Mai	Jun	Jul	Aug	Sep	Okt	Nov	Dez
Schaufenster wischen	2./sch	3./sch										
zugestellte Flächen unter Arbeitsplätzen wischen	7./sch	5./sch	2./sch				Ⓑ/Ⓒ					
Freiwahlregale wischen	8./sch	6./sch										
Tische mit Freiwahlartikeln wischen	14./sch	12./sch	2./sch									
Standgefäße wischen	15./sch	18./sch	2./sch									
Wasserbad reinigen	15./MS	16./MS										
Wasserkocher entkalken	17./sch	18./sch										
Quarantänebereich im Labor reinigen	19./sch	19./sch										
Horo-Dosen abwischen	22./sch	21./sch										

Beispiel: Stand 5.3.14

Hygienemaßnahmen in der Rezeptur

Abzeichnungsliste für täglich/zweitäglich durchzuführende Hygienemaßnahmen in der Rezeptur. Alle Tätigkeiten entsprechend Hygieneplan durchgeführt: Ⓐ

Ⓑ	Jan	Feb	Mär	Apr	Mai	Jun	Jul	Aug	Sep	Okt	Nov	Dez
1	MS/Sch	MS/Sch										
2	MS/Sch	MS/Sch										
3	MS/Sch	MS/Sch										
4	MS/Sch	SO										
5	MS/Sch	Ros-Mo										
6	MS/Sch	MS/Sch										
7	SO	MS/Sch										
8	MS/Sch	MS/Sch										
9	MS/Sch	MS/Sch										
10	MS/Sch	Ⓒ										
11	MS/Sch											
12	MS/Sch											
13	MS/Sch											
14	SO											
15	MS/Sch											
16	MS/Sch											
17	MS/Sch											
18	MS/Sch											
19	MS/Sch											
20	MS/Sch											
21	SO											
22	MS/Sch											
23	MS/Sch											
24	MS/Sch											
25	MS/Sch											
26	MS/Sch											
27	MS/Sch											
28	SO											
29	MS/Sch											
30	MS/Sch											
31	MS/Sch											

2 Arzneimittel und Medizinprodukte

2.1 Prüfung von Fertigarzneimitteln und Medizinprodukten

Apothekenbetriebsordnung § 12 Prüfung der nicht in der Apotheke hergestellten Fertigarzneimittel und apothekenpflichtigen Medizinprodukte.

2.1.1 Bedeutung für die Apotheke

Durch die regelmäßige Überprüfung von Fertigarzneimitteln und Medizinprodukten in der Apotheke wird die Produktsicherheit erhöht. Die Apotheke leistet damit einen effektiven Beitrag zum Verbraucherschutz, da die erfassten Mängel durch die Apotheke an die Arzneimittelkommission (AMK) weitergeleitet wird und auf diese Weise bundesweit schnell auf Qualitätsmängel reagiert werden kann.

2.1.2 Form und Umfang der Dokumentation

Die Dokumentation kann in Papierform (z. B. Prüfprotokoll für Fertigarzneimittel und Medizinprodukte, DAV) oder elektronisch erfolgen.

2.1.3 Sonstiges

Die Bundesapothekerkammer stellt unter www.abda.de eine Leitlinie mit Kommentar, ein Flussdiagramm und eine Arbeitshilfe zur Prüfung der Fertigarzneimittel zur Verfügung.

Neben dem Prüfprotokoll muss im Falle einer AMK-Mitteilung (s. Beispiel) etc. diese ebenfalls dokumentiert werden. Die betroffenen Produkte sind in Quarantäne zu nehmen.

Tipp

Bei Packungen, die durch die Prüfung beschädigt werden, sollte stets ein Etikett „Für Prüfzwecke geöffnet" über die geöffnete Lasche als Siegel geklebt werden. Den Patienten zusätzlich bei der Abgabe über die qualitätssichernde Maßnahme aufklären.

2.1.4 Ordnungswidrigkeit/Straftat

Ordnungswidrigkeit, da es Teil des verpflichtenden QM-Systems ist.

Tab. 2.1 Was muss im Einzelnen dokumentiert werden?

Was	Wer
Ⓐ Prüfdatum	PKA, PTA oder Apotheker
Ⓑ Bezeichnung der Fertigarzneimittel oder Medizinprodukte Ⓒ Darreichungsform Ⓓ Namen oder Firma des pharmazeutischen Unternehmers, bei Medizinprodukten des Herstellers oder seines Bevollmächtigten Ⓔ Chargenbezeichnung oder Herstellungsdatum	PKA, PTA oder Apotheker
Ⓕ Ergebnis der Prüfung auf Übereinstimmung Verpackung/Inhalt sowie organoleptisch feststellbare Qualitätsmängel; dabei werden die nachfolgenden Kriterien zugrunde gelegt: Anzahl, Volumen, Masse; Form, Farbe, Geruch; Oberflächenbeschaffenheit (fest), Homogenität (halbfest), Schwebeteilchen (Lösungen), Suspendierbarkeit (Suspensionen), etc.; Packmittel; Kennzeichnung gemäß § 10 AMG bzw. § 7 MPG; Packungsbeilage gemäß § 11 AMG bzw. § 7 MPG; CE-Kennzeichen bei Medizinprodukten; Qualitätsfeststellung und, soweit notwendig, veranlasste Maßnahmen (AMK-Meldung ▸S. 15–16, MP-Sicherheitsplan-VO-Meldung ▸S. 17, Meldung an zuständige Behörde)	PTA oder Apotheker
Ⓖ Namenszeichen des prüfenden oder die Prüfung beaufsichtigenden Apothekers	Apotheker

2.1.5 Aufbewahrung

Die Aufzeichnungen sind vollständig und mindestens bis ein Jahr nach Ablauf des Verfalldatums der geprüften Produkte, jedoch nicht weniger als fünf Jahre (§ 22 (1) ApBetrO) aufzubewahren.

Prüfprotokoll für Fertigarzneimittel und Medizinprodukte

gemäß §12 ApBetrO

Prüfdatum	Bezeichnung der Fertigarzneimittel oder Medizinprodukte	Darreichungsform*	Hersteller/ pharmazeutischer Unternehmer	Chargenbezeichnung oder Herstellungsdatum	Ergebnisse 1) Übereinstimmung Verpackung/Inhalt** 2) Organoleptisch feststellbare Qualitätsmängel***	Namenszeichen des Apothekers
25. 6. 14	Spalt Schmerztabletten	Tbl.	Pfizer	11/2016	1) entspr. 2) entspr.	As
Ⓐ	Ⓑ	Ⓒ	Ⓓ	Ⓔ	1) 2) Ⓕ	Ⓖ
					1) 2)	
					1) 2)	
					1) 2)	
					1) 2)	
					1) 2)	
					1) 2)	
					1) 2)	
					1) 2)	
					1) 2)	
					1) 2)	
					1) 2)	
					1) 2)	
					1) 2)	
					1) 2)	
					1) 2)	
					1) 2)	
					1) 2)	
					1) 2)	
					1) 2)	
					1) 2)	
					1) 2)	
					1) 2)	

Deutscher Apotheker Verlag, Vordruck 121400201/2012

* Kann bei Medizinprodukten entfallen ** Verwechslungen, falsche Kennzeichnung? *** Sehen, Geruch (Geschmack), Tasten?
Falls Mängel festgestellt werden: Spezifikation über APV-Prüfprotokoll (beim DAV erhältlich) empfehlenswert; sonst ggf. mehrere „Ergebnisse"-Felder benutzen

Bericht über Verdachtsfälle auf Qualitätsmängel von Arzneimitteln

ARZNEIMITTEL KOMMISSION der Deutschen Apotheker

Die Verpflichtung nach § 21 Abs.3 ApBetrO bleibt unberührt. [1]

Speichern | per E-Mail versenden | Drucken

AMK-Eingangsvermerk

An die Arzneimittelkommission der Deutschen Apotheker (AMK)
Jägerstraße 49/50 • 10117 Berlin
Telefax : 030 40004-553 • Telefon: 030 40004-552
E-Mail : amk@arzneimittelkommission.de
Internet : www.arzneimittelkommission.de

Arzneimittel [2]: Genaue Bezeichnung Spalt forte Weichkapseln	Packungsgröße 20 St.
Darreichungsform Kapsel	PZN 00793839
Pharmazeutischer Unternehmer Pfizer	Bezogen von Pharma-GH
Verwendbar bis 11/2015	Bezugsdatum 26.06.2014
Chargen-Bezeichnung [3]: 1234567 auf Faltschachtel und innerem Behältnis stimmen überein ☒ ja ☐ nein	Anbruch bzw. vom Patienten zurückgegeben ☐ ja ☒ nein Anbruchsdatum: . .

Beanstandung der pharmazeutischen Qualität [4]
(Einsendung in Originalverpackung wird erbeten)
(z.B. Deklaration, Verpackungsfehler, mechanische Defekte, Beschädigung der Oberfläche, Verdunstung, Zersetzung, Verfärbung, Ausfällung, Trübung, Entmischung, Verwechslung)

Kapseln wirken aufgequollen und kleben im Blister.

Welche Maßnahmen / Untersuchungen wurden in der Apotheke durchgeführt (Ergebnisse)? [5]

Organoleptische Prüfung

Wer wurde außerdem benachrichtigt? [6]

☐ örtliche Überwachungsbehörde, bitte nennen:

☒ Pharmazeutischer Unternehmer

☐ Sonstige, bitte nennen:

Hatte der Qualitätsmangel Folgen? [7]

☒ ja ☐ nein

Wenn ja, welche?
Die drei bestellten Packungen wurden in Quarantäne gestellt.

Apotheke [8]
Anschrift

Muster-Apotheke
Musterstr. 1
12345 Musterstadt

Telefonnummer
0000 111111

Ansprechpartner/in
Fr. Schmidt

Apothekerkammer
Baden-Württemberg

Datum
26.06.2014

[1]-[8] siehe Erläuterungen
Zur Meldung von UAW steht ein eigenes PDF- bzw. Onlineformular zur Verfügung.

ARZNEIMITTEL KOMMISSION der Deutschen Apotheker

Erläuterungen zum Qualitätsmangel-Berichtsbogen

1. Die Apothekenbetriebsordnung (ApBetrO) verpflichtet die Apotheken in § 21 Nr. 3 bei gerechtfertigter Annahme auf Qualitätsmängel, die vom Pharmazeutischen Unternehmer verursacht sind, die zuständige Behörde unverzüglich zu benachrichtigen. Wir bitten dies zu beachten! Bei Medizinprodukten gelten dagegen nach § 3 Abs. 4 der Medizinprodukte-Sicherheitsplanverordnung (MPSV) die Verpflichtungen der ApothekerleiterInnen als erfüllt, wenn ein Vorkommnis der AMK gemeldet wurde.

2. Geben Sie bitte den Namen des beanstandeten Arzneimittels (bzw. Ausgangsstoffes, der Droge, des Fertigarzneimittels, des Medizinproduktes, des Hilfsmittels, des Nahrungsergänzungsmittels) und die Pharmazentralnummer genau an.

3. Die Chargenbezeichnung ist bei der Meldung von Qualitätsmängeln unerlässlich.

4. Die Beanstandung der pharmazeutischen Qualität sollte bitte detailliert beschrieben und das beanstandete Arzneimittel in seiner Originalverpackung für eine Beurteilung eingesendet werden.

5. Falls in der Apotheke weitergehende Untersuchungen (z.B. nach Ph. Eur., DAB oder DAC) durchgeführt wurden, wird um Mitteilung der Ergebnisse gebeten.

6. Gemäß ApBetrO § 21 Nr. 3 sollte bei gerechtfertigter Annahme auf einen durch den Pharmazeutischen Unternehmer bedingten Qualitätsmangel die zuständige örtliche Überwachungsbehörde benachrichtigt werden. Für die weitere Bearbeitung in der AMK-Geschäftsstelle ist es hilfreich zu wissen, wer noch informiert wurde.

7. Bitte notieren Sie ausführlich, ob der Qualitätsmangel Folgen für den/die Anwender/in hatte und wenn ja, welche im Einzelnen aufgetreten sind.

8. Um die Bearbeitung in der AMK-Geschäftsstelle nicht zu verzögern, wird die genaue Apothekenanschrift, inklusive der Telefonnummer, Ansprechpartner/in, die Apothekerkammer und das Datum benötigt, um ggf. erforderliche Rückfragen stellen zu können.

Der Qualitätsmangel-Berichtsbogen kann online ausgefüllt und versandt werden und steht zum Download auf der Homepage der AMK bereit.

Arzneimittelkommission der Deutschen Apotheker (AMK)
Jägerstraße 49/50
10117 Berlin

Telefon: 030 40004-552
Fax : 030 40004-553

amk@arzneimittelkommission.de
www.arzneimittelkommission.de

Formblatt für die Meldung von Vorkommnissen durch sonstige Inverkehrbringer sowie Betreiber und Anwender nach § 3 Abs. 2 bis 4 der Medizinprodukte-Sicherheitsplanverordnung

Zuständige Behörde:
☒ BfARM, Bonn

Meldung erstattet von (Krankenhaus, Praxis, Apotheke etc.)	
Name: Musterapotheke	
Straße, Haus-Nr.: Musterstr. 1	
Postleitzahl: 12345	Ort: Musterstadt
Kontaktperson: Fr. Schmidt	
Telefon: 0000/111111	Fax: 0000/121212
E-mail: Schmidt@muster-apo.de	
Datum der Meldung: 26.6.2014	

Angaben zu Hersteller und Medizinprodukt:	
Hersteller: Wepa Apothekenbedarf	
Straße, Haus-Nr.: Am Fichtenstrauch 6-10	
Postleitzahl: 56201	Ort: Hillscheid
Handelsname des Produktes: Blutdruckmessgerät BM 40 Oberarm Beurer	
Modellnummer (falls zutreffend): BM 40	
Serien-/Chargennummer(n): 1234567	
Art des Produktes (z.B. Herzschrittmacher, CT, Infusionsset, Hüftimplantat, . . .): Blutdruckmessgerät	

Betroffene Person(en) (Nur abgeben, wenn zur Bewertung erforderlich):		
Initialen A.M.	Geschlecht unknown - unbekannt W	Geburtsjahr: 1945

Angaben zum Vorkommnis:
Datum des Vorkommnisses: 24.6.2014
Ort des Vorkommnisses (Krankenhaus, Praxis, Pflegeheim etc.): zu Hause
Beschreibung des Vorkommnisses/Folgen für Patienten (ggf. Ergänzungsblatt benutzen; ggf. auch Angaben zu mit dem Medizinprodukt verbundenen sonstigen Medizinprodukten/Zubehör) Das Messgerät wurde am 20.6. 2014 erworben und hörte mit dem Aufpumpen der Manschette beim zweiten Gebrauch nicht mehr auf, dafür musste die Batterie im Gerät entfernt werden. Patientin kam mit dem Schrecken davon.

2.2 Informations- und Beratungsbefugnis

ApBetrO § 20 (1) Information und Beratung.

2.2.1 Bedeutung für die Apotheke

Die ApBetrO verpflichtet den Apothekenleiter zur Sicherstellung einer qualitätsgesicherten Information und Beratung. Dies umfasst auch den der jeweiligen Qualifikation und Erfahrung berücksichtigenden Einsatz des nichtapprobierten pharmazeutischen Personals in der Information und Beratung. Dies muss im Rahmen des Qualitätsmanagementsystems der Apotheke erfolgen und setzt damit eine jeweils individuell mitarbeiterbezogene schriftliche Festlegung der Informations- und Beratungsbefugnisse für das nichtapprobierte pharmazeutische Personal voraus. Die Analyse und Beratung im Rahmen des Medikationsmanagements ist nach ApBetrO einzig durch einen Apotheker möglich ApBetrO § 3 (4).

2.2.2 Form und Umfang der Dokumentation

Da die Festlegung der Informations- und Beratungsbefugnis Teil des QM-Handbuchs ist, kann dies in der Form des QM-Handbuchs erfolgen.

Tab. 2.2 Was muss im Einzelnen dokumentiert werden?

Was	Wer
Ⓐ Name des Mitarbeiters und der Apotheke	Apothekenleiter
Ⓑ ankreuzen der Befugnisse	Apothekenleiter
Ⓒ ankreuzen der Vorbehalte und Einschränkungen	Apothekenleiter
Ⓓ Datum, ab dem die Befugnis gilt	Apothekenleiter
Ⓔ Ort, Datum, Unterschrift	Apothekenleiter, Mitarbeiter

2.2.3 Sonstiges

Neben der Dokumentation im QM-Handbuch kann es sinnvoll sein, die jeweilige Befugnis in Kopie auch den Personalunterlagen zuzuordnen.

2.2.4 Ordnungswidrigkeit/Straftat

Es handelt sich um eine Ordnungswidrigkeit, da die Informations- und Beratungsbefugnis Teil des verpflichtenden QM-Systems ist.

2.2.5 Aufbewahrung

Im Rahmen der regelmäßigen Audits – sowohl im Fall der unzertifizierten, als auch der zertifizierten Lösung – ist das QM-Handbuch mindestens einmal jährlich zu aktualisieren.

Informations- und Beratungsbefugnis

gem. § 20 ApBetrO für nicht approbierte Angehörige des pharmazeutischen Personals

Ⓐ

Herr/Frau Maria Schneider ist berechtigt, im Rahmen des üblichen Apothekenbetriebs

in der Musterapotheke Informations- und Beratungspflichten zu übernehmen.
Name der Apotheke

Diese Befugnis gilt für folgende Arzneimittelgruppe(n) (bitte ankreuzen):

- [x] nicht verschreibungspflichtige Arzneimittel
- [x] verschreibungspflichtige Arzneimittel Ⓑ
- [x] Betäubungsmittel

Apothekervorbehalt

Die Information und Beratung im Rahmen des Medikationsmanagements gemäß § 1a Abs. 3 Nr. 6 ApBetrO ist ausschließlich Apothekern/Apothekerinnen vorbehalten.
Immer wenn sich der Mitarbeiter/die Mitarbeiterin unsicher fühlt, ist ein Apotheker/eine Apothekerin hinzuzuziehen.

Des Weiteren ist in folgenden Fällen ein Apotheker/eine Apothekerin hinzuzuziehen (falls zutreffend, bitte ankreuzen):

- [x] zur Information und Beratung von Angehörigen der Heilberufe
- [x] zur Information und Beratung des Personals von Kranken- und Pflegeeinrichtungen Ⓒ
- [x] wenn in der Apothekensoftware eine schwerwiegende Wechselwirkung angezeigt wird
- [x] Zur Information und Beratung des Personals des ambulanten
- [ ] Pflegedienstes
- [ ]

Ⓓ

Diese Befugnis gilt ab dem 1. Juni 2014. Sie wird ungültig mit Abschluss einer neuen Festlegung.

Musterstadt, den 29. Mai 2014 — Maria Schneider
Ort — Datum — Unterschrift des Mitarbeiters/der Mitarbeiterin

Ⓔ

Herbert Mayer
Unterschrift des Apothekenleiters/der Apothekenleiterin

Deutscher Apotheker Verlag, Vordruck 121400194/2012

2.3 Abgabe von Importarzneimitteln

Apothekenbetriebsordnung § 18 Einfuhr von Arzneimitteln.

2.3.1 Bedeutung für die Apotheke

Nach dem AMG § 73 (3) und (3a) ist es der öffentlichen Apotheke erlaubt, Arzneimittel aus dem Ausland zu importieren. Dies muss im Sinne des Verbraucherschutzes dokumentiert werden. Die Apotheke haftet als Importeur für die von ihr importierten Arzneimittel, da für im Ausland zugelassen Präparate nicht die im deutschen AMG verbriefte Herstellerhaftung greift.

2.3.2 Form und Umfang der Dokumentation

Die Dokumentation kann in Papierform oder elektronisch erfolgen.

2.3.3 Sonstiges

Im Rahmen des QM-Systems ist es sinnvoll festzulegen, inwiefern nichtapprobiertes pharmazeutisches Personal für die Befolgung der Dokumentationspflicht verantwortlich ist. Das ist insbesondere im Fall einer Vertretung durch Pharmazieingenieure oder Vorexaminierte von Bedeutung.

Falls es sich bei dem importierten Arzneimittel um ein Betäubungsmittel oder ein verschreibungspflichtiges Tierarzneimittel handelt, sind die entsprechenden Dokumentationspflichten ebenfalls zu erfüllen.

Tipp

Die Dokumentationsunterlagen sollten beim Wareneingang bereit liegen oder ein EDV-Zugriff darauf vom PKA-Arbeitsplatz direkt möglich sein.

2.3.4 Ordnungswidrigkeit/Straftat

Es handelt sich um eine Ordnungswidrigkeit, die nicht nur dem Apothekenleiter, sondern jedem Mitglied des pharmazeutischen Personals zur Last gelegt werden kann.

Tab. 2.3 Was muss im Einzelnen dokumentiert werden?

Was	Wer
Ⓐ Bezeichnung des eingeführten Arzneimittels	PKA, PTA oder Apotheker
Ⓑ Name oder Firma und Anschrift des pharmazeutischen Unternehmers	PKA, PTA oder Apotheker
Ⓒ Chargenbezeichnung, Menge des Arzneimittels und Darreichungsform	PKA, PTA oder Apotheker
Ⓓ Name oder Firma und Anschrift des Lieferanten	PKA, PTA oder Apotheker
Ⓔ Name und Anschrift der Person, für die das Arzneimittel bestimmt ist	PKA, PTA oder Apotheker
Ⓕ Name und Anschrift des verschreibenden Arztes oder Tierarztes	PKA, PTA oder Apotheker
Ⓖ Wenn aus Gründen der Arzneimittelsicherheit besondere Hinweise geboten sind, sind diese bei der Abgabe mitzuteilen und zu dokumentieren	Apotheker
Ⓗ Datum der Bestellung und der Abgabe	PKA, PTA oder Apotheker
Ⓘ Namenszeichen des Apothekers, der das Arzneimittel abgegeben oder die Abgabe beaufsichtigt hat	Apotheker

2.3.5 Aufbewahrung

Die Aufzeichnungen sind vollständig und mindestens bis ein Jahr nach Ablauf des Verfalldatums, jedoch nicht weniger als fünf Jahre (§ 22 (1) ApBetrO) aufzubewahren.

Einfuhr von Fertigarzneimitteln

Dokumentation gemäß § 18 Abs. 1 ApBetrO

Lfd. Nummer des Blatts: ________

Bezeichnung des eingeführten Arzneimittels	Name oder Firma und Anschrift des pharmazeutischen Unternehmers	Chargenbezeichnung, Menge des Arzneimittels und Darreichungsform	Name oder Firma und Anschrift des Lieferanten	Name und Anschrift der Person, für die das Arzneimittel bestimmt ist	Name und Anschrift des verschreibenden Arztes oder Tierarztes	Vermerk der Mitteilung eines besonderen Hinweises	Datum der Bestellung und der Abgabe	Namenszeichen[1]
Stivarga Filmtabletten 40 mg 3x28 Tbl.	Bayer AG (Schweiz)	BXGDJS1	Importeur Imorteurstr. 1 00000 Importort	Hans Muster Musterstr. 1 00000 Musterstadt	Dr. Heil Musterstr. 100 00000 Musterstadt	—	5.6.14 11.7.14	OJ
Ⓐ	Ⓑ	Ⓒ	Ⓓ	Ⓔ	Ⓕ	Ⓖ	Ⓗ	Ⓘ

Deutscher Apotheker Verlag, Vordruck 121900113/2012

[1] Namenszeichen des Apothekers, der das Arzneimittel abgegeben oder die Abgabe beaufsichtigt hat.

2.4 Abgabe von Blutprodukten

Apothekenbetriebsordnung § 17 Erwerb und Abgabe von Arzneimitteln und Medizinprodukten (6a).

2.4.1 Bedeutung für die Apotheke

Die Dokumentation der Abgabe von Blutzubereitungen dient dem Verbraucherschutz, weil auf diese Weise bis zu 30 Jahre nach der Anwendung im Fall einer Infektion rückverfolgt werden kann, wer mit dem Produkt oder einer bestimmten Charge des Produkts behandelt wurde. Neben Herstellern, Großhandel, Arztpraxen und Krankenhäusern dient die Apotheke als weiterer Baustein in diesem System, um im Bedarfsfall alle Betroffenen identifizieren zu können.

2.4.2 Form und Umfang der Dokumentation

Die Dokumentation kann in Papierform oder elektronisch erfolgen.

2.4.3 Sonstiges

Blutzubereitungen sind nach § 4 AMG Arzneimittel, die aus Blut gewonnene Bestandteile enthalten. Dazu gehören Blut-, Plasma- und Serumkonserven, Zubereitungen aus Blutbestandteilen. Genauer definiert werden noch Sera, die Antikörper, Antikörperfragmente oder Fusionsproteine mit funktionellen Antikörperfragmenten enthalten können. Dokumentationspflichtige Blutprodukte und Plasmaderivate sind:

- Alpha-1-Proteinase-Inhibitor,
- Antithrombin III,
- Blutgerinnungsfaktor VII,
- Blutgerinnungsfaktor VIII,
- Blutgerinnungsfaktor IX,
- Blutgerinnungsfaktor XIII,
- C1-Inaktivator,
- Fibrinogen,
- Gewebekleber (Fibrin),
- gefrorenes Frischplasma (in Quarantäne gelagert, virusinaktiviert),
- Humanalbumin,
- Immunglobuline,
- Interferone,
- Plasmaproteinlösung,
- Plasminogen,
- Protein C,
- Prothrombinkomplexpräparate,
- Prothrombinkomplex mit Faktor-VIII-Inhibitor-Bypass-Aktivität (FEIBA),
- Serumcholinesterase,
- Transfer-Faktor,
- zellhaltige Blut- und Blutbestandteilkonserven,
- gentechnisch hergestellte Plasmaproteine zur Behandlung von Hämostasestörungen.

Tab. 2.4 Was muss im Einzelnen dokumentiert werden?

Was	Wer
Ⓐ Bezeichnung des Arzneimittels, Chargenbezeichnung und Menge	PKA, PTA oder Apotheker
Ⓑ Datum des Erwerbs	PKA, PTA oder Apotheker
Ⓒ Name oder Firma und Anschrift des Lieferanten	PKA, PTA oder Apotheker
Ⓓ Etikett des Lieferanten aufkleben, sofern vorhanden	PKA, PTA oder Apotheker
Ⓔ Name und Anschrift des verschreibenden Arztes; Name, Vorname, Geburtsdatum und Adresse des Patienten oder bei der für die Arztpraxis bestimmten Abgabe der Name und die Anschrift des verschreibenden Arztes **oder** Kopie der Verordnung	PKA, PTA oder Apotheker
Ⓕ Datum der Abgabe	PTA oder Apotheker

Tipp

Die Dokumentationsunterlagen, z. B. Erwerb und Abgabe von Sera und Blutprodukten (Transfusionsgesetz), DAV, sollten beim Wareneingang bereit liegen oder ein EDV-Zugriff darauf vom PKA-Arbeitsplatz direkt möglich sein.

2.4.4 Ordnungswidrigkeit/Straftat

Verstöße gegen die Dokumentationspflicht können als Ordnungswidrigkeit geahndet werden.

2.4.5 Aufbewahrung

Die Dokumentation ist mindestens dreißig Jahre aufzubewahren oder zu speichern und zu vernichten oder zu löschen, wenn die Aufbewahrung oder Speicherung nicht mehr erforderlich ist. Werden die Aufzeichnungen länger als dreißig Jahre aufbewahrt oder gespeichert, sind sie zu anonymisieren (§ 22 (4) ApBetrO).

Sollte die Apotheke den Besitzer wechseln, so sind dem Nachfolgebesitzer die Unterlagen zu übergeben; bei Schließung der Apotheke ist mit der zuständigen Behörde Kontakt aufzunehmen, wie mit den Unterlagen zu verfahren ist.

Erwerb und Abgabe von Sera und Blutprodukten (Transfusionsgesetz)

Dokumentation gemäß § 17 Abs. 6a ApBetrO

Bezeichnung des Arzneimittels*

Tetagam P Fertigspritze Ⓐ

Menge*

1

Chargenbezeichnung*

XX 123 AB 45

Datum des Erwerbs

15. 6. 14 Ⓑ

Datum der Abgabe

2. 7. 14 Ⓕ

Feld für Etikett des pharmazeutischen Großhandels zur Spezifizierung des dokumentationspflichtigen Blutproduktes.

Ⓓ

Name oder Firma und Anschrift des Lieferanten*

Pharmagroßhandel, Pharmastr. 100, 00000 Pharmastadt Ⓒ

Gebühr frei | geb.-pfl. (X) | noctu | Sonstige | Unfall | Arbeitsunfall

Krankenkasse bzw. Kostenträger: Musterkrankenkasse

Name, Vorname des Versicherten: Müller, Michael, Müllerstr. 1, 00000 Müllerstadt — geb. am 10. 1. 65

Kassen-Nr.	Versicherten-Nr.	Status
123	45678	1000 1

Betriebsstätten-Nr.	Arzt-Nr.	Datum
101010	12345678	2. 7. 14

BVG	Hilfsmittel	Impfstoff	Spr.-St. Bedarf	Begr.-Pflicht	Apotheken-Nummer / IK
6	7	8	9		

Zuzahlung | Gesamt-Brutto

Arzneimittel-/Hilfsmittel-Nr. | Faktor | Taxe

1. Verordnung
2. Verordnung
3. Verordnung

Rp. (Bitte Leerräume durchstreichen)

aut idem — 1x Tetagam P Fertigspritze

aut idem

aut idem

Vertragsarztstempel

Dr. Max Mustermann
prakt. Arzt
Musterstr. 1
Musterstadt
0000/0123456

6664

Abgabedatum in der Apotheke

Unterschrift des Arztes
Muster 16 (7.2008)

Bei Arbeitsunfall auszufüllen!

Unfalltag | Unfallbetrieb oder Arbeitgebernummer

Ⓔ

Diese Aufzeichnungen sind 30 Jahre aufzubewahren oder zu speichern und zu vernichten oder zu löschen, wenn die Aufbewahrung nicht mehr erforderlich ist. Werden sie länger als 30 Jahre aufbewahrt oder gespeichert, sind sie aus datenschutzrechtlichen Gründen zu anonymisieren.

Dokumentationspflichtige Blutprodukte in der Apotheke sind z. B.:

- Alpha$_1$-Proteinase-Inhibitor
- Antithrombin III
- C1-Inaktivator
- Fibrinkleber
- Fibrinogen
- Gerinnungsfaktoren VII, VIII, IX, XIII
- Humanalbumin
- Humanserum
- Immunglobuline
- Interferone (alpha, beta, gamma) (außer gentechnisch hergestellte)
- Plasmaproteinlösung
- Prothrombinkomplex

Deutscher Apotheker Verlag, Vordruck 121400203/2012

* Diese Angaben können entfallen, wenn sie auf dem Etikett (siehe oben rechts) vermerkt sind.

2.5 Abgabe von Thalidomid, Lenalidomid und Pomalidomid

Apothekenbetriebsordnung § 17 Abs. 6b, Erwerb und Abgabe von Arzneimitteln und Medizinprodukten.

2.5.1 Bedeutung für die Apotheke

Wegen des teratogenen Risikos von Thalidomid, Lenalidomid und Pomalidomid wurde bei der Zulassung dieser beiden Wirkstoffe zur Behandlung des multiplen Myeloms ein Sicherheitskonzept entwickelt. Dies umfasst Aufklärungspflichten, Schwangerschaftstests sowie eine gestaffelte, verschreibbare Maximaldosis (gebärfähige Frauen maximal vier Wochen, in allen anderen Fällen maximal zwölf Wochen) und eine eingeschränkte Gültigkeit der ärztlichen Verschreibung (sechs Tage ab dem Verordnungstag). Um dies für alle Beteiligten deutlich zu machen, hat man ein spezielles Rezeptformular entwickelt, auf dem bestimmte Aufklärungspflichten des Arztes durch diesen dokumentiert werden müssen. Bei der Abgabe hat die Apotheke darauf zu achten, dass die entsprechenden Angaben erfolgt sind. Fehlen die Angaben, darf das Rezept nicht beliefert werden.

2.5.2 Form und Umfang der Dokumentation

Die Dokumentation kann in Papierform oder elektronisch erfolgen.

2.5.3 Sonstiges

Weitere Informationen zur Verordnung und Abgabe von Thalidomid, Lenalidomid und Pomalidomid sind auf der Seite des BfArM unter dem Stichwort Thalidomid im Suchfeld eingegeben zu finden. (http://www.bfarm.de, → Bundesopiumstelle → T-Register)

Tipp

Die Dokumentationsunterlagen, z. B. Erwerb und Abgabe von Thalidomid, Lenalidomid oder Pomalidomid T-Rezept (DAV), sollten beim Wareneingang bereit liegen oder ein EDV-Zugriff darauf vom PKA-Arbeitsplatz direkt möglich sein. Außerdem am besten einen Kalendereintrag in die EDV setzen, um an die quartalsmäßige Zusendung der gesammelten Rezepte erinnert zu werden.

Tab. 2.5 Was muss im Einzelnen dokumentiert werden?

Was	Wer
Ⓐ Bezeichnung und Chargenbezeichnung des Arzneimittels oder des Wirkstoffs, Menge des Arzneimittels oder des Wirkstoffs	PKA, PTA oder Apotheker
Ⓑ Datum des Erwerbs	PKA, PTA oder Apotheker
Ⓒ Name oder Firma und Anschrift des Lieferanten	PKA, PTA oder Apotheker
Ⓓ Datum der Abgabe	PKA, PTA oder Apotheker
Ⓔ Name und Anschrift des verschreibenden Arztes	PKA, PTA oder Apotheker
Ⓕ Name und Anschrift des Patienten	PKA, PTA oder Apotheker
Ⓖ Kopie des Rezepts einkleben	PKA, PTA oder Apotheker
Teil II der Verordnung(en) werden wöchentlich an das BfArM versendet (Fensterumschlag ausreichend, da die Anschrift auf der Rückseite aufgedruckt ist)	PKA, PTA oder Apotheker

2.5.4 Ordnungswidrigkeit/Straftat

Verstöße gegen die Dokumentationspflicht können als Ordnungswidrigkeit geahndet werden.

2.5.5 Aufbewahrung

Die Dokumentation ist vollständig und mindestens bis ein Jahr nach Ablauf des Verfalldatums, jedoch nicht weniger als fünf Jahre (§ 22 (1) ApBetrO) aufzubewahren.

Erwerb und Abgabe von Thalidomid, Lenalidomid oder Pomalidomid (T-Rezept)

Dokumentation gemäß § 17 Abs. 6b ApBetrO

Bezeichnung des Arzneimittels oder des Wirkstoffs
Revlimid 10 mg Hartkapseln

Chargenbezeichnung Ⓐ
123 ABC

Menge des Arzneimittels oder des Wirkstoffs
1x 21 Kapseln

Erwerb

Datum des Erwerbs Ⓑ
20. 6. 14

Name oder Firma und Anschrift des Lieferanten Ⓒ
Celgene GmbH
Joseph-Wild-Str. 20
81829 München

Abgabe

Datum der Abgabe Ⓓ
27. 6. 14

Empfänger
Name und Anschrift der Person, für die das Arzneimittel bestimmt ist* Ⓕ

Name und Anschrift des verschreibenden Arztes* Ⓔ

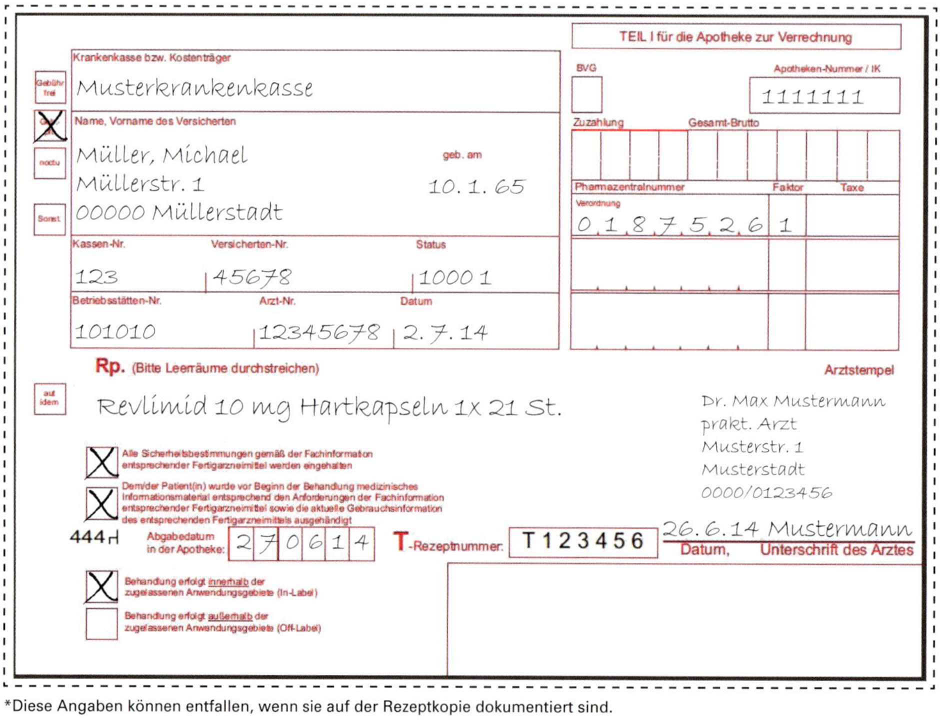
Krankenkasse bzw. Kostenträger: Musterkrankenkasse
Gebühr frei | [X] | noctu | Sonst.
Name, Vorname des Versicherten: Müller, Michael, Müllerstr. 1, 00000 Müllerstadt — geb. am 10. 1. 65
Kassen-Nr. 123 | Versicherten-Nr. 45678 | Status 1000 1
Betriebsstätten-Nr. 101010 | Arzt-Nr. 12345678 | Datum 2. 7. 14
TEIL I für die Apotheke zur Verrechnung
BVG | Apotheken-Nummer / IK 1111111
Zuzahlung | Gesamt-Brutto
Pharmazentralnummer | Faktor | Taxe
Verordnung 0 1 8 7 5 2 6 | 1
Rp. (Bitte Leerräume durchstreichen)
aut idem
Revlimid 10 mg Hartkapseln 1x 21 St.
Arztstempel: Dr. Max Mustermann, prakt. Arzt, Musterstr. 1, Musterstadt, 0000/0123456
[X] Alle Sicherheitsbestimmungen gemäß der Fachinformation entsprechender Fertigarzneimittel werden eingehalten
[X] Dem/der Patient(in) wurde vor Beginn der Behandlung medizinisches Informationsmaterial entsprechend den Anforderungen der Fachinformation entsprechender Fertigarzneimittel sowie die aktuelle Gebrauchsinformation des entsprechenden Fertigarzneimittels ausgehändigt
444 Abgabedatum in der Apotheke: 2 7 0 6 1 4
T-Rezeptnummer: T 1 2 3 4 5 6
26. 6. 14 Mustermann — Datum, Unterschrift des Arztes
[X] Behandlung erfolgt innerhalb der zugelassenen Anwendungsgebiete (In-Label)
[ ] Behandlung erfolgt außerhalb der zugelassenen Anwendungsgebiete (Off-Label)

Ⓖ

Deutscher Apotheker Verlag, Vordruck 121400205/2012

*Diese Angaben können entfallen, wenn sie auf der Rezeptkopie dokumentiert sind.

2.6 Dokumentation von aus anderen Apotheken erworbenen Arzneimitteln

Apothekenbetriebsordnung § 17 (6c) Erwerb und Abgabe von Arzneimitteln und Medizinprodukten.

2.6.1 Bedeutung für die Apotheke

Um den Lieferweg von Arzneimitteln vom Hersteller bis zur Abgabe an den Endverbraucher verfolgen zu können, ist eine lückenlose Dokumentation notwendig. Dies ist vor allem wegen der Zunahme an Arzneimittelfälschungen in den vergangenen Jahren im Rahmen der Novellierung der ApBetrO nun auch für Apotheken ausgeweitet worden. Mittels dieser Dokumentation werden unterschiedliche Fälle abgedeckt:

- ApBetrO § 17 (6c) 1 beschreibt die Situation von Einkaufsgemeinschaften – hier muss bereits im Vorfeld eine gemeinsame Kaufabsicht verabredet sein.
- ApBetrO § 17 (6c) 2 bezieht sich auf den Arzneimittelverkehr innerhalb eines Filialverbunds.
- ApBetrO § 17 (6c) 3 deckt den Sonderfall des Bezugs von Zytotstatika-Zubereitungen aus einem anderen Apothekenbetrieb ab.
- ApBetrO § 17 (6c) 4 berücksichtigt die Übergabe des Arzneimittelbestands im Falle des Inhaberwechsels in der Apotheke.
- ApBetrO § 17 (6c) 5 das kollegiale Aushelfen mit einem dringend benötigten Arzneimittel aus einer anderen Apotheke.

2.6.2 Besonderheiten zwischen Haupt- und Filialapotheken

Auch innerhalb des Filialverbunds muss der Austausch von Arzneimitteln dokumentiert werden (ApBetrO § 17 (6c) 2).

2.6.3 Form und Umfang der Dokumentation

Die Dokumentation kann in Papierform oder elektronisch erfolgen.

Tab. 2.6 Was muss im Einzelnen dokumentiert werden?

Was	Wer
Ⓐ Bezeichnung des Arzneimittels und Menge	PKA, PTA oder Apotheker
Ⓑ Chargenbezeichnung	PKA, PTA oder Apotheker
Ⓒ Datum des Erwerbs und der Abgabe	PKA, PTA oder Apotheker
Ⓓ Name und Anschrift des Empfängers oder	PKA, PTA oder Apotheker
Ⓔ Name und Anschrift des Liefernden	PKA, PTA oder Apotheker
Ⓕ Namenszeichen zur Bestätigung, dass es sich um einen Ausnahmetatbestand handelt	Apotheker, Apothekenleiter

2.6.4 Sonstiges

Die Dokumentationsunterlagen sollten beim Wareneingang bereit liegen oder ein EDV-Zugriff darauf vom PKA-Arbeitsplatz direkt möglich sein.

2.6.5 Ordnungswidrigkeit/Straftat

Verstöße gegen die Dokumentationspflicht können als Ordnungswidrigkeit geahndet werden.

2.6.6 Aufbewahrung

Die Dokumentation ist vollständig und mindestens bis ein Jahr nach Ablauf des Verfalldatums, jedoch nicht weniger als fünf Jahre (§ 22 (1) ApBetrO) aufzubewahren.

Arzneimittelverkehr zwischen Apotheken

Dokumentation gemäß § 17 Abs. 6c ApBetrO

Lfd. Nummer des Blatts: ____________

Genaue Bezeichnung des Arzneimittels und Menge	Chargenbezeichnung	Datum des Erwerbs oder der Abgabe	Bei Abgabe: Name und Anschrift der Empfänger-Apotheke	Bei Erwerb: Name und Anschrift der Liefer-Apotheke	Ausnahmetatbestand nach § 17 Abs. 6c ApBetrO erfüllt, Namenszeichen
10 Filmtabl. Zevofloxacin Actavis 500 mg	123 ABC 00	Erw. 27. 6. 14		Nachbarapotheke Nachbarstr. 1 00000 Nachbarort	Notfall (e) AS
Ⓐ	Ⓑ	Ⓒ	Ⓓ	Ⓔ	Ⓕ

2.7 Dokumentation von Tierarzneimitteln

Apothekenbetriebsordnung § 19 Erwerb und Abgabe von verschreibungspflichtigen Tierarzneimitteln.

2.7.1 Bedeutung für die Apotheke

Im Zuge der Verbesserung des Verbraucherschutzes im Bereich der Lebensmittelversorgung wurden in den letzten Jahren zahlreiche Maßnahmen zur Überwachung der Arzneimittelverordnung von Tieren eingeführt. Dazu gehört die Dokumentation über Erwerb und Abgabe verschreibungspflichtiger Tierarzneimittel. Auch wenn fast ausschließlich für Heimtiere oder nicht Lebensmittel liefernde Pferde in der Apotheke Arzneimittel abgegeben werden, erscheint die Dokumentation auch in diesem Bereich sinnvoll. Zum einen sind viele der Tierarzneimittel für mehrere Tierarten (z. B. Katze, Hund und Ziege) zugelassen, zum anderen kann auf diese Weise ein missbräuchlicher Einsatz leichter verfolgt werden.

2.7.2 Form und Umfang der Dokumentation

Die Dokumentation kann in Papierform oder elektronisch erfolgen.

2.7.3 Sonstiges

Nur verschreibungspflichtige Tierarzneimittel für alle Tierarten (Heimtiere, also z. B. Hund und Katze sowie Lebensmittel liefernde Tiere z. B. Kuh, Schwein, Pferd) sind zu dokumentieren. Häufig werden auch die apothekenpflichtigen Tierarzneimittel vom pharmazeutischen Großhandel mit separatem Lieferschein übersandt. Diese können jedoch ohne Dokumentation abgegeben werden).

Wenn alle geforderten Angaben auf dem Lieferschein o. dgl. berücksichtigt sind, ist eine geordnete Zusammenstellung der Lieferscheine, Rechnungen oder Warenbegleitscheine ausreichend, eine darüber hinausgehende Dokumentation ist bei einer geringen Anzahl an Bestellungen verschreibungspflichtiger Tierarzneimittel (max. 24 pro Jahr) nicht notwendig. Bei größerer Anzahl ist wegen des besseren Überblicks für die Bestandsprüfung eine spezielle Dokumentation in entsprechenden Bögen jedoch empfehlenswert. Gleiches gilt auch für die Abgabe: Wenn alle Angaben auf der Rezeptkopie berücksichtigt sind, reicht ein Doppel oder eine Ablichtung der Verschreibung aus und eine darüber hinausgehende Dokumentation ist bei einer geringen Anzahl an Rezepten (max. 24 pro Jahr) nicht notwendig.

Tab. 2.7 Was muss im Einzelnen dokumentiert werden?

Was	Wer
Erwerb	
Ⓐ Bezeichnung und Menge des Arzneimittels, einschließlich seiner Chargenbezeichnung	PKA, PTA oder Apotheker
Ⓑ Name oder Firma und Anschrift des Lieferanten	PKA, PTA oder Apotheker
Ⓒ Datum des Erwerbs	PKA, PTA oder Apotheker
Abgabe	
Ⓓ Name und Anschrift des Empfängers	PKA, PTA oder Apotheker
Ⓔ Name und Anschrift des verschreibenden Tierarztes	PKA, PTA oder Apotheker
Ⓕ Bezeichnung und Menge des Arzneimittels, einschließlich seiner Chargenbezeichnung, Datum der Abgabe	PKA, PTA oder Apotheker
Ⓖ Alternativ zu Ⓓ – Ⓕ: Kopie des Rezeptes aufkleben	PKA, PTA oder Apotheker
Jährliche Bestandsprüfung	
Bestände der verschreibungspflichtigen Tierarzneimittel mittels Inventurfunktion der Apothekensoftware ausdrucken	PKA, PTA oder Apotheker
Überprüfung des Bestands und Feststellung von Abweichungen	Apothekenleiter

Tipp

Die Dokumentationsunterlagen sollten beim Wareneingang bereit liegen oder ein EDV-Zugriff darauf vom PKA-Arbeitsplatz direkt möglich sein.
Es kann sinnvoll sein, Tierarzneimittel an einem separaten Lagerort zu lagern (z. B. spezielle Schublade), da auf diese Weise ein Zusammensuchen für die jährliche Bestandsprüfung entfällt und auch das Verwechslungsrisiko Human-/Tierarzneimittel entfällt.

2.7.4 Ordnungswidrigkeit/Straftat

Verstöße gegen die Dokumentationspflicht können als Ordnungswidrigkeit geahndet werden.

2.7.5 Aufbewahrung

Die Dokumentation ist nach § 22 (1) ApBetrO vollständig und mindestens bis ein Jahr nach Ablauf des Verfalldatums, jedoch nicht weniger als fünf Jahre, aufzubewahren.

Erwerb und Abgabe verschreibungspflichtiger Tierarzneimittel

Dokumentation gemäß § 19 ApBetrO

Erwerb[1] von verschreibungspflichtigen Tierarzneimitteln

Bezeichnung des Arzneimittels[2]		Feld für Etikett
Drontal Plus Flavour Tabl. vet Ⓐ		
Menge[2]	**Chargenbezeichnung[2]**	
1	12345678	

Name oder Firma und Anschrift des Lieferanten[2]	Datum des Erwerbs[2]
Pharmahandel GmbH, Pharmastr. 100 00000 Pharmastadt Ⓑ	27. 6. 2014 Ⓒ

Zur Dokumentation ist eine Rechnung, ein Lieferschein oder ein Warenbegleitschein diesem Vordruck anzuheften.

Abgabe[3] von verschreibungspflichtigen Arzneimitteln zur Anwendung bei Tieren[4]:

Dr. Med. vet. Manfred Mustermann
Tierarzt
Emsigweg 12 – 08150 Irgendwo
Tel. (12 34 56) 89 10 11 12

Irgendwo, den 31. 06. 14

Rp.

für Dackel Waldi
von Alois Müller, Fleischweg 1,
08150 Irgendwo

1x drontal plus flavour
Tabl. vet
4 Stück

31. 06
Ch.Bez. 12345678

Ⓖ

Mustermann

Dr. med. vet. Manfred Mustermann
Tierarzt
Emsigweg 12 · 08150 Irgendwo
Tel. (12 34 56) 89 10 11 12

[1] Der Erwerb und somit Bestand von verschreibungspflichtigen Humanarzneimitteln, die auch bei Tieren zur Anwendung kommen, muss dem Regelungszweck der Verordnung nach nicht erfasst werden; ihre Zweckbestimmung steht zum Zeitpunkt des Erwerbs noch nicht fest.

[2] Nur auszufüllen, wenn die Angaben nicht aus dem angehefteten Lieferschein oder dem Etikett ersichtlich sind.

[3] Verschreibungspflichtige Arzneimittel, die zur Anwendung bei Tieren, die der Gewinnung von Lebensmitteln dienen, bestimmt sind, dürfen nur auf eine Verschreibung, die in zweifacher Ausfertigung vorgelegt wird, abgegeben werden. Das Original der Verschreibung ist für den Tierhalter bestimmt, die Durchschrift verbleibt in der Apotheke. Auf dem Original ist die Chargenbezeichnung des abgegebenen Arzneimittels anzugeben; soweit es nicht in Chargen in den Verkehr gebracht wird und ein Herstellungsdatum trägt, ist dieses anzugeben.

[4] Bei Abgabe an einen Tierarzt – ohne dass eine schriftliche Verschreibung vorliegt – sind die notwendigen Angaben einzutragen.

Lieferschein

Pharmahandel GmbH
Pharmastraße 100
00000 Pharmastadt
Tel.: 01234 56789
E-Mail: pharma@pharma.de
Bankverbindung: XXXXXXXXX

Musterapotheke

Musterstr. 1

00000 Musterstadt

Ihre Bestellung vom 27.06.2014

Lieferdatum 26.06.2014

Anzahl	PZN	Artikel	Hersteller
1	03930509	Drontal Plus Flavour Tabl. vet. 4 St.	BAYTI
EK	**VK**	**Status**	**Sonstiges**
18,25	31,06	Verschreibungspflichtig	Dokumentationspflicht Ch.-B. 12345678

2.8 Maßnahmen bei Arzneimittelrisiken

Apothekenbetriebsordnung §21 Arzneimittelrisiken, Behandlung nicht verkehrsfähiger Arzneimittel (5, 7 und 8).

2.8.1 Bedeutung für die Apotheke

Die Apotheken sind Teil des Pharmakovigilanzsystems, da sie UAW erfassen und melden. Auch zur Arzneimittelsicherheit tragen Apotheken durch die regelmäßige Überprüfung von Fertigarzneimitteln und apothekenpflichtigen Medizinprodukten und der Meldung eventueller Mängel bei, da auf dieses Weise bundesweit betroffene Produkte effektiv aus der Vertriebskette genommen werden können. Die Bearbeitung von Rückrufen bzw. Chargenüberprüfungen wird dokumentiert.

2.8.2 Form und Umfang der Dokumentation

Die Dokumentation kann in Papierform oder elektronisch erfolgen.

2.8.3 Sonstiges

Die mit Mängeln behafteten Produkte müssen gesondert gelagert werden, so dass ein versehentliches Einschleusen in die Vertriebskette nicht möglich ist.

2.8.4 Ordnungswidrigkeit/Straftat

Verstöße gegen die Dokumentationspflicht können als Ordnungswidrigkeit geahndet werden.

2.8.5 Aufbewahrung

Die Dokumentation ist vollständig und mindestens bis ein Jahr nach Ablauf des Verfalldatums, jedoch nicht weniger als fünf Jahre (§22 (1) ApBetrO) aufzubewahren.

Tab. 2.8 Was muss im Einzelnen dokumentiert werden?

Was	Wer
Ⓐ Pharmazentralnummer	PKA, PTA oder Apotheker
Ⓑ Packungsgröße	PKA, PTA oder Apotheker
Ⓒ Artikelbezeichnung	PKA, PTA oder Apotheker
Ⓓ Darreichungsform	PKA, PTA oder Apotheker
Ⓔ Charge	PKA, PTA oder Apotheker
Ⓕ Menge	PKA, PTA oder Apotheker
Ⓖ Datum des Zurücksendens (Vernichtung)	PKA, PTA oder Apotheker
Ⓗ Empfänger der Rückgabe (bzw. Eintrag Vernichtung, wenn keine Rückgabe erfolgt)	PKA, PTA oder Apotheker
Ⓘ Namenszeichen des Bearbeiters	PKA, PTA oder Apotheker
Ⓙ Datum des Erhalts der Gutschrift/des Umtauschs	PKA, PTA oder Apotheker

Rückgabe von Arzneimitteln auf Grund von Rückrufen

Dokumentation gemäß § 21 ApBetrO

Lfd. Nummer des Blatts: ______

PZN	Packungsgröße	Artikelbezeichnung	Darreichungsform	Charge	Menge	zurückgesandt*		Namenszeichen	Gutschrift/Umtausch erfolgt am
						am	an		
05465235	30 St.	Spasmolyt 30 mg	teilb. Filmtabl.	B1301710	8	20. 6. 14	Ratiopharm/ Madaus GmbH	Ö	15. 7. 14
05485717	20 St.	Sidroga Schlaf- und Nerventee	Tee	2G0381	1	20. 6. 14 vernichtet		Ö	/
Ⓐ	Ⓑ	Ⓒ	Ⓓ	Ⓔ	Ⓕ	Ⓖ	Ⓗ	Ⓘ	Ⓙ

* Diese Spalte kann bei Bedarf auch zur Dokumentation der Vernichtung verwendet werden.

Deutscher Apotheker Verlag, Vordruck 121900136/2012

2.9 Medizinproduktebuch

MPBetreibV § 7 Medizinproduktebuch in Verbindung mit MPBetreibV § 5 Betreiben und Anwenden.

2.9.1 Bedeutung für die Apotheke

Der Betreiber – für die Apotheke der Apothekenleiter – von Medizinprodukten ist verpflichtet, die Anforderungen der MPBetreibV § 5 umzusetzen. Das bedeutet, dass nur ein Medizinprodukt in Anwendung kommen darf, das zuvor durch den Hersteller oder den Betreiber einer Funktionsprüfung unterzogen wurde. Außerdem ist der Betreiber dafür verantwortlich, dass alle Personen, die mit dem Gerät arbeiten, eingewiesen sind. Das Medizinproduktebuch ist vorgeschrieben für alle nicht implantierbaren und aktiven Medizinprodukte.

2.9.2 Form und Umfang der Dokumentation

Die Dokumentation kann in Papierform oder elektronisch erfolgen.

2.9.3 Sonstiges

In der Apotheke gilt die Dokumentationspflicht für das elektrische Blutdruckmessgerät, empfehlenswert ist aber auch die entsprechenden Regelungen für elektrische Geräte zur Ermittlung von Laborwerten anzuwenden.

Tipp

Das Medizinproduktebuch und das Bestandsverzeichnis können in einer Datei gepflegt werden. Die ausgefüllte Vorlage kombiniert beide Dokumentationen (▸S. 36).

2.9.4 Ordnungswidrigkeit/Straftat

Verstöße gegen die Dokumentationspflicht können als Ordnungswidrigkeit geahndet werden.

Tab. 2.9 Was muss im Einzelnen dokumentiert werden?

Was	Wer
Ⓐ Bezeichnung und sonstige Angaben zur Identifikation des Medizinprodukts	PKA, PTA oder Apotheker
Ⓑ Beleg über Funktionsprüfung und Einweisung nach § 5 Abs. 1 sowie Name des nach § 5 Abs. 1 Nr. 2 Beauftragten, Zeitpunkt der Einweisung sowie Namen der eingewiesenen Personen	PKA, PTA oder Apotheker
Ⓒ Fristen und Datum der Durchführung sowie das Ergebnis von vorgeschriebenen sicherheits- und messtechnischen Kontrollen und Datum von Instandhaltungen sowie der Name der verantwortlichen Person oder der Firma, die diese Maßnahme durchgeführt hat, soweit mit Personen oder Institutionen Verträge zur Durchführung von sicherheits- oder messtechnischen Kontrollen oder Instandhaltungsmaßnahmen bestehen, deren Namen oder Firma sowie Anschrift	PKA, PTA oder Apotheker
Ⓓ Datum, Art und Folgen von Funktionsstörungen und wiederholten gleichartigen Bedienungsfehlern	PKA, PTA oder Apotheker
Ⓔ Meldungen von Vorkommnissen an Behörden und Hersteller (s. dazu auch Meldung von Vorkommnissen ▸S. 17)	PKA, PTA oder Apotheker

2.9.5 Aufbewahrung

MPBetreibV § 9 (2). Nach Außerbetriebnahme des Medizinprodukts ist das Medizinproduktebuch noch fünf Jahre aufzubewahren. Der Nachweis über die sicherheitstechnische Kontrolle muss nur bis zur Durchführung der nächsten Kontrolle aufbewahrt werden.

2.10 Medizinproduktebestandsverzeichnis

MPBetreibV § 8 Bestandsverzeichnis.

2.10.1 Bedeutung für die Apotheke

Ähnlich wie bei Arzneimitteln kann es auch bei Medizinprodukten nach der Meldung von Vorkommnissen zu einem Rückruf kommen. Für diesen Zweck ist es notwendig, einen Überblick zu haben, wo sich das jeweilige Medizinprodukt befindet. In der Apotheke betrifft dies vor allem die Leihgeräte, sofern diese nicht implantierbar und aktiv sind.

2.10.2 Form und Umfang der Dokumentation

Die Dokumentation kann in Papierform oder elektronisch erfolgen.

2.10.3 Sonstiges

In der Apotheke gilt die Dokumentationspflicht für die in der Apotheke genutzten und durch die Apotheke verliehenen Geräte.

Tipp

Das Medizinproduktebuch und das Bestandsverzeichnis können in einer Datei gepflegt werden. Die ausgefüllte Vorlage kombiniert beide Dokumentationen (▸S. 36).

2.10.4 Ordnungswidrigkeit/Straftat

Verstöße gegen die Dokumentationspflicht können als Ordnungswidrigkeit geahndet werden.

2.10.5 Aufbewahrung

Das Bestandsverzeichnis muss stets den aktuellen Stand darstellen – wenn die Dokumentation gemeinsam mit Medizinproduktebuch erfolgt, sind die Unterlagen gemäß MPBetreibV § 9 (2) nach Außerbetriebnahme des Medizinprodukts noch fünf Jahre aufzubewahren. Der Nachweis über die sicherheitstechnische Kontrolle muss nur bis zur Durchführung der nächsten Kontrolle aufbewahrt werden.

Tab. 2.10 Was muss im Einzelnen dokumentiert werden?

Was	Wer
Ⓐ Bezeichnung, Art und Chargenbezeichnung des MP sowie Typ oder Serienummer	PKA, PTA oder Apotheker
Ⓑ Anschaffungsjahr	PKA, PTA oder Apotheker
Ⓐ Name und Anschrift des Herstellers	PKA, PTA oder Apotheker
Ⓐ evtl. Kennnummer der genannten Stelle	PKA, PTA oder Apotheker
Ⓐ Identifikationsnummern, falls vergeben	PKA, PTA oder Apotheker
Ⓕ Standort/Abteilung, wo das MP ist	PKA, PTA oder Apotheker
Ⓒ Frist für sicherheitstechnische Kontrollen	PKA, PTA oder Apotheker

Medizinproduktebuch (MPBetrV § 7) sowie Bestandsverzeichnis (MPBetrV § 8)

Bezeichnung und Angaben zur Identifikation des MP (MPBetreibV § 7, § 8)	Pariboy SX Inhalationsgerät	
Typenbezeichnung, Seriennummer des MP (MPBetrV § 8)	SX	
Chargenbezeichnung des MP (MPBetrV § 8)	XYZ123	Ⓐ
Hersteller, Name und Anschrift (MPBetrV § 8)	medi1one Medical GmbH, Waiblingen	
Evtl. Kennnummer der genannten Herstellers (MPBetrV § 8)	–	
Beleg über Funktionsprüfung (MPBetrV § 7) – Beleg liegt dem Gerät bei oder muss separat angefordert werden	Beleg liegt vor	
Anschaffungsjahr	2013	Ⓑ
Name des MP-Beauftragten (MPBetrV § 7)	Schäfer	
Im Umgang eingewiesene Personen mit Einweisungsdatum (MPBetrV § 7)	Müller 01.04.2013, Mayer 01.04.2013	
Frist der messtechnischen Kontrolle (MPBetrV § 7)	15.06.2015	
Datum der messtechnischen Kontrolle und Ergebnis (MPBetrV § 7) – nach der Kontrolle Bescheinigung anheften –		
Person/Firma, die die messtechnische Kontrolle bzw. Instandhaltung durchgeführt hat (MPBetrV § 7)	Firma Messgenau	
Frist der sicherheitstechnischen Kontrolle (MPBetrV § 7) – nach der Kontrolle Bescheinigung anheften –	15.06.2015	Ⓒ
Datum der sicherheitstechnischen Kontrolle und Ergebnis (MPBetrV § 7) – nach der Kontrolle Bescheinigung anheften –		
Person/Firma, die die sicherheitstechnische Kontrolle bzw. Instandhaltung durchgeführt hat (MPBetrV § 7)	Firma Sicher	
Funktionsstörungen: Datum, Art und Folgen (MPBetrV § 7) – auszufüllen, wenn Störungen auftreten –		Ⓓ
Meldungen von Vorkommnissen an Behörden und Hersteller (MPBetrV § 7) – auszufüllen, wenn Meldungen erfolgen –		Ⓔ
Standort/Abteilung des Medizinprodukts (MPBetrV § 8)	Leihgerät: Fam. ABC, DEF-Str., Musterstadt, 01.03.2014–30.06.2014 Fam. HIJ, LMN-Str., Musterstadt, 02.07.2014–	Ⓕ

2.11 Medizinprodukte – Aufbereitung von Leihgeräten

MPG § 3 (14), MPBetrV § 4.

2.11.1 Bedeutung für die Apotheke

Die Aufbereitung (z. B. Reinigung, Desinfektion oder Sterilisation) von Medizinprodukten umfasst die anschließende Prüfung, und wenn notwendig, die Wiederherstellung der technischen und funktionellen Sicherheit. Das aufbereitete Medizinprodukt muss den Anforderungen hinsichtlich der hygienischen Eigenschaften entsprechen. Dieses Verfahren dient der Sicherheit und Gesundheit von Patienten, Anwendern und Dritten. Die Verantwortung für die Qualität der Aufbereitung trägt der Betreiber (§ 4 MPBetrV). Da es sich nicht um eine Herstellung handelt, muss also kein Konformitätsbewertungsverfahren durchgeführt werden. Wenn das Medizinprodukt steril sein muss, ist die Überprüfung durch die benannte Stelle notwendig. Im Regelfall trifft dies jedoch nicht für Medizinprodukte, die in der Apotheke eingesetzt bzw. aufbereitet werden, zu. Um dennoch Sterilität kritischer Teile zu gewährleisten, wird hierfür durch Hersteller entsprechender Medizinprodukte (z. B. Inhalationsgeräte, Milchpumpen etc.) der Austausch mittels sogenannter Yearpacks gewährleistet. Deshalb sind die Angaben des Herstellers zur Aufbereitung – auch des empfohlenen Verfahrens – zu berücksichtigen.

2.11.2 Form und Umfang der Dokumentation

Die Dokumentation kann in Papierform oder elektronisch erfolgen, z. B. in Form einer Abzeichnungsliste für die Überprüfung, Reinigung und Desinfektion.

2.11.3 Sonstiges

Die Durchführungsanweisung liegt in der Verantwortung des Medizinproduktebeauftragten der Apotheke – im Regelfall des Apothekenleiters, der für die ordnungsgemäße Durchführung verantwortlich ist. Die Aufbereitung von Leihgeräten sollte im QM-System hinterlegt sein.

Die BAK stellt auf ihrer Homepage www.abda.de zur Qualitätssicherung Materialien zur Verfügung:

- Leitlinie: Hygienemanagement,
- Arbeitshilfe: Musterhygieneplan Leihgeräte,
- Arbeitshilfe: Checkliste Hygiene Leihgeräte.

Falls ein Austauschset vom Hersteller vorgeschrieben ist, ist der Austausch ebenfalls im Protokoll zu dokumentieren. Um auch dem Kunden gegenüber deutlich zu machen, dass das Gerät in einem einwandfreien Zustand ist, kann man z. B. eine Prüfmarke aufkleben.

Tab. 2.11 Was muss im Einzelnen dokumentiert werden?

Was	Wer
Ⓐ Bezeichnung des MP sowie Typ oder Seriennummer	PKA, PTA oder Apotheker
Ⓑ Gerätenummer	PKA, PTA oder Apotheker
Ⓒ Funktionscheck	PKA, PTA oder Apotheker
Ⓓ abzeichnen, dass Reinigung erfolgt ist	PKA, PTA oder Apotheker
Ⓔ abzeichnen, dass Desinfektion erfolgt ist	PKA, PTA oder Apotheker
Ⓕ abzeichnen, wenn ein neues Austauschset beigelegt wurde	PKA, PTA oder Apotheker
Ⓖ Datum, Namenszeichen des Durchführenden	PKA, PTA oder Apotheker

Tipp

Für die Reinigung und Desinfektion muss ein Musterhygieneplan erstellt werden, der alle Arbeitsschritte festlegt. Es ist sinnvoll, sich von dem jeweiligen Gerätehersteller für das jeweilige Produkt (Inhalationsgerät, Babywaage, Milchpumpe, etc.) die Anleitung für den Reinigungs- und Desinfektionsprozess zur Verfügung stellen zu lassen. Hält man sich an dieses Vorschrift, kann man davon ausgehen, dass man die Aufbereitung nach einem validierten Verfahren (Anforderung des Medizinprodukterechts) durchführt.

2.11.4 Ordnungswidrigkeit/Straftat

Verstöße gegen die Dokumentationspflicht können als Ordnungswidrigkeit geahndet werden.

2.11.5 Aufbewahrung

Die Dokumentation ist gemäß MPBetreibV § 9 (2) nach Außerbetriebnahme des Medizinprodukts noch fünf Jahre aufzubewahren.

Bezeichnung Seriennummer	Gerätenummer	Funktion überprüft	Gereinigt	Desinfiziert	Neues Austauschset beigelegt	Datum, Zeichen
Pariboy Sx	X4Z123	1.7.14	1.7.14	1.7.14	1.7.14	1.7.14/SCh
Ⓐ	Ⓑ	✓ Ⓒ	✓ Ⓓ	✓ Ⓔ	✓ Ⓕ	Ⓖ

2.12 BtM: Verbleib und Bestand

BtMVV § 13 Nachweisführung, BtMVV § 14 Angaben zur Nachweisführung.

2.12.1 Bedeutung für die Apotheke

Der Betäubungsmittelverkehr wird engmaschig überwacht und erfordert eine lückenlose Dokumentation. Die Apotheke ist die letzte Handelsstufe vor der Abgabe an den Endverbraucher.

2.12.2 Besonderheiten zwischen Haupt- und Filialapotheken

Jede Apotheke ist eine eigene Betriebsstätte; die BtM-Dokumentation hat in jeder Betriebsstätte separat zu erfolgen.

2.12.3 Form und Umfang der Dokumentation

Die Dokumentation kann in Papierform (z. B. Dokumentationsbogen Anlage 4, BtMVV, Betäubungsmitteldokumentation, DAV) erfolgen.

2.12.4 Sonstiges

Neben dem Eintrag in die Kartei bzw. in das BtM-Softwareprogramm werden zusätzlich für die Abgabe Teil I des Betäubungsmittelrezepts (▸S. 41) oder die Empfangsbestätigung sowie für den Zugang der Lieferschein dokumentiert. (▸S. 41 und Abgabebelegverfahren).

> **Tipp**
> Am besten in der elektronischen Wiedervorlage des Computers eine monatliche Erinnerung am Ende des Kalendermonats zur Überprüfung der BtM-Bestände einpflegen.

2.12.5 Ordnungswidrigkeit/Straftat

Verstöße gegen die Dokumentationspflicht können als Ordnungswidrigkeit geahndet werden.

2.12.6 Aufbewahrung

Nach § 17 BtMG ist die Dokumentation 3 Jahre aufzubewahren.

Tab. 2.12 Was muss im Einzelnen dokumentiert werden?

Was	Wer
Zugang	
Ⓐ Bezeichnung des Arzneimittels (wird in Papierform nur einmal auf der Karte eingetragen)	PKA, PTA oder Apotheker
Ⓑ Name und Anschrift der Apotheke (wird in Papierform nur einmal auf der Karte eingetragen, in elektronischer Form ist es hinterlegt)	PKA, PTA oder Apotheker
Ⓒ Zugangsdatum	PKA, PTA oder Apotheker
Ⓓ Name/Firma, Anschrift des Lieferanten	PKA, PTA oder Apotheker
Ⓔ zugegangene Menge ▪ g, mg, ml ▪ Stückzahl	PKA, PTA oder Apotheker
Abgang	
Ⓐ Bezeichnung des Arzneimittels (wird in Papierform nur einmal auf der Karte eingetragen)	PKA, PTA oder Apotheker
Ⓑ Name und Anschrift der Apotheke (wird in Papierform nur einmal auf der Karte eingetragen, in elektronischer Form ist es hinterlegt)	PKA, PTA oder Apotheker
Ⓒ Abgangsdatum	PKA, PTA oder Apotheker
Ⓓ Name/Firma, Anschrift des Empfängers oder zur Vernichtung, Prüfung o. dgl.	PKA, PTA oder Apotheker
Ⓕ abgegangene Menge ▪ g, mg, ml ▪ Stückzahl	PKA, PTA oder Apotheker
Ⓖ Bestand	PKA, PTA oder Apotheker
Ⓗ Name und Anschrift des verordnenden Arztes, Zahnarztes, Tierarztes	PKA, PTA oder Apotheker
Ⓘ Nummer des BtM-Rezepts bzw. Anforderungsscheins	PKA, PTA oder Apotheker
Ⓙ **monatliche Überprüfung** des Bestands und der Dokumentation	Apotheker

Bezeichnung1) des Betäubungsmittels (A)		Nachweispflichtiger Teilnehmer (Name oder Firma und Anschrift der Apotheke bzw. tierärztlichen Hausapotheke, Name und Anschrift – des Arztes, Zahnarztes bzw. Tierarztes, – des Krankenhauses bzw. der Tierklinik, und Bezeichnung der Teileinheit) (B)					Lfd. Nr. der Karte (für das bezeichnete Betäubungsmittel)
MST 10 Mundipharma Retardtbl.		Musterapotheke Musterstr. 1 00000 Musterstadt					
Datum des Zugangs bzw. des Abgangs (C)	Bei Zugang: Name oder Firma und Anschrift des Lieferers oder sonstige Herkunft (D) Bei Abgang: Name oder Firma und Anschrift des Empfängers oder sonstiger Verbleib	Zugang (E)	Abgang (F)	Bestand (G)	Name und Anschrift des Arztes, Zahnarztes bzw. Tierarztes2) (H)	Nummer des Betäubungsmittelrezeptes oder -anforderungsscheines3) (I)	Datum der Prüfung und Namenszeichen des i. S. der BtMVV verantwortlichen Arztes, Zahnarztes, Tierarztes bzw. Apothekers (J)
		in g, mg, ml oder Stück					
		Übertrag ▶					
100714	Pharmagroßhandel, Pharmagroßhandelsstr. 100, 00000 Ph Stadt	20		20			Sch
150714	Max Mustermann, Musterstr. 12 00000 Musterstadt		20	0	Dr. med. Hans Heil, Musterstr. 15, 00000 Musterstadt	123456789	Sch
		Übertrag ▶					

1) Bei Fertigarzneimitteln Arzneimittelbezeichnung, Darreichungsform, Bezeichnung und Gewichtsmenge – bei homöopathischen Arzneimitteln statt dessen Verdünnungsgrad – des enthaltenen Betäubungsmittels je Packungseinheit bzw. je abgeteilte Form.

2) Nicht erforderlich, wenn mit der Angabe unter »Nachweispflichtiger Teilnehmer« identisch.

3) In Apotheken im Falle der Abgabe auf Verschreibung, in Krankenhäusern und Tierkliniken im Falle des Erwerbs auf Verschreibung.

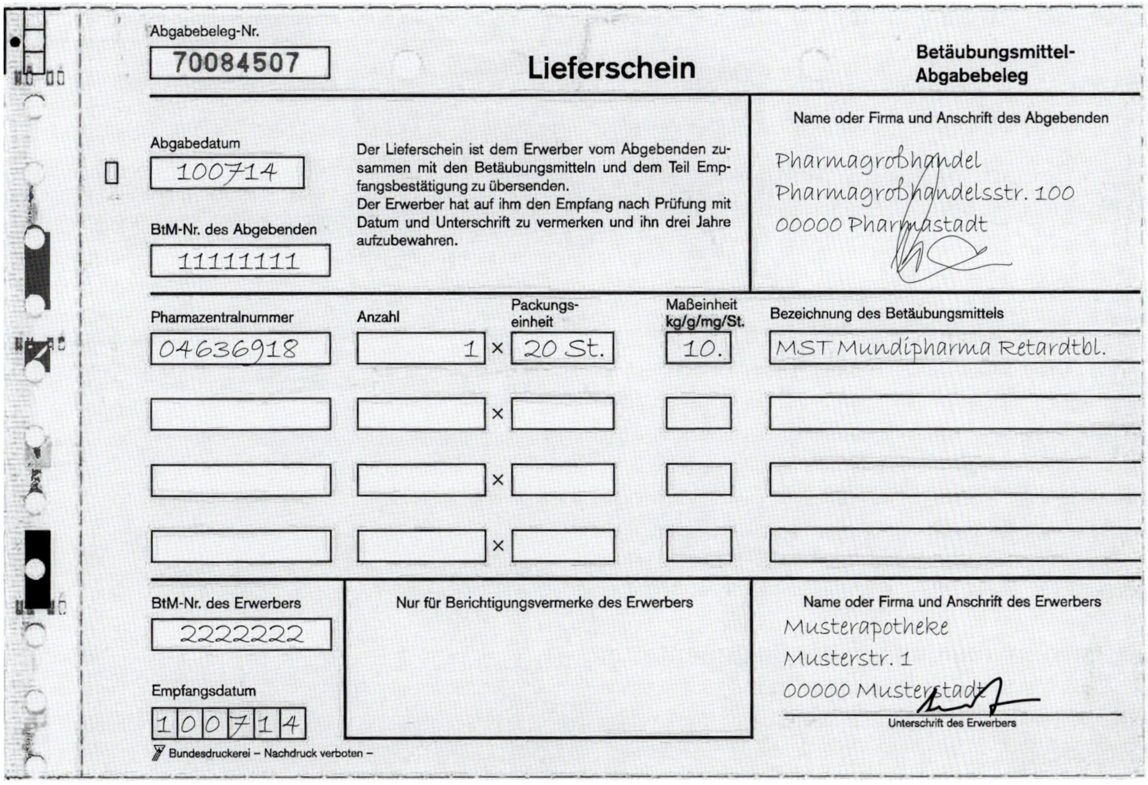

Abgabebeleg-Nr. 70084507

Lieferschein

Betäubungsmittel-Abgabebeleg

Abgabedatum: 100714

BtM-Nr. des Abgebenden: 11111111

Der Lieferschein ist dem Erwerber vom Abgebenden zusammen mit den Betäubungsmitteln und dem Teil Empfangsbestätigung zu übersenden. Der Erwerber hat auf ihm den Empfang nach Prüfung mit Datum und Unterschrift zu vermerken und ihn drei Jahre aufzubewahren.

Name oder Firma und Anschrift des Abgebenden:
Pharmagroßhandel
Pharmagroßhandelsstr. 100
00000 Pharmastadt

Pharmazentralnummer	Anzahl		Packungseinheit	Maßeinheit kg/g/mg/St.	Bezeichnung des Betäubungsmittels
04636918	1	×	20 St.	10.	MST Mundipharma Retardtbl.
		×			
		×			
		×			

BtM-Nr. des Erwerbers: 2222222

Empfangsdatum: 100714

Nur für Berichtigungsvermerke des Erwerbers

Name oder Firma und Anschrift des Erwerbers:
Musterapotheke
Musterstr. 1
00000 Musterstadt

Unterschrift des Erwerbers

Bundesdruckerei – Nachdruck verboten –

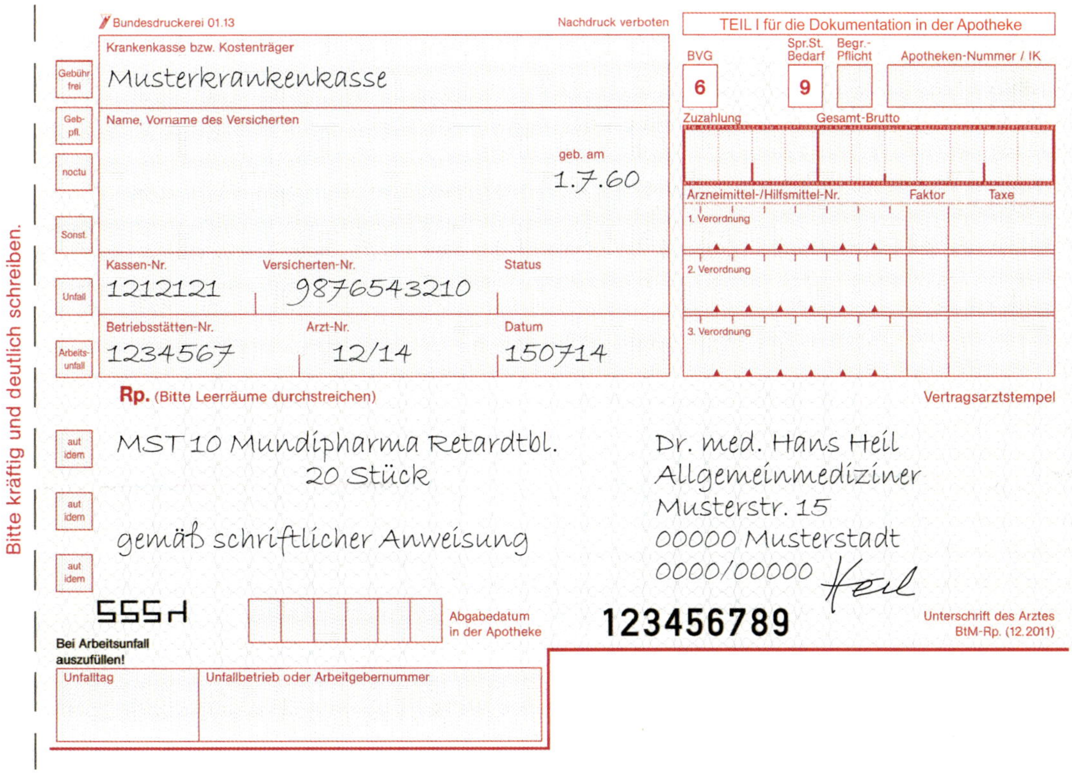

Bundesdruckerei 01.13 — Nachdruck verboten

Krankenkasse bzw. Kostenträger: Musterkrankenkasse

Gebühr frei / Geb.-pfl. / noctu / Sonst. / Unfall / Arbeitsunfall

Name, Vorname des Versicherten — geb. am 1.7.60

Kassen-Nr. 1212121 — Versicherten-Nr. 9876543210 — Status

Betriebsstätten-Nr. 1234567 — Arzt-Nr. 12/14 — Datum 150714

TEIL I für die Dokumentation in der Apotheke

BVG 6 — Spr.St. Bedarf 9 — Begr.-Pflicht — Apotheken-Nummer / IK

Zuzahlung — Gesamt-Brutto

Arzneimittel-/Hilfsmittel-Nr. — Faktor — Taxe

1. Verordnung
2. Verordnung
3. Verordnung

Rp. (Bitte Leerräume durchstreichen)

Vertragsarztstempel

aut idem / aut idem / aut idem

MST 10 Mundipharma Retardtbl.
20 Stück

gemäß schriftlicher Anweisung

Dr. med. Hans Heil
Allgemeinmediziner
Musterstr. 15
00000 Musterstadt
0000/00000

5554

Abgabedatum in der Apotheke

123456789

Unterschrift des Arztes
BtM-Rp. (12.2011)

Bitte kräftig und deutlich schreiben.

Bei Arbeitsunfall auszufüllen!

Unfalltag — Unfallbetrieb oder Arbeitgebernummer

2.13 BtM: Abgabe und Empfang

Betäubungsmittel-Binnenhandelsverordnung (BtMBinHV) § 6.

2.13.1 Bedeutung für die Apotheke

Die Apotheke hat Binnenhandelskontakte mit Herstellern, Großhändlern, Importeuren und im Filialverbund mit anderen Apotheken.

2.13.2 Besonderheiten zwischen Haupt- und Filialapotheken im Verbund

Apotheken innerhalb eines Verbunds – sogenannte Verbundapotheken (VA) – können untereinander unter Beachtung der Betäubungsmittel-Binnenhandelsverordnung BtM austauschen.

Jede Apotheke ist eine eigene Betriebsstätte; die BtM-Dokumentation hat in jeder Betriebsstätte separat zu erfolgen.

2.13.3 Form und Umfang der Dokumentation

Es handelt sich um ein vierteiliges amtliches Formblatt (Abgabemeldung) mit Abgabemeldung, Empfangsbestätigung, Lieferschein und Lieferscheindoppel.

Aufbewahrt werden muss der Lieferschein (als Empfänger) bzw. die Empfangsbestätigung (als Abgebender) des amtlichen Formblatts nach BtM-Binnenhandelsverordnung. Zusätzlich muss an den Eintrag in die BtM-Kartei (▸ Kap. 2.12) gedacht werden.

2.13.4 Sonstiges

Es gibt keine Vorgabe in der BtMBinHV, wer berechtigt ist, dieses Formular bei Abgabe oder Empfang zu unterzeichnen.

Bezugsadresse BtM-Abgabebelege: Bundesanzeiger Verlagsgesellschaft mbH, Vertriebsabteilung, Amsterdamer Straße 192, 50735 Köln, Tel.: 0221/97668-112, E-Mail: vertrieb@bundesanzeiger.de.

Tipp

- Unbekannte PZN-Nummern, die nicht in der Lauer-Taxe stehen, unter 0228-2075567 bei Bundesopiumstelle telefonisch erfragen,
- Lieferscheindoppel verloren: Empfangsbestätigung mit Korrekturen kopieren und mit dem Hinweis: „Lieferscheindoppel nicht verfügbar" zusenden,
- Unterlagen nicht klammern/heften, keine Büroklammern,
- nie mehr als vier Einträge pro Beleg,
- kein Tipp-Ex, sondern streichen und direkt unter dem Feld korrigieren,
- Maßeinheiten nur mg, g, kg oder Stück.

2.13.5 Ordnungswidrigkeit/Straftat

Verstöße gegen die Dokumentationspflicht können als Ordnungswidrigkeit geahndet werden.

Tab. 2.13 Was muss im Einzelnen dokumentiert werden?

Was	Wer
Abgabe (auf dem vierteiligen Beleg)	
Ⓐ Abgabedatum Ⓑ BtM-Nummer des Abgebenden Ⓒ Name/Firma und Anschrift des Abgebenden Ⓓ für jedes BtM PZN oder Substanz-PZN nach BfArM Ⓔ Anzahl der Packungseinheiten Ⓕ Packungseinheit gem. PZN Ⓖ Maßeinheit: bei abgeteilten Zubereitungen Gewicht in mg je abgeteilter Form, bei nicht abgeteilter Zubereitung Gewicht in mg je Packungseinheit Ⓗ Bezeichnung des BtM Ⓘ BtM-Nummer des Erwerbers Ⓙ Name/Firma und Anschrift des Erwerbers Ⓚ Unterschrift in Kugelschreiber	Mitarbeiter des Großhandels oder im Fall von Filialapotheken bzw. bei Rücksendung der Apotheke an den Großhandel PKA, PTA oder Apotheker
Annahme (auf Empfangsbestätigung und Lieferschein) Lieferschein und Empfangsbestätigung auf Richtigkeit prüfen	
Ⓛ Empfangsdatum Ⓜ mit Kugelschreiber unterschreiben Ⓝ Abweichungen evtl. vermerken Erwerber notiert „Fehler" auf Empfangsbestätigung Empfangsbestätigung spätestens am nächsten Werktag an den Abgebenden senden	Mitarbeiter des Großhandels oder im Fall von Filialapotheken bzw. bei Rücksendung der Apotheke an den Großhandel PKA, PTA oder Apotheker
Bei Abweichungen	
Ⓞ Abgebender trägt „Fehler" auf Lieferscheindoppel erkennbar ein, bestätigt als richtig Abgebender sendet Lieferscheindoppel als Korrektur ans BfArM	Mitarbeiter des Großhandels oder im Fall von Filialapotheken bzw. bei Rücksendung der Apotheke an den Großhandel PKA, PTA oder Apotheker

2.13.6 Aufbewahrung

Nach § 17 BtMG ist die Dokumentation 3 Jahre aufzubewahren.

Abgabe

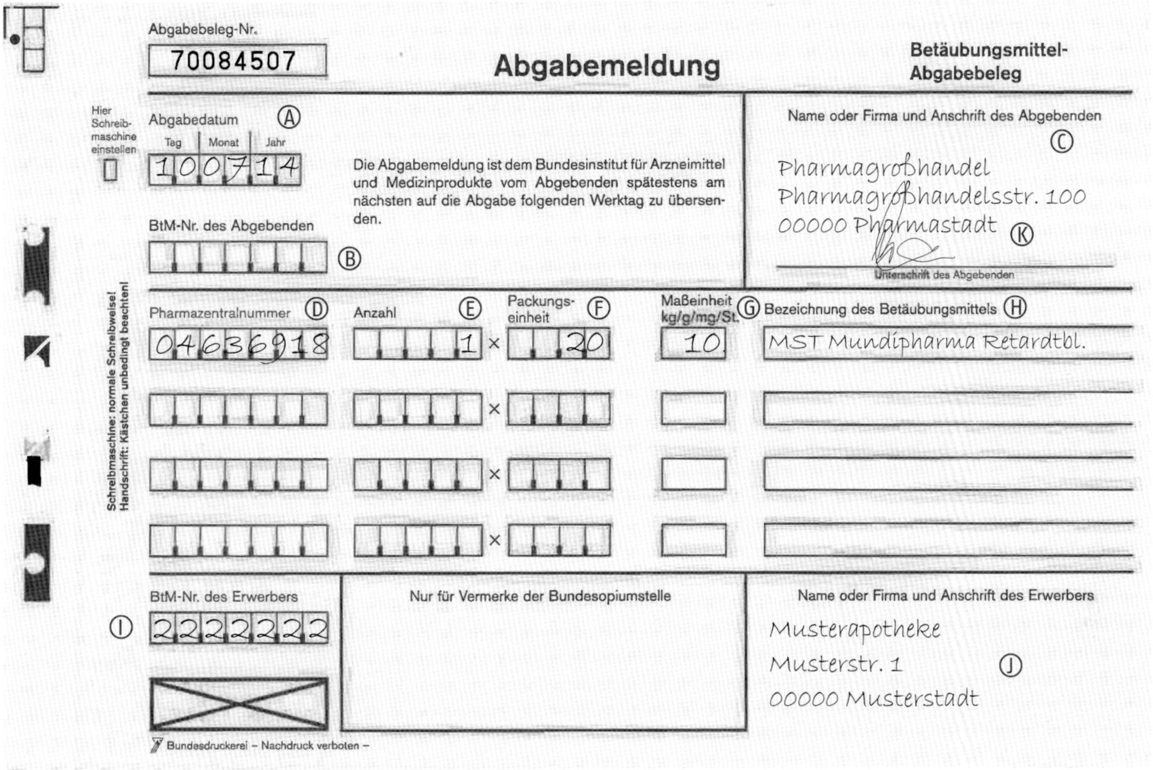

Abgabebeleg-Nr. 70084507

Abgabemeldung

Betäubungsmittel-Abgabebeleg

Hier Schreibmaschine einstellen

Abgabedatum Ⓐ — Tag | Monat | Jahr: 10 07 14

Die Abgabemeldung ist dem Bundesinstitut für Arzneimittel und Medizinprodukte vom Abgebenden spätestens am nächsten auf die Abgabe folgenden Werktag zu übersenden.

BtM-Nr. des Abgebenden Ⓑ

Name oder Firma und Anschrift des Abgebenden Ⓒ

Pharmagroßhandel
Pharmagroßhandelsstr. 100
00000 Pharmastadt Ⓚ

Unterschrift des Abgebenden

Schreibmaschine: normale Schreibweise! Handschrift: Kästchen unbedingt beachten!

Pharmazentralnummer Ⓓ	Anzahl Ⓔ		Packungseinheit Ⓕ	Maßeinheit kg/g/mg/St. Ⓖ	Bezeichnung des Betäubungsmittels Ⓗ
04636918	1	×	20	10	MST Mundipharma Retardtbl.
		×			
		×			
		×			

Ⓘ BtM-Nr. des Erwerbers: 2222222

Nur für Vermerke der Bundesopiumstelle

Name oder Firma und Anschrift des Erwerbers Ⓙ

Musterapotheke
Musterstr. 1
00000 Musterstadt

Bundesdruckerei – Nachdruck verboten –

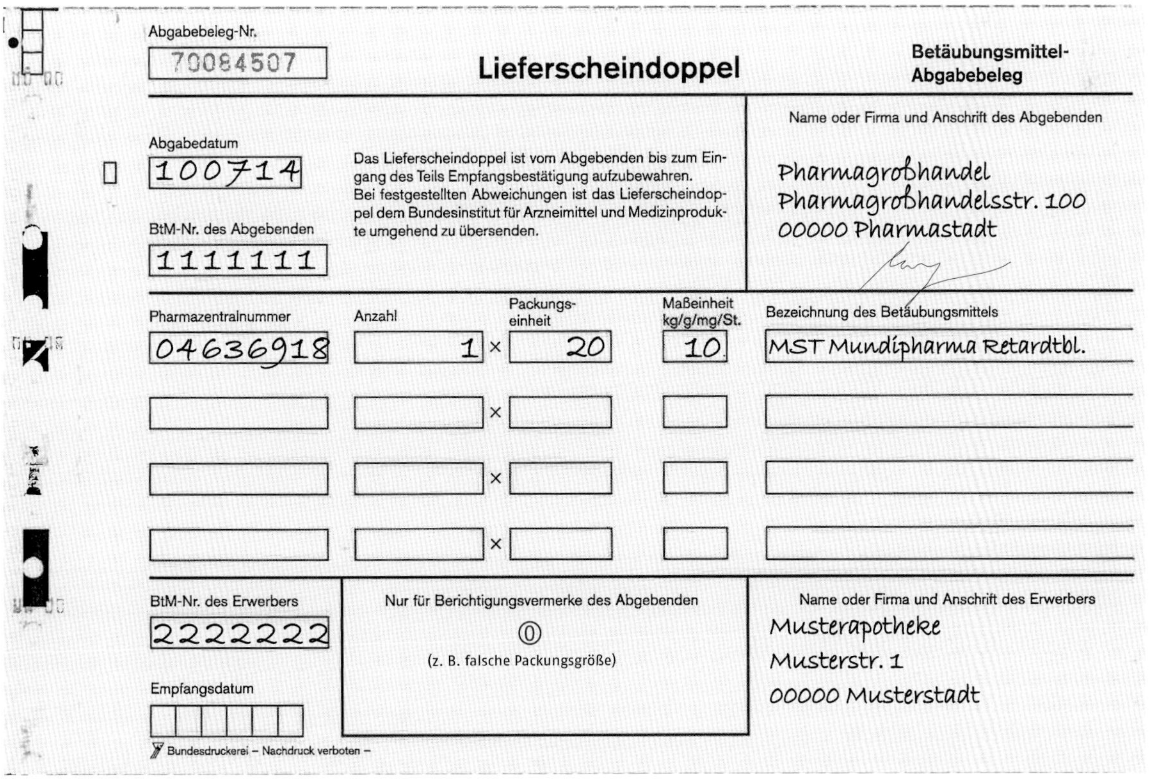

Abgabebeleg-Nr. 70084507

Lieferscheindoppel

Betäubungsmittel-Abgabebeleg

Abgabedatum: 100714

Das Lieferscheindoppel ist vom Abgebenden bis zum Eingang des Teils Empfangsbestätigung aufzubewahren. Bei festgestellten Abweichungen ist das Lieferscheindoppel dem Bundesinstitut für Arzneimittel und Medizinprodukte umgehend zu übersenden.

BtM-Nr. des Abgebenden: 1111111

Name oder Firma und Anschrift des Abgebenden

Pharmagroßhandel
Pharmagroßhandelsstr. 100
00000 Pharmastadt

Pharmazentralnummer	Anzahl		Packungseinheit	Maßeinheit kg/g/mg/St.	Bezeichnung des Betäubungsmittels
04636918	1	×	20	10	MST Mundipharma Retardtbl.
		×			
		×			
		×			

BtM-Nr. des Erwerbers: 2222222

Empfangsdatum

Nur für Berichtigungsvermerke des Abgebenden Ⓞ (z. B. falsche Packungsgröße)

Name oder Firma und Anschrift des Erwerbers

Musterapotheke
Musterstr. 1
00000 Musterstadt

Bundesdruckerei – Nachdruck verboten –

Empfang

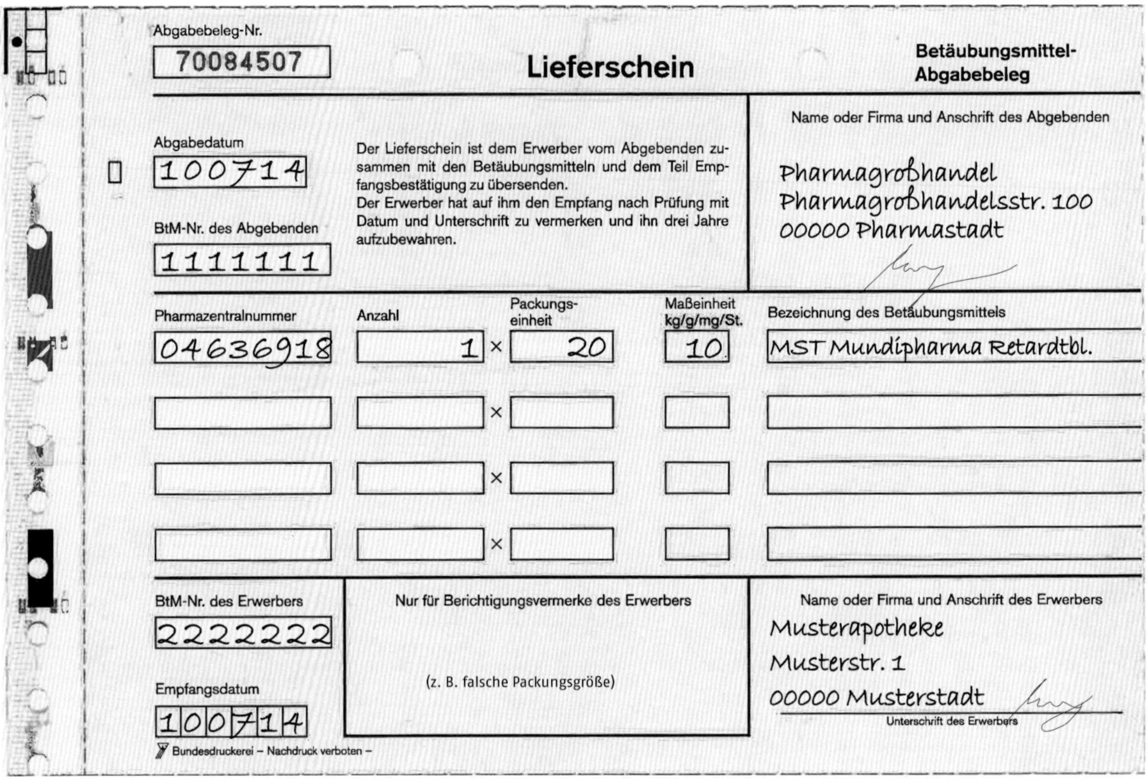

Abgabebeleg-Nr. 70084507

Lieferschein

Betäubungsmittel-Abgabebeleg

Abgabedatum: 100714

BtM-Nr. des Abgebenden: 1111111

Der Lieferschein ist dem Erwerber vom Abgebenden zusammen mit den Betäubungsmitteln und dem Teil Empfangsbestätigung zu übersenden. Der Erwerber hat auf ihm den Empfang nach Prüfung mit Datum und Unterschrift zu vermerken und ihn drei Jahre aufzubewahren.

Name oder Firma und Anschrift des Abgebenden:
Pharmagroßhandel
Pharmagroßhandelsstr. 100
00000 Pharmastadt

Pharmazentralnummer	Anzahl		Packungseinheit	Maßeinheit kg/g/mg/St.	Bezeichnung des Betäubungsmittels
04636918	1	×	20	10	MST Mundipharma Retardtbl.
		×			
		×			
		×			

BtM-Nr. des Erwerbers: 2222222

Empfangsdatum: 100714

Nur für Berichtigungsvermerke des Erwerbers
(z. B. falsche Packungsgröße)

Name oder Firma und Anschrift des Erwerbers:
Musterapotheke
Musterstr. 1
00000 Musterstadt

Unterschrift des Erwerbers

Bundesdruckerei – Nachdruck verboten –

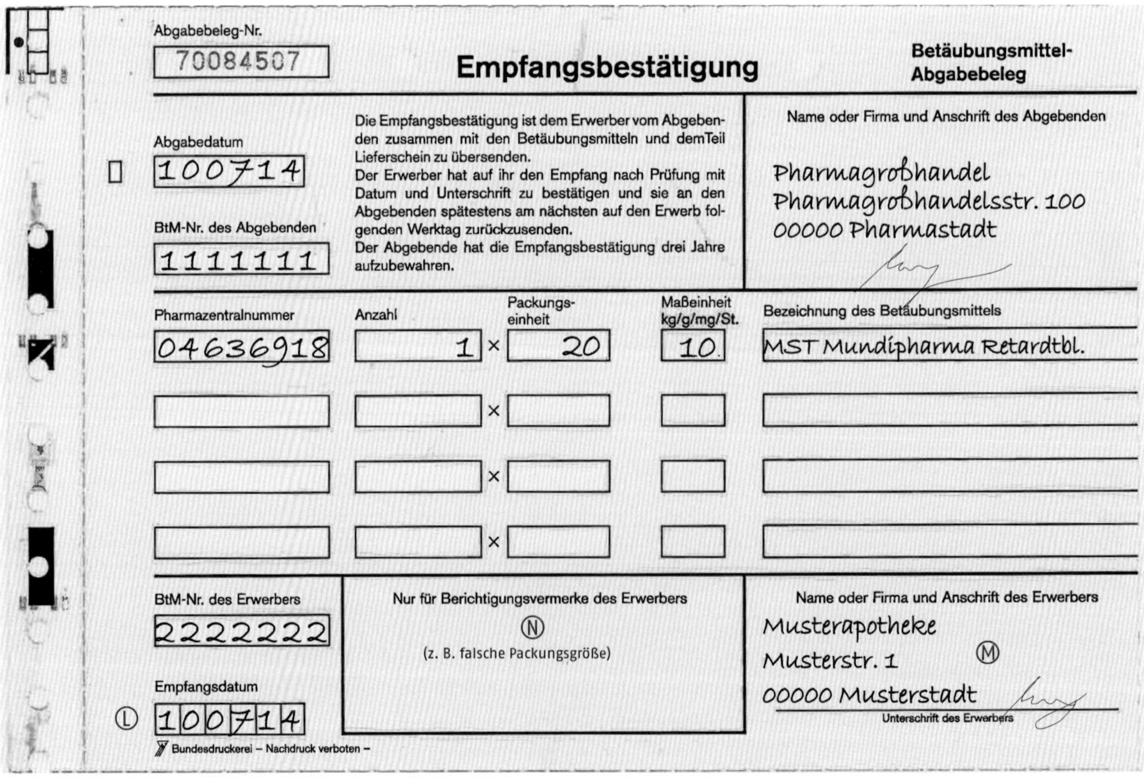

Abgabebeleg-Nr. 70084507

Empfangsbestätigung

Betäubungsmittel-Abgabebeleg

Abgabedatum: 100714

BtM-Nr. des Abgebenden: 1111111

Die Empfangsbestätigung ist dem Erwerber vom Abgebenden zusammen mit den Betäubungsmitteln und dem Teil Lieferschein zu übersenden. Der Erwerber hat auf ihr den Empfang nach Prüfung mit Datum und Unterschrift zu bestätigen und sie an den Abgebenden spätestens am nächsten auf den Erwerb folgenden Werktag zurückzusenden. Der Abgebende hat die Empfangsbestätigung drei Jahre aufzubewahren.

Name oder Firma und Anschrift des Abgebenden:
Pharmagroßhandel
Pharmagroßhandelsstr. 100
00000 Pharmastadt

Pharmazentralnummer	Anzahl		Packungseinheit	Maßeinheit kg/g/mg/St.	Bezeichnung des Betäubungsmittels
04636918	1	×	20	10	MST Mundipharma Retardtbl.
		×			
		×			
		×			

BtM-Nr. des Erwerbers: 2222222

Empfangsdatum: Ⓛ 100714

Nur für Berichtigungsvermerke des Erwerbers
Ⓝ
(z. B. falsche Packungsgröße)

Name oder Firma und Anschrift des Erwerbers:
Musterapotheke
Musterstr. 1 Ⓜ
00000 Musterstadt

Unterschrift des Erwerbers

Bundesdruckerei – Nachdruck verboten –

2.14 BtM: Arztanfrage zur Lieferfähigkeit eines BtM für einen Palliativpatienten

BtMG § 13 (1a) Verschreibung und Abgabe auf Verschreibung.

2.14.1 Bedeutung für die Apotheke

Um eine möglichst schnelle und situativ angepasste Versorgung von Palliativpatienten zu gewährleisten, haben palliativ tätige Ärzte ein Dispensierrecht für BtM, sofern die zuständige Apotheke das für die Versorgung notwendige BtM nicht liefern kann. Die dabei möglichen Kriterien umfassen dabei nicht nur die Lieferfähigkeit der Apotheke als solche, sondern auch zu welchem Zeitpunkt die Apotheke dem Patienten das notwendige BtM zur Verfügung stellen kann. Sowohl der verordnende Arzt als auch die angefragte Apotheke haben diesen Vorgang zu dokumentieren.

2.14.2 Besonderheiten zwischen Haupt- und Filialapotheken

Jede Apotheke ist eine eigene Betriebsstätte; die BtM-Dokumentation hat in jeder Betriebsstätte separat zu erfolgen.

2.14.3 Form und Umfang der Dokumentation

Die Dokumentation kann in Papierform oder elektronisch erfolgen.

2.14.4 Sonstiges

Einige Apothekerkammern haben mit den Ärztekammern für den jeweiligen Kammerbezirk eine Empfehlungsliste für die Palliativversorgung von Patienten zusammengestellt. Es ist sinnvoll, die dort empfohlenen Präparate vorrätig zu halten. Nähere Informationen bei der zuständigen Apothekerkammer.

Tab. 2.14 Was muss im Einzelnen dokumentiert werden?

Was	Wer
Ⓐ Name der Apotheke	PKA, PTA oder Apotheker
Ⓑ Datum und Uhrzeit	PKA, PTA oder Apotheker
Ⓒ Name des Arztes	PKA, PTA oder Apotheker
Ⓓ Bezeichnung des BtM	PKA, PTA oder Apotheker
Ⓔ Auskunft gegenüber anfragendem Arzt: vorrätig → ja/nein; lieferbar bis:	Apotheker

2.14.5 Ordnungswidrigkeit/Straftat

Verstöße gegen die Dokumentationspflicht können als Ordnungswidrigkeit geahndet werden.

2.14.6 Aufbewahrung

Nach § 17 BtMG ist die Dokumentation 3 Jahre aufzubewahren.

Arztanfrage zur Lieferfähigkeit eines Betäubungsmittels für einen Palliativpatienten

Dokumentation gemäß § 13 BtMG

Apotheke

Musterapotheke
Musterstr. 1 Ⓐ
00000 Musterstadt

Datum und Uhrzeit der Anfrage

10.07.2014, 12.30 Uhr Ⓑ

Name des Arztes

Dr. Heil, Musterstadt
Ⓒ

Bezeichnung des angefragten Betäubungsmittels

MST 10 Mundipharma Retardtabletten 20 St.
Ⓓ

Angabe gegenüber dem Arzt, ob das Betäubungsmittel zum Zeitpunkt der Anfrage vorrätig ist oder bis wann es zur Abgabe bereit steht.

Präparat ist vorrätig
Ⓔ
Sch

2.15 BtM: Vernichtung

BtMG § 16 Vernichtung.

2.15.1 Bedeutung für die Apotheke

Das ordnungsgemäße Vernichten von Betäubungsmitteln gehört zu einer wichtigen Dienstleistung der Apotheke für Ärzte, Pflegeeinrichtungen und Endverbraucher sowie für die Bereinigung der eigenen Vorräte.

2.15.2 Besonderheiten zwischen Haupt- und Filialapotheken

Jede Apotheke ist eine eigene Betriebsstätte; die BtM-Dokumentation hat in jeder Betriebsstätte separat zu erfolgen.

2.15.3 Form und Umfang der Dokumentation

Die Dokumentation kann in Papierform (z. B. Protokoll aus Karin Kegel, Betäubungsmittel in der Apothekenpraxis, DAV 2012) oder elektronisch erfolgen.

2.15.4 Sonstiges

Bei Vernichtung z. B. von BtM aus einer Arztpraxis oder einer durch die Apotheke betreuten Pflegeeinrichtung Kopie des Vernichtungsprotokolls an den Eigentümer bzw. Überbringer aushändigen. Alternativ kann auch ein eigenes Abgabe-, Annahme- und Rückgabeprotokoll genutzt werden. (Räth et al. Heimversorgung und Apotheke, DAV 2013)

Die Wiedergewinnung der Wirkstoffe muss durch den Vernichtungsprozess ausgeschlossen werden.

Tipp

Neben der Vernichtungserklärung ist außerdem – sofern BtM aus dem eigenen Bestand vernichtet werden – der Abgang mit dem Stichwort „Vernichtung" in der Bestandskartei (▸Kap. 2.12) zu dokumentieren.

Tab. 2.15 Was muss im Einzelnen dokumentiert werden?

Was	Wer
Ⓐ Name, Anschrift und Inhaber der Apotheke	PKA, PTA oder Apotheker
Ⓑ Auflisten der zu vernichtenden BtM und die jeweilige Menge	PKA, PTA oder Apotheker
Ⓒ Herkunft – wenn kein Eigenbestand, sondern zur Vernichtung angenommen, Name des Eigentümers bzw. Überbringers, Anschrift dokumentieren	PKA, PTA oder Apotheker
Ⓓ Datum, Unterschriften des Apothekenleiters und zweier Zeugen	Apotheker sowie zwei Zeugen

2.15.5 Ordnungswidrigkeit/Straftat

Verstöße gegen die Dokumentationspflicht können als Ordnungswidrigkeit geahndet werden.

2.15.6 Aufbewahrung

Nach § 17 BtMG ist die Dokumentation 3 Jahre aufzubewahren.

Vernichtungsnachweis für Betäubungsmittel
gemäß § 16 BtMG

Heute wurden in der folgenden Apotheke

Name, Anschrift, Inhaber der Apotheke/Apothekenstempel

Apotheker Müller
Musterapotheke
Musterstr. 1
00000 Musterstadt

Ⓐ

folgende Betäubungsmittel (Bezeichnung und Menge)

5 Ampullen M STADA 10 mg Injektionslösung

2 Ampullen M STADA 20 mg Injektionslösung

Ⓑ

gemäß § 16 Betäubungsmittelgesetz vernichtet. Die Betäubungsmittel wurden so vernichtet, dass auch nur eine teilweise Wiedergewinnung ausgeschlossen ist. Der Schutz von Mensch und Umwelt vor schädlichen Einwirkungen ist sichergestellt worden.*

Die Betäubungsmittel

☐ stammen aus dem Apothekenbestand.

☒ wurden zur Vernichtung angenommen. (Arztpraxis Dr. Heil, Musterstadt)

Ⓒ

Bestätigt wird die Vernichtung durch folgende Personen

Datum	Unterschrift der Person, die die Vernichtung durchgeführt hat
10. 7. 14	Schäfer
	Unterschrift 1. Zeuge Müller
Ⓓ	Unterschrift 2. Zeuge Mayer

* Beispielsweise Ampulleninhalt oder gemörserte Tabletten mit feuchtem Kaffeesatz mischen und in den Hausmüll geben. Transdermale therapeutische Systeme aneinanderkleben, mehrfach zerschneiden und in den Hausmüll geben. Maßnahmen zum Eigenschutz beachten.

Deutscher Apotheker Verlag, Vordruck 121400206/2012

2.16 Endverbleibserklärung/EVE

Grundstoffüberwachungsgesetz – Gesetz zur Überwachung des Verkehrs mit Grundstoffen, die für die unerlaubte Herstellung von Betäubungsmitteln missbraucht werden können; Verordnung (EG) Nr. 273/2004 des europäischen Parlaments und des Rates vom 11. Februar 2004 betreffend Drogenausgangsstoffe.

2.16.1 Bedeutung für die Apotheke

Die Überwachung des Grundstoffverkehrs trägt zu einer Einschränkung des illegalen Drogenhandels bei.

2.16.2 Besonderheiten zwischen Haupt- und Filialapotheken

Jede Apotheke ist eine eigene Betriebsstätte; die EVE-Dokumentation hat in jeder Betriebsstätte separat zu erfolgen.

2.16.3 Form und Umfang der Dokumentation

Die Dokumentation kann in Papierform oder elektronisch erfolgen.

2.16.4 Sonstiges

Die Endverbleibserklärung muss vor der Lieferung abgegeben werden.

Der Erwerber verpflichtet sich zudem, wenn er die Substanz an einen weiteren Erwerber weiterliefert, dass auch der weitere Erwerber eine Endverbleibserklärung abgibt. Ausnahme: die Substanz wird in einer Rezeptur verarbeitet.

Kategorie 1: Hier muss von Apotheken stets eine Endverbleibserklärung (EVE) abgegeben bzw. eingefordert werden (außer bei der Abgabe der Substanzen im Rahmen einer Rezeptur oder als Inhaltsstoff eines Arzneimittels).

- Herba Ephedrae,
- Ephedrin (KN-Code 2939 40 10),
- Ergometrin (KN-Code 2939 60 10),
- Ergotamin (KN-Code 2939 60 30),
- Lysergsäure (KN-Code 2939 60 50),
- 1-Phenyl-2-propanon (KN-Code 2914 30 10),
- Pseudoephedrin (KN-Code 2939 40 30),
- N-Acetylanthranilsäure (KN-Code 2924 29 50),
- 3,4-Methylendioxiphenylpropan-2-on (KN-Code 2932 90 77),
- Isosafrol (cis und trans) (KN-Code 2932 90 73),
- Piperonal (KN-Code 2932 90 75),
- Safrol (KN-Code 2932 90 71),
- alpha-Phenylacetonitril (KN-Code 2926 90 95)

Tab. 2.16 Was muss im Einzelnen dokumentiert werden?

Was	Wer
Ⓐ Name und Anschrift des bestellenden Betriebes	PKA, PTA oder Apotheker
Ⓑ Registrierungszeichen	PKA, PTA oder Apotheker
Ⓒ Name und Anschrift des liefernden Betriebes	PKA, PTA oder Apotheker
Ⓓ Substanz, die bestellt wird, unter Angabe des KN-Code und der Bestellmenge	PKA, PTA oder Apotheker
Ⓔ Verwendungszweck der Substanz	PKA, PTA oder Apotheker
Ⓕ Unterschreiben der Einhaltung der Zweckbestimmung mit Datum und Angabe der Funktion im Betrieb	PKA, PTA oder Apotheker

Kategorie 2: Für diese Stoffe ist erst ab bestimmten Mengen (Jahresmengenverbrauch) eine Endverbleibserklärung (EVE) notwendig.

- Essigsäureanhydrid, 100 l (KN-Code 2915 24 00),
- Anthranilsäure, 1 kg (KN-Code 2922 49 90),
- Phenylessigsäure, 1 kg (KN-Code 2916 33 00),
- Piperidin, 0,5 kg (KN-Code 2933 39 30).

Kategorie 3: Bei diesen Stoffen muss nur im Exportfall eine Dokumentation erfolgen.

- Aceton (KN-Code 2914 11 00),
- Ethylether (KN-Code 2909 11 00),
- Kaliumpermanganat (KN-Code 2914 12 00),
- Methylethylketon (KN-Code 2802 30 10/90),
- Toluol (KN-Code 2841 60 10),
- Schwefelsäure (KN-Code 2807 00 10),
- Salzsäure (KN-Code 2806 10 00).

Tipp

Das Registrierungszeichen ist das Institutskennzeichen der Apotheke.

2.16.5 Ordnungswidrigkeit/Straftat

Verstöße gegen die Dokumentationspflicht können als Ordnungswidrigkeit geahndet werden.

2.16.6 Aufbewahrung

Die Endverbleibserklärungen müssen drei Jahre aufbewahrt werden.

ERKLÄRUNG DES KUNDEN ÜBER DEN (DIE) GENAUEN VERWENDUNGSZWECK(E) DES ERFASSTEN STOFFES DER KATEGORIE 1 ODER 2
(einmaliger Vorgang)

~~Ich~~/Wir,

Name: Musterapotheke

Ⓐ

Anschrift: Musterstr. 1

00000 Musterstadt

Genehmigungs-/Erlaubnis-/Registrierungskennzeichen: Ⓑ 40/89
(Nichtzutreffendes streichen)

ausgestellt am 7.7.1989 von Gesundheitsamt Musterstadt
(Name und Anschrift der Behörde)

und unbefristet gültig/~~gültig bis~~
(Nichtzutreffendes streichen)

habe(n) bei

Name: Ⓒ Pharmagroßhandel

Anschrift: Pharmagroßhandelstr. 100

00000 Pharmastadt

den folgenden Stoff bestellt:

Stoffbezeichnung: Ephedrin Ⓓ

KN-Code: 2939 40 10 Menge: 1 g

Der Stoff wird ausschließlich verwendet für Rezepturzwecke Ⓔ

Ich/Wir bestätige(n), dass der vorstehend genannte Stoff nur unter der Bedingung weiterverkauft oder anderweitig an einen anderen Kunden geliefert wird, daß dieser eine diesem Muster entsprechende Erklärung über den Verwendungszweck oder für Stoffe der Kategorie 2 eine Erklärung über mehrmalige Vorgänge abgibt.

Unterschrift: Mayer Name: Mayer
(in Blockschrift)

Stellung im Unternehmen: Apothekenleiter Ⓕ Datum: 10.7.2014

3 Rezeptur/Defektur

3.1 Prüfung von Ausgangsstoffen und Defekturarzneimitteln

Apothekenbetriebsordnung § 6 Allgemeine Vorschriften über die Herstellung und Prüfung (3) 3, und 4 sowie § 11 Ausgangsstoffe; außerdem § 8 Defekturarzneimittel (3) und (4); dazu auch § 16 Lagerung (2).

Die Herstellung von Arzneimitteln gehört zu den Kernaufgaben der Apotheke. Die Anforderungen an die Qualität der im Rahmen des normalen Apothekenbetriebs hergestellten Rezepturen und Defekturen entsprechen denen der Fertigarzneimittel. Deshalb ist der Durchführung jedes einzelnen Herstellungsschritts eine hohe Bedeutung beizumessen.

3.1.1 Bedeutung für die Apotheke

Um die Qualitätskriterien bei der Herstellung von Rezepturen und Defekturen erfüllen zu können, sind für Ausgangsstoffe die höchsten Qualitätsstandards – im Regelfall die sogenannte Arzneibuchqualität – unumgänglich.

Gewährleistet wird der Einsatz durch ein quantitatives und qualitatives Prüfzertifikat, das im Regelfall den Ausgangsstoffen beiliegt, die in der Apotheke (meist über den Großhandel) bezogen werden. Zu überprüfen ist in der Apotheke lediglich die Identität der Ausgangsstoffe, um etwaige Verwechslungen ausschließen zu können.

3.1.2 Besonderheiten zwischen Haupt- und Filialapotheken

Die Prüfung der Ausgangsstoffe hat in der Betriebsstätte zu erfolgen, in der die Rezeptur hergestellt wird. Die Prüfanweisungen können gemeinsam erarbeitet und von allen Betriebsstätten genutzt werden.

3.1.3 Form und Umfang der Dokumentation

Die Dokumentation kann in Papierform (z. B. Prüfprotokoll, DAV) oder elektronisch erfolgen.

Tab. 3.1 Was muss im Einzelnen dokumentiert werden?

Was	Wer
Ⓐ Ausgangsstoff/Bezeichnung des Defekturarzneimittels	PKA, PTA oder Apotheker
Ⓑ Lieferdatum/Herstellungsdatum	PKA, PTA oder Apotheker
Ⓒ Lieferant/Hersteller	PKA, PTA oder Apotheker
Ⓓ Bezugsmenge/Herstellungsmenge	PKA, PTA oder Apotheker
Ⓔ Chargenbezeichnung	PKA, PTA oder Apotheker
Ⓕ PZN/Kurzname der Defektur (wenn vergeben)	PKA, PTA oder Apotheker
Ⓖ Prüfzertifikat	PKA, PTA oder Apotheker
Ⓗ prüfende Person	PTA oder Apotheker
Ⓘ Prüfdatum	PTA oder Apotheker
Ⓙ Prüfvorschrift	PTA oder Apotheker
Ⓚ Art der Prüfung, Soll- und Istwerte, Ergebnis, evtl. Bemerkungen über Auffälligkeiten o. dgl. während des Prüfvorgangs	PTA oder Apotheker
Ⓛ Freigabe durch Apotheker mit Datum und Unterschrift	Apotheker

3.1.4 Sonstiges

Ähnlich wie Herstellungsanweisungen können auch festgelegte Prüfanweisungen hilfreich sein – zum Beispiel im Rechner entsprechende Textbausteine/Texte hinterlegen, die für das Prüfprotokoll genutzt werden können; es müssen dann lediglich die Ergebnisse handschriftlich eingetragen werden.

Tipp

Die BAK stellt zur Qualitätssicherung auf ihrer Homepage www.abda.de Materialien zur Verfügung:

- Leitlinie: Prüfung und Lagerung der Ausgangsstoffe,
- Kommentar zur Leitlinie: Prüfung und Lagerung der Ausgangsstoffe,
- Flussdiagramm im PowerPoint-Format (Rezeptur),
- Leitlinie: Herstellung und Prüfung der nicht zur parenteralen Anwendung bestimmten Rezeptur- und Defekturarzneimittel,
- Kommentar zur Leitlinie: Herstellung und Prüfung der nicht zur parenteralen Anwendung bestimmten Rezeptur- und Defekturarzneimittel,
- Arbeitshilfe: Anwendungsbeispiel Zubereitungen zur Anwendung am Auge.

Das Prüfprotokoll sollte beim Wareneingang bereit liegen oder eine EDV-Zugriff darauf möglich sein und kann dann vorbereitet mit dem Produkt in die Quarantäne gegeben werden.

3.1.5 Ordnungswidrigkeit/Straftat

Verstöße gegen die Dokumentationspflicht können als Ordnungswidrigkeit geahndet werden.

3.1.6 Aufbewahrung

Die Dokumentation ist vollständig und mindestens bis ein Jahr nach Ablauf des Verfalldatums, jedoch nicht weniger als fünf Jahre (§ 22 (1) ApBetrO) aufzubewahren.

Prüfprotokoll für Ausgangsstoffe und Defekturarzneimittel

gemäß §§ 6, 8 und 11 ApBetrO*

Prüfdatum	Ausgangsstoff/Defekturarzneimittel	Prüfende Person
10. 7. 2014 Ⓘ	Isopropylalkohol Ⓐ	Mayer Ⓗ

Datum der Lieferung/ Herstellung	10. 7. 2014 Ⓑ	Bezugs-/Herstellmenge	5 l Ⓓ
Lieferant/Hersteller	Pharmahandel Hedinger Ⓒ	Chargenbezeichnung	070587 B Ⓔ
		PZN oder Kurzname der Defektur	07474936 Ⓕ

Zugrunde liegende Prüfvorschrift/Prüfanweisung

Ph. Eur. (0970) Ⓙ

Art der Prüfung/Prüfmethode/Eigenschaft	Sollwert	Ergebnis
Brechungsindex Ⓚ	1,376–1,379	1,377
rel. Dichte 20 °C	0,785–0,789	0,787

Bemerkungen/Sonstiges

./.

Ⓖ

Prüfzertifikat nach § 6 Abs. 3 ApBetrO (falls vorhanden)

Prüfzertifikat
gemäß ApBetrO Ch.-B.: 070587B

Isopropylalkohol GMP Ph. Eur. / USP / JP
Prüfvorschrift: (070k)070k
Ph.Eur. 8.0/USP 36 (Suppl .2)/JP 16
Charge 070587B
Identität entspricht
Reinheit * entspricht
Siedepunkt (korr.) 82 °C
Rel. Dichte bei 20°C 0,786
Brechungsindex 20°C 1,377
Benzolgehalt (GC) entspricht
Verwandte Substanzen 0,013 % V/V
Wassergehalt 0,005 %
Nichtfl. Bestandteile 0 ppm
Gehalt (GC) 99,98 %
Absorption entspricht
Limit volatile impurities entspricht
(JP) *sämtliche Prüfungen durchgeführt
GMP konform hergestellt
Shell Chemicals, NL-Pernis

Ausführliche Analysendaten unseres Labors und Sicherheitsdatenblätter für Gefahrstoffe im Internet: www.hedinger.de

Ich bescheinige, obiges Produkt nach den anerkannten pharmazeutischen Regeln geprüft und die aufgeführten Werte ermittelt zu haben. Die Qualität entspricht dem angegebenen Arzneibuch.

Apoth. E. Bartel 15.01.14

Sachkundige Person § 14 AMG, Aug. Hedinger GmbH & Co. KG, Stuttgart; Herstellungserlaubnis nach § 13 AMG

Freigabe durch Apotheker(in)

☒ Identität entspricht
☒ Qualität entspricht
- ☒ siehe Prüfzertifikat
- ☒ siehe Ergebnis der Prüfung

Datum/Unterschrift Apotheker(in)

11. 7. 2014 Mayer Ⓛ

…rgeschrieben ist nur eine organoleptische Prüfung

3.2 Plausibilitätsprüfung

Apothekenbetriebsordnung §7 Rezepturarzneimittel (1b).

3.2.1 Bedeutung für die Apotheke

Um Inkompatibilitäten (z. B. ungeeignete pH-Bereiche für Wirk- oder Hilfsstoffe), Dosierungsfehler, aber auch Aspekte wie Notwendigkeit von Konservierungsmitteln oder Fragen der Haltbarkeit systematisch zu erkennen, fordert die ApBetrO die Überprüfung der Plausibilität.

3.2.2 Besonderheiten zwischen Haupt- und Filialapotheken

Innerhalb des Filialverbunds können für alle Betriebsstätten gemeinsam die Plausibilitätsprüfungen erarbeitet und genutzt werden.

3.2.3 Form und Umfang der Dokumentation

Die Dokumentation kann in Papierform (z. B. Dokumentation der Plausibilitätsprüfung, DAV) oder elektronisch (z. B. Rezeptursoftware DAV) erfolgen.

3.2.4 Sonstiges

Die Plausibilitätsprüfung kann bei NRF-Rezepturen und Standardzulassungen mit Verweis darauf entfallen.
Literaturtipp: Rezeptur-Ordner mit Formularblöcken nach ApBetrO. Deutscher Apotheker Verlag 2013.

Tipp
Die BAK stellt auf ihrer Homepage www.abda.de zur Qualitätssicherung Materialien zur Verfügung:
- Leitlinie: Herstellung und Prüfung der nicht zur parenteralen Anwendung bestimmten Rezeptur- und Defekturarzneimittel,
- Kommentar zur Leitlinie: Herstellung und Prüfung der nicht zur parenteralen Anwendung bestimmten Rezeptur- und Defekturarzneimittel,
- Flussdiagramm im PowerPoint-Format (Rezeptur).

Tab. 3.2 Was muss im Einzelnen dokumentiert werden?

Was	Wer
Ⓐ Bezeichnung der Rezeptur	PTA oder Apotheker
Ⓑ Applikationsart	PTA oder Apotheker
Ⓒ Inhaltsstoffe	PTA oder Apotheker
Ⓓ rezeptierte Menge	PTA oder Apotheker
Ⓔ Wirkstoffkonzentration/Einzeldosis	PTA oder Apotheker
Ⓕ pH-Bereich des Wirkstoffs	PTA oder Apotheker
Ⓖ Abgabegefäß	PTA oder Apotheker
Ⓗ Unbedenklichkeit der Inhaltsstoffe evtl. Maßnahmen	Apotheker
Ⓘ Applikationsart und Dosierung passend, evtl. Maßnahmen	Apotheker
Ⓙ pH-Bereich für alle Wirkstoffe passend, Stabilität der Wirkstoffe gegenüber äußeren Einflüssen durch Rezeptur, bei Emulsion ausreichende Stabilität, bei festen Darreichungsformen Hygroskopizität; evtl. Maßnahmen	Apotheker
Ⓚ Kompatibilität, Isotonisierung, Konservierung, evtl. Maßnahmen; Festlegung der Aufbrauchfrist, Freigabe der Plausibilitätsprüfung	Apotheker
Ⓛ Datum und Unterschrift	Apotheker

3.2.5 Ordnungswidrigkeit/Straftat

Verstöße gegen die Dokumentationspflicht können als Ordnungswidrigkeit geahndet werden.

3.2.6 Aufbewahrung

Die Aufzeichnungen sind vollständig und mindestens bis ein Jahr nach Ablauf des Verfalldatums, jedoch nicht weniger als fünf Jahre (§ 22 (1) ApBetrO) aufzubewahren.

Dokumentation der Plausibilitätsprüfung

Kurzname Rezeptur: PredNyst UEA Ⓐ

Applikationsart: Zum Auftragen auf die Haut Ⓑ

Inhaltsstoffe Ⓒ	Rezeptierte Menge Ⓓ	Errechnete Wirkstoffkonzentration oder Einzeldosis ❶ Ⓔ	pH-Bereich ❷ Ⓕ
Prednisolonacetat	0,06 g	0,3 g	4-7
Nystatin	1,4 Mio. I.E.	7 Mio. I.E. pro 100 g	5-7
Anion. Hydrophile Creme SR DAC NRF S. 27.			
Konserviert mit 0,14% Kaliumsorbat			
pH-Wert-Einstellung mit 0,07% Wasserfreier Citronensäure	zu 20,0 g	zu 20,0 g	< 5,5

Abgabegefäß: Ⓖ ☐ Kruke ☒ Spenderdose ☐ Braunglasflasche ☐ ______

Unbedenklichkeit			ggf. ergriffene Maßnahme
Sind alle Inhaltsstoffe unbedenklich? (→ Tab. 1*)	☒ ja	☐ nein	

Ⓗ

Therapiekonzept			ggf. ergriffene Maßnahme
Ist die Applikationsart für alle Wirkstoffe bekannt bzw. plausibel? (→ Tab. 2*)	☒ ja	☐ nein	
❶ Liegen alle Wirkstoffkonzentrationen bzw. Einzeldosen innerhalb des jeweils üblichen Dosierungsbereichs? (→ Tab. 2*)	☒ ja	☐ nein	

Ⓘ

Stabilität			ggf. ergriffene Maßnahme
❷ Sind alle Wirkstoffe im pH-Bereich der Grundlage/des Lösungsmittels rezeptierbar? (Wirkstoffe → Tab. 2*, Grundlagen → Tab. 4*)	☒ ja	☐ nein	
Sind alle Wirkstoffe stabil gegenüber sonstigen Einflüssen (z.B. Licht, Hydrolyse, Oxidation)? (→ Tab. 2*)	☐ ja	☐ nein	
Bei Emulsionen: Ist sichergestellt, dass keiner der Wirkstoffe grenzflächenaktiv ist? (→ Tab. 2*)	☒ ja	☒ nein	• Prednisolon → Prednisolonacetat • saurer pH-Wert behindert Oxidation bei Pr. acetat • Tubenfüllung! Zügige Herstellung • Nystatin → Kühllagerung
Bei festen Darreichungsformen: Ist sichergestellt, dass keiner der Wirkstoffe hygroskopisch ist? (→ Tab. 2*)	☐ ja	☐ nein	Nicht Zutreffend

Ⓙ

Kompatibilität		ggf. ergriffene Maßnahme
Wurde die Kompatibilität aller Wirkstoffe mit der rezeptierten Grundlage in der rezeptierten Konzentration bereits nachgewiesen? (→ Tab. 3*) Falls ja, können die übrigen Kompatibilitätsprüfungen entfallen, sofern keine weiteren Bestandteile in der Rezeptur enthalten sind.	☐ ja	☒ nein, weitergehende Kompatibilitätsprüfung notwendig Bemerkung: keine NRF-Vorschrift vorhanden

Ⓚ

* die Tabellenverweise beziehen sich auf: Ziegler A S. Plausibilitäts-Check Rezeptur. 1. Auflage, Deutscher Apotheker Verlag, Stuttgart 2012. Alle für die Prüfung erforderlichen Werte und Angaben finden Sie dort übersichtlich zusammengestellt.

Kompatibilität (Fortsetzung)			ggf. ergriffene Maßnahme
Ist sichergestellt, dass keine inkompatible Kombination von ionischen Wirk- und/oder Hilfsstoffen vorliegt? (→ Tab. 5*)	☒ ja	☐ nein	
Ist sichergestellt, dass keine inkompatible Kombination von Phenolen mit Macrogol- und/oder Cellulosederivaten vorliegt? (→ Tab. 6*)	☒ ja	☐ nein	Bemerkung: Anion. Hydrophile Creme SR DAC (NRF S. 27.) Kompatibel
Ist sichergestellt, dass keine bekannten substanzspezifischen Inkompatibilitäten vorliegen? (→ Tab. 7*)	☒ ja	☐ nein	

Isotonisierung			ggf. ergriffene Maßnahme
Bei wässrigen Parenteralia, Ophthalmika, Nasalia und Auricularia: Ist die Zubereitung isoton? (→ Tab. 8*)	☐ ja	☐ nein	
	Nicht Zutreffend		

Konservierung			ggf. ergriffene Maßnahme
Ist das Konservierungsmittel in der eingesetzten Konzentration zulässig und geeignet? (→ Tab. 9*)	☒ ja	☐ nein	
Ist das Konservierungsmittel im pH-Bereich der Zubereitung rezeptierbar? (Konservierungsmittel → Tab. 9*, Grundlagen → Tab. 4*)	☒ ja	☐ nein	
Wenn kein Konservierungsmittelzusatz vorgesehen ist: Ist die Rezeptur durch den Wirkstoff, die Grundlage oder sonstige Hilfsstoffe ausreichend konserviert, bzw. ist eine Konservierung aufgrund der Darreichungsform/Anwendungsdauer überflüssig? (Wirkstoffe → Tab. 2*, Grundlagen → Tab. 4*)	☐ ja	☐ nein	
	Nicht Zutreffend		

Aufbrauchfrist			ggf. ergriffene Maßnahme
Festlegung der Aufbrauchfrist In dem gewählten Abgabegefäß wird die Aufbrauchfrist der Zubereitung aufgrund ☐ konkreter Angaben einer anerkannten Rezepturmonographie ☐ standardisierter Richtwerte (→ Tab. 10*) ☐ individueller, rezepturspezifischer Erkenntnisse festgelegt auf einen Zeitraum von 3 Monaten			wg. Nystatin (↗ NRF 11.105.) < 8°C (Tube)
Deckt die Aufbrauchfrist den voraussichtlichen Anwendungszeitraum ab?	☒ ja	☐ nein	

Abschlussbewertung

Die vorliegende Rezeptur

- ☐ kann angefertigt werden
- ☐ kann unter Berücksichtigung der ergriffenen Maßnahmen angefertigt werden
- ☐ kann nach Rücksprache mit dem Arzt und Klärung kritischer Fragen angefertigt werden
- ☐ darf nicht angefertigt werden

Ergebnis der ggf. erfolgten Rücksprache mit dem Arzt:

Einsatz Prednisolonacetat 0,3% statt Prednisolon wg. Stabilität

Ⓚ

Ⓛ

11. August 2014
Datum

Clara Muster
Prüfende(r) Apotheker(in)

* die Tabellenverweise beziehen sich auf: Ziegler A S. Plausibilitäts-Check Rezeptur. 1. Auflage, Deutscher Apotheker Verlag, Stuttgart 2012. Alle für die Prüfung erforderlichen Werte und Angaben finden Sie dort übersichtlich zusammengestellt.

3.3 Herstellungsanweisung (Rezeptur/Defektur)

Apothekenbetriebsordnung § 7 Rezepturarzneimittel (1a), Apothekenbetriebsordnung § 8 Defekturarzneimittel (1).

3.3.1 Bedeutung für die Apotheke

Die Herstellung von Arzneimitteln erfordert eine abgestimmt Vorgehensweise, um z. B. Kristallbildungen oder Verklumpungen zu vermeiden. Außerdem sind Evaluationen durch In-Prozess-Kontrollen nur bei standardisierten Verfahren aussagekräftig.

3.3.2 Besonderheiten zwischen Haupt- und Filialapotheken

Immer wiederkehrende Herstellungsanweisungen können für den Filialverbund einheitlich vereinbart werden; allerdings Abweichungen z. B. in der Ausstattung der einzelnen Betriebsstätten beachten.

3.3.3 Form und Umfang der Dokumentation

Die Dokumentation kann in Papierform (z. B. Herstellungsanweisung Rezepturarzneimittel, DAV) oder elektronisch (z. B. Rezeptursoftware DAV) erfolgen.
Beispiel für eine vorgefertigte Herstellungsanweisung für ein Rezepturarzneimittel (DAV) zur individuellen Anpassung an den jeweiligen Apothekenbetrieb auf ▸S. 59. Für die Defektur sind insbesondere die Inprozesskontrollen, die Endprüfung und Angaben zu Qualitätsprüfungen wegen des Erhalts der Qualität im Rahmen der Lagerfristen zu formulieren.

Tab. 3.3 Was muss im Einzelnen dokumentiert werden?

Was	Wer
Rezeptur und Defektur	
Ⓐ Bezeichnung des Defekturarzneimittels, evtl. Kurzbezeichnung sowie Kurzbeschreibung	PTA oder Apotheker
Ⓑ Hygienestandard für Arbeitsplatz, Geräte, Raum, Personal	PTA oder Apotheker
Ⓒ Liegt Plausibilitätsprüfung vor?	PTA oder Apotheker
Ⓓ Herstellungsort	PTA oder Apotheker
Ⓔ Ansatzgröße festlegen, Herstellungszeit abschätzen	PTA oder Apotheker
Ⓕ Waagen für die einzelnen Gewichtsbereiche auswählen	PTA oder Apotheker
Ⓖ alle Ausgangsstoffe in der erforderlichen Qualität und geprüft vorhanden	PTA oder Apotheker
Ⓗ Herstellungsgerät und Packmittel auswählen	PTA oder Apotheker
Ⓘ Arbeitsschutzmaßnahme festlegen	PTA oder Apotheker
Ⓙ Herstellungsprotokoll vorbereiten	PTA oder Apotheker
Ⓚ Herstellungstechnik und Sollwerte im Rahmen der Herstellung festlegen	PTA oder Apotheker
Ⓛ Inprozesskontrollen mit Sollwerten festlegen	PTA oder Apotheker
Ⓜ Abfüllen, Gefäß, Füllmenge, Zusatzmaterial	PTA oder Apotheker
Ⓝ Kennzeichnung der Gefäße gemäß § 10 AMG	PTA oder Apotheker
Ⓞ Methode und Ergebnis der Endprüfung	PTA oder Apotheker
Ⓟ Freigabe der Herstellungsanweisung	Apotheker

3.3.4 Sonstiges

Auf Standardherstellungsanweisungen (z. B. NRF oder Standardzulassungen) kann Bezug genommen werden und soweit notwendig Adaptionen an den jeweiligen Apothekenbetrieb ergänzt werden.

Um den Arbeitsaufwand überschaubar zu gestalten, sollten ähnliche Rezepturen mit einer Herstellungsanweisung abgedeckt werden, auf die dann Bezug genommen wird und nur jeweils die spezifischen Aspekte wie Wirkstoffe und Mengen eingefügt werden.

Literaturtipp: Rezeptur-Ordner mit Formularblöcken nach ApBetrO, DAV 2013.

Tipp

Die BAK stellt auf ihrer Homepage www.abda.de zur Qualitätssicherung Materialien zur Verfügung:

- Leitlinie: Herstellung und Prüfung der nicht zur parenteralen Anwendung bestimmten Rezeptur- und Defekturarzneimittel,
- Kommentar zur Leitlinie: Herstellung und Prüfung der nicht zur parenteralen Anwendung bestimmten Rezeptur- und Defekturarzneimittel,
- Flussdiagramm im PowerPoint-Format (Rezeptur),
- Arbeitshilfe: Anwendungsbeispiel Zubereitungen zur Anwendung am Auge.

3.3.5 Ordnungswidrigkeit/Straftat

Verstöße gegen die Dokumentationspflicht können als Ordnungswidrigkeit geahndet werden.

3.3.6 Aufbewahrung

Die Aufzeichnungen sind vollständig und mindestens bis ein Jahr nach Ablauf des Verfalldatums, jedoch nicht weniger als fünf Jahre (§ 22 (1) ApBetrO) aufzubewahren.

Beispiel Rezepturarzneimittel

Ⓐ

Herstellungsanweisung Rezepturarzneimittel

Einarbeitung von Wirkstoff/en in eine Emulsion oder Creme, ohne Wärmeanwendung

Kurzname: **HfEmuKalt**

ein oder mehrere zu dispergierende/r Feststoff/e in einer Emulsion– Herstellung in der Fantaschale

Schritt 1 Hygienestandards einhalten

Arbeitsplatz/Geräte/Raum Ⓑ
- Arbeitsfläche der Rezeptur mind. 1 x täglich, sowie vor jeder Herstellung reinigen mit

☒ Isopropanol 70% (V/V)

☐ ____________

- Geräte (Waagen etc.) und Raum regelmäßig reinigen und ggf. desinfizieren gemäß Hygieneplan
- produktberührende Geräte/-teile vor jedem Gebrauch desinfizieren mit Isopropanol 70% (V/V)

Personalhygiene
- vor jeder Herstellung Hände waschen und desinfizieren (chirurgische Händedesinfektion)
- mind. sauberen, geschlossenen, langärmeligen Rezepturkittel tragen, lange Haare zurückbinden (ggf. abdecken)
- Schmuck ablegen

Im Besonderen

Schritt 2 Plausibilität überprüfen

Bei erstmaliger Anforderung
Beurteilung der Plausibilität unter pharmazeutischen Gesichtspunkten durch einen Apotheker hinsichtlich Ⓒ
- Dosierung/Therapiekonzept
- Applikationsart
- Art, Menge und Kompatibilität der Ausgangsstoffe untereinander
- gleichbleibende Qualität der Ausgangsstoffe im fertigen Rezepturarzneimittel über den Haltbarkeitszeitraum
- Haltbarkeit des Rezepturarzneimittels

Dokumentation der Prüfung auf dem Formblatt „Plausibilitätsprüfung"

Bei wiederholter Anforderung
Bezugnahme auf bereits erfolgte Plausibilitätsprüfung

Dokumentation
Bestätigung des positiven Prüfergebnisses auf dem Herstellungsprotokoll

Schritt 3 Herstellung planen und vorbereiten

Herstellungsort: Rezeptur Ⓓ

Herstellungsanweisung gültig für Ansatzgrößen bis ____________

Zeitplanung Ⓔ
Ungestörtes Arbeiten garantieren für den Zeitraum der Herstellung

Waagenauswahl Ⓕ

von 1,0 g bis 100,0 g Waage PT 908 XA (d = 0,1)

von 0,01 g bis 1,0 g Waage LV 620 QB (d = 0,001)

bis 0,1 g mit Stammverreibung/Stammlösung arbeiten

ggf. Einwaagekorrektur vornehmen

Ausgangsstoffe
geprüfte und freigegebene Stoffe bereitstellen Ⓖ

Herstellungsgeräte und Packmittel vorbereiten und effektiv angeordnet bereitstellen Ⓗ
- Vorbereitung Feststoff/e: Reibschale, Pistill, Siebsatz, Wägegläschen, Petrischale zum Abdecken, Spatelschlitten, Kartenblätter, Löffel/Spatel
- Verarbeitung: Fantaschale, Pistill, Löffel, Spatel, Spatelschlitten, Kartenblätter
- Abfüllung: Abgabegefäß, ggf. Tubenfüllgerät

Arbeitsschutzmaßnahmen
Auswahl nach Gefährdungsbeurteilung, Dokumentation im Herstellungsprotokoll Ⓘ

Dokumentation
Herstellungsprotokoll vorbereiten und bereitstellen Ⓙ

Rezeptur-Dokumentation nach ApBetrO Grundwerk 2012

Einarbeitung von Wirkstoff/en in eine Emulsion oder Creme, ohne Wärmeanwendung

Schritt 4 Rezeptur herstellen

Die Herstellung herstellungsbegleitend auf dem Herstellungsprotokoll dokumentieren Ⓚ

Vorbereitung Feststoff/e
- bei Bedarf in Reibschale verreiben, ggf. sieben
- einwiegen, Wägegut staubgeschützt transportieren/bereitstellen

Verarbeitung
- zu dispergierende/n Wirkstoff/e in Fantaschale vorlegen
- mit etwa gleicher Menge Salbengrundlage homogen verreiben, begleitet durch häufiges Abkratzen mit dem Kartenblatt
- im Verhältnis 1:1 schrittweise weitere Mengen Salbengrundlage zugeben und homogen verreiben, jeweils unter häufigem Abkratzen mit dem Kartenblatt, bis Endmasse erreicht ist

Schritt 5 Kontrollen durchführen

Die Prüfung herstellungsbegleitend auf dem Herstellungsprotokoll dokumentieren

Inprozesskontrolle

Wenn möglich ist eine Inprozesskontrolle durchzuführen, z.B. Ⓛ
- keine Feststoffagglomerate vorhanden
- homogene Anreibung
- homogene Emulsion
- Farbe, Geruch
- physikalische Stabilität

- Abfüllmenge
- Funktionsfähigkeit Packmittel

Mindestkontrolle Ⓞ
- organoleptische Prüfung der Zubereitung durch Apotheker

- Ausstrich auf Objektträger

Schritt 6 Zubereitung abfüllen

Zubereitung in Spenderdose, Tube oder Kruke sauber abfüllen und verschließen, ggf. Applikationshilfe (Spatel) beifügen Ⓜ

Bei Spenderdose Boden möglichst weit hochdrücken

Schritt 7 Gefäß etikettieren

Mindestangaben: Name/Anschrift der herstellenden Apotheke, Inhalt nach Gewicht, Art der Anwendung, Gebrauchsanweisung, Wirkstoffe nach Art und Menge, sonstige Bestandteile nach Art, Herstellungsdatum, „Verwendbar bis" mit Datumsangabe, bei Verschreibung Name des Patienten, ggf. Haltbarkeit nach Öffnen, ggf. Vorsichtsmaßnahmen Ⓝ

Im Besonderen:

Hergestelltes Arzneimittel vor Abgabe an den Patienten/Kunden durch Apotheker freigeben lassen

Herstellungsanweisung gültig ab 09.08.2014 Ⓟ

Unterschrift Apotheker Clara Muster

Datum, Stempel der Apotheke 11. 8. 2014

Rezeptur-Dokumentation nach ApBetrO Grundwerk 2012

3.4 Risikobeurteilung für Defekturarzneimittel

ApBetrO § 8 und CM/ResAP (2011) 1, Europarat

3.4.1 Bedeutung für die Apotheke

Da für die in der ApBetrO erwähnte Prüfpflicht für Defekturarzneimittel keine weiteren Anforderungen beschrieben sind und die Prüfung dieser Arzneimittel im apothekenüblichen Rahmen durchgeführt werden muss, bietet sich das Verfahren der Risikobeurteilung nach den Vorgaben des Europarats an, um von vornherein die Prüfanforderungen zu minimieren. Dabei ist wesentlich, dass im Gegensatz zur industriellen Fertigung in der Apotheke kleine Chargen ausschließlich von Fachpersonal hergestellt werden, das Risiko zudem abhängig vom Applikationsweg, Anforderungen bezüglich der Sterilität u. a. m. ist und diese Faktoren im üblichen Apothekenbetrieb in der Regel insgesamt relativ gering sind.

3.4.2 Form und Umfang der Dokumentation

Die Dokumentation kann in Papierform, z. B. DAV Risikobeurteilung für Defekturarzneimittel, erfolgen.

Tab. 3.4 Was muss im Einzelnen dokumentiert werden?

Was	Wer
Ⓐ Bezeichnung des Defekturarzneimittels	Apotheker
Ⓑ Applikationsart	Apotheker
Ⓒ Inhaltsstoffe und Mengen	Apotheker
Ⓓ Faktoren ermitteln: jährliche Produktionsmenge, Applikationsart und Darreichungsform, inhärente Risiken des Wirkstoffs, Herstellungsprozess, Abgabe	Apotheker
Ⓔ Ermittlung des Scores und der Risikoklasse	Apotheker

3.4.3 Aufbewahrung

Die Aufzeichnungen sind als ergänzende Unterlage zu Plausibilitätsprüfung und Herstellung der Defektur in Analogie zu den Anforderungen der ApBetrO mindestens bis ein Jahr nach Ablauf des Verfalldatums, jedoch nicht weniger als fünf Jahre (§ 22 (1) ApBetrO) aufzubewahren.

Risikobeurteilung für Defekturarzneimittel

Modifiziert nach Resolution CM/ResAP(2011)1 des Europarats

Ⓐ Defekturarzneimittel: Salicylsäure-Verreibung 50% (S-025/DAC)

Ⓑ Applikationsart: Verreibung für Dermatika

Ⓒ

Inhaltsstoffe	Menge
Salicylsäure	50,0
dickflüssiges Paraffin	10,0
weißes Vaselin	40,0

Ⓓ

Jährliche Produktionsmenge — Eingetragener Faktor: 1

Faktor	Flüssige Arzneiformen (einschl. Augentropfen) in üblichen Packungseinheiten	Feste, oral applizierte Arzneiformen (z.B. Kapseln) in Stück	Feste, rektal oder vaginal applizierte Arzneiformen (z.B. Suppositorien) in Stück	Halbfeste Arzneiformen oder Teemischungen in Gramm
5	> 3.000	> 180.000	> 60.000	> 300.000
4	1.500 – 3.000	90.000 – 180.000	30.000 – 60.000	150.000 – 300.000
3	750 – 1.499	45.000 – 89.999	15.000 – 29.999	75.000 – 149.999
2	150 – 749	9.000 – 44.999	3.000 – 14.999	15.000 – 74.999
1	< 150	< 9.000	< 3.000	< 15.000

Applikationsart und Darreichungsform — Eingetragener Faktor: 1

Faktor	Applikationsart und Darreichungsform
5	Parenteralia
4	Ophthalmika in der Chirurgie oder bei traumatischen Verletzungen
4	Inhalanda
4	Enteral bzw. vaginal applizierte Darreichungsformen (steril)
4	Topisch applizierte Darreichungsformen (steril)
3	Ophthalmika am unverletzten Auge
3	Enteral bzw. vaginal applizierte Darreichungsformen (unsteril)
2	Teemischungen
1	Topisch applizierte Darreichungsformen (unsteril)

Inhärente Risiken des Wirkstoffs — Eingetragener Faktor: 1

Faktor	Inhärente Risiken des Wirkstoffs	
5	Hohes Risiko	Bei der Einstufung des Risikos eines Wirkstoffs werden mindestens folgende Kriterien berücksichtigt: pharmazeutische Qualität (Arzneibuchkonformität), Kanzerogenität, Mutagenität, Reproduktionstoxizität, therapeutische Breite, Betäubungsmittel, Allergierisiko, Umwelttoxizität, Stabilität (Licht, Sauerstoff, Temperatur, pH-Wert), Dosierung
3	Mittleres Risiko	
1	Geringes Risiko	

Herstellungsprozess — Eingetragener Faktor: 2

Faktor	Herstellungsprozess
5	Aseptische Herstellung
4	Aseptische Herstellung mit Sterilisation im Endbehältnis
3	Befüllen von Kapseln
3	Gießen von Suppositorien/Ovula
2	Lösen und Mischen
2	Verdünnen
1	Abfüllen nicht steriler Zubereitungen

Abgabe — Eingetragener Faktor: 1

Faktor	Mengenverhältnis der inner- bzw. außerhalb der herstellenden Apotheke abgegebenen Packungseinheiten
5	Abgabe ausschließlich außerhalb der herstellenden Apotheke
4	Abgabe von mehr als 75 % außerhalb der herstellenden Apotheke
3	Abgabe von mehr als 50 % außerhalb der herstellenden Apotheke
2	Abgabe von mehr als 25 % außerhalb der herstellenden Apotheke
1	Abgabe hauptsächlich in der herstellenden Apotheke

Gesamtrisikoscore	Risikoklasse
1 x 1 x 1 x 2 x 1 = 2	☒ niedrig (Gesamtrisikoscore < 30) ☐ mittel (Gesamtrisikoscore 30 – 100) ☐ hoch (Gesamtrisikoscore > 100)

Ⓔ

3.5 Protokolle

Apothekenbetriebsordnung §7 Rezepturarzneimittel (1b), Apothekenbetriebsordnung §8 Defekturarzneimittel (2).

3.5.1 Bedeutung für die Apotheke

Die Herstellung von Arzneimitteln gehört zu den Kernaufgaben der Apotheke. Die Anforderungen an die Qualität der im Rahmen des normalen Apothekenbetriebs hergestellten Rezepturen und Defekturen entsprechen denen der Fertigarzneimittel. Deshalb ist der Durchführung jedes einzelnen Herstellungsschritts eine hohe Bedeutung beizumessen.

3.5.2 Form und Umfang der Dokumentation

Die Dokumentation kann in Papierform (z. B. Dokumentation der Plausibilitätsprüfung, DAV) oder elektronisch (z. B. Rezeptursoftware DAV) erfolgen.

3.5.3 Sonstiges

Auf Standardherstellungsanweisungen (z. B. NRF, Standardzulassungen) kann Bezug genommen werden und soweit notwendig Adaptionen an den jeweiligen Apothekenbetrieb ergänzt werden.

Um den Arbeitsaufwand überschaubar zu gestalten, sollten ähnliche Rezepturen mit einer Herstellungsanweisung abgedeckt werden, auf die dann Bezug genommen wird und nur jeweils die spezifischen Aspekte wie Wirkstoffe und Mengen eingefügt werden.

Literaturtipp: Rezeptur-Ordner mit Formularblöcken nach ApBetrO. Deutscher Apotheker Verlag 2013.

Tipp

Die BAK stellt auf ihrer Homepage www.abda.de zur Qualitätssicherung Materialien zur Verfügung:

- Leitlinie: Herstellung und Prüfung der nicht zur parenteralen Anwendung bestimmten Rezeptur- und Defekturarzneimittel,
- Kommentar zur Leitlinie: Herstellung und Prüfung der nicht zur parenteralen Anwendung bestimmten Rezeptur- und Defekturarzneimittel,
- Flussdiagramm im PowerPoint-Format (Rezeptur),
- Arbeitshilfe: Anwendungsbeispiel Zubereitungen zur Anwendung am Auge.

Tab. 3.5 Was muss im Einzelnen dokumentiert werden?

Was	Wer
Ⓐ Herstellungsdatum	PTA oder Apotheker
Ⓑ Bezeichnung der Rezeptur/Defektur	PTA oder Apotheker
Ⓒ herstellende Person	PTA oder Apotheker
Ⓓ Kopie des Rezeptes oder Abschrift der Zusammensetzung ergänzt um folgende Angaben, bei der Defektur: Chargengröße, Chargenbezeichnung, bei Rezeptur und Defektur: Solleinwaage und Chargen- bzw. Prüfnummern der Ausgangsstoffe	PTA oder Apotheker
Ⓔ Plausibilitätsprüfung liegt vor	PTA oder Apotheker
Ⓕ Ist-Einwaagen	PTA oder Apotheker
Ⓖ Namenszeichen des Einwiegenden	PTA oder Apotheker
Ⓗ Angabe der Herstellungsanweisung	PTA oder Apotheker
Ⓘ evtl. notwendige Anpassungen an die Herstellungsanweisung	PTA oder Apotheker
Ⓙ gewählte Arbeitsschutzmaßnahmen	PTA oder Apotheker
Ⓚ Primärpackmittel	PTA oder Apotheker
Ⓛ Inprozesskontrolle mit Sollwert und Ergebnis	PTA oder Apotheker
Ⓜ Freigabe durch Apotheker	Apotheker

3.5.4 Ordnungswidrigkeit/Straftat

Verstöße gegen die Dokumentationspflicht können als Ordnungswidrigkeit geahndet werden.

3.5.5 Aufbewahrung

Die Aufzeichnungen sind vollständig und mindestens vollständig und mindestens bis ein Jahr nach Ablauf des Verfalldatums, jedoch nicht weniger als fünf Jahre (§ 22 (1) ApBetrO) aufzubewahren.

Herstellungsprotokoll

für in der Apotheke hergestellte Rezeptur- oder Defekturarzneimittel

Herstellungsdatum	Kurzname Rezeptur/Defektur	Herstellende Person
11.08.14 Ⓐ	Pred Nyst UEA 20 g Ⓑ	K. Nanne Ⓒ

Hier ggf. Rezeptkopie einkleben, dann Charge direkt auf Rezeptkopie eintragen

Gebühr frei | ☒ geb.-pfl. | noctu | Sonstige | Unfall | Arbeitsunfall

Krankenkasse bzw. Kostenträger: Krankenkasse Gesund

Name, Vorname des Versicherten: Mixer, Maxi, Mixerstraße 1, 01234 Mixenhausen Ⓓ — geb. am

Kassen-Nr.	Versicherten-Nr.	Status
1234567	908765	X 000 X

Betriebsstätten-Nr.	Arzt-Nr.	Datum
789564	09876543	09.08.14

BVG | Hilfsmittel | Impfstoff | Spr.-St. Bedarf | Begr.-Pflicht | Apotheken-Nummer / IK: 6 7 8 9

Zuzahlung | Gesamt-Brutto | Arzneimittel-/Hilfsmittel-Nr. | Faktor | Taxe | 1. Verordnung | 2. Verordnung | 3. Verordnung

Rp. (Bitte Leerräume durchstreichen)

		Ch.-B	SOLL	
Prednisolon acetic	0,3 g	321XL1	0,60 g	10% Verreibung in UEA (S. 27.)
Nystatin	7 Mio. I.E.	5X07 AB10	0,233 g	
Ungt. emulsif. aquos	ad 100,0 g	68201	zu 20,0 g	
SR DAC (NRF. S. 27.)				

S.: 2x tägl. dünn f. Hautstelle

aut idem | aut idem | aut idem

Vertragsarztstempel: Dr. med. Cutus Rezepturenfreund, FA für Dermatologie, Rezepturstraße, 55555 Hadhausen, Tel. 02222/0025

Rezepturenfreund — Unterschrift des Arztes

Muster 16 (7.2008)

6664

Bei Arbeitsunfall auszufüllen! — Unfalltag | Unfallbetrieb oder Arbeitgebernummer

Abgabedatum in der Apotheke

Tube

☒ Plausibilität geprüft

Kurzname der Prüfungsdokumentation

Pred Nyst UEA 09.08.14 Ⓔ

Ist-Einwaage Ⓕ	Namenszeichen Ⓖ
0,602 g	Na
0,233 g	Na
zu 20,0 g	Na

Zugrunde liegende Herstellungsanweisung (HA)	Herstellungsparameter/Anpassungen der Herstellungsanweisung
☒ HA nach Darreichungsform ☐ NRF Rezeptur ☐ Apothekeneigene HA Ⓗ ☐ Andere HA Kurzname o. NRF-Nummer, ggf. Quelle Hf EmuKalt	Bei Defekturherstellung zusätzlich Angabe der Gesamtausbeute nach Anzahl und/oder Menge, Verfall- oder Nachtestdatum, sowie Unterschrift der herstellenden Person Ⓘ Berechnungen Pred. acetat: SOLL 0,06 g ↷ 10%ige Verreibung ⇒ 0,6 g Nystatin: SOLL 1,4 Mio. I.E. ↷ 6205 I.E. mg; t = 3,0% ⇒ 6205 I.E./mg x 0,97 = 6019 I.E./mg $\Rightarrow \frac{1.400000 \text{ I.E.} \times 1\text{ g}}{6.019000 \text{ I.E.}} = 0{,}233\text{ g}$

Arbeitsschutzmaßnahmen

☒ Handschuhe
☐ Atemschutzmaske Ⓙ
☐ Schutzbrille

Primärpackmittel

Tube Ⓚ

Art der Inprozesskontrolle und/oder der organoleptischen Prüfung		Sollwert	Ergebnis
Sichtkontrollen	Anreibungen Feststoffgemisch u. Konzentratanreibungen; Fertige Suspensionssalbe; Ausstrich auf Objektträger Ⓛ	Homogenität, keine Agglomerate	entspricht Na
Massekontrolle	Ausbeute	m = 20,0 g	m = 19,8 g Na
Funktionalität	Packmittel (Dichtigkeit Falz und Verschluss)	Tube i.O.	entspricht Na

Freigabe durch Apotheker/in	Datum/Unterschrift Apotheker/in
☒ Hergestelltes Arzneimittel entspricht dem angeforderten Rezepturarzneimittel bzw. der Herstellungsanweisung Etikett i.O.	11.08.14
☒ Qualität durch Herstellungsverfahren und organoleptische Prüfung gewährleistet (nur bei Rezeptur möglich) Ⓜ	Clara Muster
☐ Qualität geprüft und freigegeben: siehe Prüfprotokoll ____	

3.6 Prüfung und Lagerung von Primärpackmitteln

ApBetrO § 13 Behältnisse ApBetrO.

3.6.1 Bedeutung für die Apotheke

Die Herstellung von Arzneimitteln gehört zu den Kernaufgaben der Apotheke. Die Anforderungen an die Qualität der im Rahmen des normalen Apothekenbetriebs hergestellten Rezepturen und Defekturen entsprechen denen der Fertigarzneimittel. Dies schließt auch die Beurteilung der Primärpackmittel ein.

3.6.2 Form und Umfang der Dokumentation

Die Dokumentation kann in Papierform oder elektronisch erfolgen.

3.6.3 Sonstiges

Die BAK stellt auf ihrer Homepage www.abda.de Materialien zur Verfügung:

- Leitlinie: Prüfung und Lagerung der Primärpackmittel,
- Kommentar zur Leitlinie: Prüfung und Lagerung der Primärpackmittel,
- Flussdiagramm im PowerPoint-Format,
- Arbeitshilfe: Prüfprotokoll Packmittel.

Tab. 3.6 Was muss im Einzelnen dokumentiert werden?

Was	Wer
Ⓐ Bezeichnung und visuelle Beschreibung	PKA, PTA oder Apotheker
Ⓑ Nennvolumen, Anzahl, Lieferdatum, Bezugsquelle bzw. Hersteller, Chargenbezeichnung	PKA, PTA oder Apotheker
Ⓒ Ergebnis der Prüfung auf Identität, Sauberkeit, Unversehrtheit (Identität und Qualität)	PKA, PTA oder Apotheker
Ⓓ Prüfdatum	PKA, PTA oder Apotheker
Ⓔ Freigabe, Datum und Unterschrift	Apotheker
Prüfprotokoll des Herstellers anheften	PKA, PTA oder Apotheker

3.6.4 Ordnungswidrigkeit/Straftat

Verstöße gegen die Dokumentationspflicht können als Ordnungswidrigkeit geahndet werden.

3.6.5 Aufbewahrung

Die Aufzeichnungen sind vollständig und mindestens vollständig und mindestens bis ein Jahr nach Ablauf des Verfalldatums, jedoch nicht weniger als fünf Jahre (§ 22 (1) ApBetrO) aufzubewahren.

Prüfprotokoll für Primärpackmittel

gemäß § 13 ApBetrO

Bezeichnung	Identität (visuelle Beschreibung)
Kruke Ⓐ	Schraubdeckelgefäß aus Kunststoff (aponorm)

Identitätsprüfung:

- Packmittel entspricht der Beschreibung
- Prüfzertifikat vollständig, Angaben schlüssig (Zertifikat auf der Rückseite aufkleben oder anheften)

Qualitätsprüfung:

- Packmittel sauber und unversehrt
- Funktionalität gewährleistet

Nr.	Prüfdatum	Nennvolumen/ -größe	Lieferdatum und Lieferant/Hersteller	Bezugsmenge/ ggf. PZN	Chargenbezeichnung	Identität und Qualitat entsprechen	Freigabe durch Apotheker(in)
1.)	17.7.14	50 g	9.7.14 Pharmahandel	100 St. 02598935	XYZ123	☑ ja ☐ nein	Sele
2.)	Ⓓ	Ⓑ				☐ ja ☐ nein	Ⓔ
3.)						☐ ja ☐ nein Ⓒ	
4.)						☐ ja ☐ nein	
5.)						☐ ja ☐ nein	
6.)						☐ ja ☐ nein	
7.)						☐ ja ☐ nein	
8.)						☐ ja ☐ nein	
9.)						☐ ja ☐ nein	
10.)						☐ ja ☐ nein	
11.)						☐ ja ☐ nein	
12.)						☐ ja ☐ nein	
13.)						☐ ja ☐ nein	
14.)						☐ ja ☐ nein	
15.)						☐ ja ☐ nein	

Mit der Freigabeunterschrift wird bestätigt, dass dieses Packmittel den Schutz des Arzneimittels vor physikalischen, mikrobiologischen oder chemischen Veränderungen gewährleistet und daher für die beabsichtigten Zwecke geeignet ist.

4 Umgang mit Gefahrstoffen

4.1 Gefahrstoffverzeichnis

§ 6 Abs. 10 Gefahrstoffverordnung.

4.1.1 Bedeutung für die Apotheke

Das Gefahrstoffrecht dient in erster Linie dem Schutz von Mensch und Umwelt. Für den Apothekenleiter als Arbeitgeber bedeutet dies, seiner Fürsorgepflicht nachzukommen und die für den Erhalt der Gesundheit der Mitarbeiter erforderlichen Schutzmaßnahmen durchzuführen und auf die Einhaltung betrieblicher Schutzmaßnahmen zu achten. Ein Teil dieser Schutzmaßnahmen ist das Gefahrstoffverzeichnis, mit dem wichtige gefahrstoffrechtliche Informationen über die in der Apotheke vorrätigen Gefahrstoffe auf einen Blick eingesehen werden können.

4.1.2 Besonderheiten zwischen Haupt- und Filialapotheken

Es kann für alle Filialen im Verbund ein Gefahrstoffbeauftragter benannt werden. Das Verzeichnis selbst muss für jeden Betrieb separat geführt werden.

4.1.3 Form und Umfang der Dokumentation

Die Dokumentation kann in Papierform, z. B. Schulz, Gefahrstoffmanagement in Apotheken, DAV, oder elektronisch erfolgen, z. B. Kaufmann, Schult, Gefahrstoff-Programm, (DAV).

> **Tipp**
> Ein vorgefertigtes Gefahrstoffverzeichnis einsetzen, das mit Ankreuzen und Ergänzen weniger Angabe stets den aktuellen Bestand zeigt und gleichzeitig schnelle Orientierung über die Eigenschaften und Kennzeichnungspflichten bietet: Hörath, Schulz, Gefahrstoff-Verzeichnis, DAV.

4.1.4 Ordnungswidrigkeit/Straftat

Verstöße gegen die Dokumentationspflicht können als Ordnungswidrigkeit (§ 22 Chemikaliengesetz im Sinne von § 26 Chemikaliengesetz) geahndet werden.

Tab. 4.1 Was muss im Einzelnen dokumentiert werden?

Was	Wer
Ⓐ Bezeichnung	Gefahrstoffbeauftragter, PTA, Apotheker
Ⓑ Produktionsidentifikationsnummer (Etikett)	Gefahrstoffbeauftragter, PTA, Apotheker
Ⓒ Gefahrenkategorie	Gefahrstoffbeauftragter, PTA, Apotheker
Ⓓ Piktogramm und Signalwort	Gefahrstoffbeauftragter, PTA, Apotheker
Ⓔ Farbkonzept der BAK	Gefahrstoffbeauftragter, PTA, Apotheker
Ⓕ H-Sätze	Gefahrstoffbeauftragter, PTA, Apotheker
Ⓖ P-Sätze	Gefahrstoffbeauftragter, PTA, Apotheker
Ⓗ übliche vorrätige Menge	Gefahrstoffbeauftragter, PTA, Apotheker
Ⓘ Arbeitsbereich bzw. Lagerort	Gefahrstoffbeauftragter, PTA, Apotheker
Ⓙ Tätigkeit	Gefahrstoffbeauftragter, PTA, Apotheker
Ⓚ Personengruppen	Gefahrstoffbeauftragter, PTA, Apotheker
Ⓛ Sicherheitsdatenblatt	Gefahrstoffbeauftragter, PTA, Apotheker

4.1.5 Aufbewahrung

Das Gefahrstoffverzeichnis muss jährlich aktualisiert werden. Die Aufzeichnungen im Rahmen des Arbeitsschutzes müssen mindestens zwei Jahre aufbewahrt werden.

Gefahrstoffverzeichnis gemäß § 6 GefStoffV

Stoff/Gemisch	**Produktidentifikator** [1]	Gefahren-klasse, -kategorie [2]	**Pikto-gramm-Code Signalwort** [3]	Farb-konzept (BAK)	**H-Sätze EUH-Sätze (Codes)**	P-Sätze (Codes)	**Menge** [4]	**Arbeitsbereich/ Lagerort** [5]	Tätig-keit [6]	Personen-gruppe	**SDB** [7]
Estradiolben-zoat	200-043-7	Carc. 2 Repr. 1/7 STOT RE1	GHS08 Gefahr	rot	351 360 FD 372	201, 281 308+313 405	0,7 g	Rezeptur	Sal-ben-herst.		15.2.14 Ordner
Ⓐ	Ⓑ	Ⓒ	Ⓓ	Ⓔ	Ⓕ	Ⓖ	Ⓗ	Ⓘ	Ⓙ	Ⓚ	Ⓛ

Die **fett gedruckten Spalten** sind Pflichtangaben

[1] Index-, EG-, EINECS- oder CAS-Nummer (siehe Produktetikett oder Ziffer 3 SDB) – in der EU bevorzugt die EG-Nummer

[2] z. B. Augenreiz. 2, Akute Tox. 4, STOT einm. 3

[3] z. B. GHS07, Achtung

[4] vorrätige Menge/übliche Bestellmenge

[5] z. B. Labor, Rezeptur/wenn die Lagerung z. B. unter Verschluss oder im Kühlschrank oder Tresor erfolgt, Lagerort angeben

[6] z. B. Herstellung von Augentropfen, Prüfung von Ausgangsstoffen

[7] Datum, Aufbewahrungsort (Ordner oder PC)

4.2 Abgabe von Gefahrstoffen

ChemVerbotsV § 3.

4.2.1 Bedeutung für die Apotheke

Zum Schutz von Verbrauchern und Umwelt dürfen eine Vielzahl von Gefahrstoffen nur an fachkundige Personen abgegeben werden. Darüber hinaus werden alle als besonders gefährlich (T, T+, F+, O und Xn mit R40, R62, R63 und R68) eingestuften Chemikalien und Chemikalien, die zur Herstellung von Sprengstoffen genutzt werden können, ebenfalls dokumentiert.

4.2.2 Form und Umfang der Dokumentation

Die Dokumentation kann in Papierform, z. B. Schulz, Gefahrstoffmanagement in Apotheken, DAV, oder elektronisch erfolgen, z. B. Kaufmann, Schult, Gefahrstoff-Programm, (DAV). (T, T+, F+, O, Xn mit R 40, R 62, R 63, R 68, Sprengstoffgrundlagen), ◘ Tab. 4.2.

Die **Empfangsbestätigung** ist nicht mehr zwingend vorgeschrieben (◘ Tab. 4.3).

4.2.3 Sonstiges

Die Abgabe folgender Gefahrstoffe ist im Abgabebuch zu dokumentieren:

- Giftstoffe (T, T+),
- Ammoniumnitrat,
- Kaliumchlorat,
- Kaliumnitrat,
- Kaliumperchlorat,
- Kaliumpermanganat,
- Natriumchlorat,
- Natriumnitrat,
- Natriumperchlorat,
- Wasserstoffperoxid > 12 %.

Achtung: Die Bestimmungen der Chemikalienverbotsverordnung sind noch nicht an die neuen GHS-Kennzeichnungen angepasst.

4.2.4 Ordnungswidrigkeit/Straftat

Verstöße gegen die Dokumentationspflicht können als Ordnungswidrigkeit (§ 22 Chemikaliengesetz im Sinne von § 26 Chemikaliengesetz) geahndet werden.

4.2.5 Aufbewahrung

Die Aufzeichnungen sind vollständig und mindestens fünf Jahre lang aufzubewahren.

◘ **Tab. 4.2** Was muss im Einzelnen im Abgabebuch dokumentiert werden?

Was	Wer
Ⓐ Datum der Abgabe	Apotheker, PTA
Ⓑ Gefahrstoff	Apotheker, PTA
Ⓒ Menge	Apotheker, PTA
Ⓓ Verwendungszweck	Apotheker, PTA
Ⓔ/Ⓕ Gebrauchsanweisung erteilt	Abgebender (Apotheker, PTA)
Ⓖ/Ⓗ/Ⓘ Name und Anschrift des Erwerbers sowie dessen Volljährigkeit (T, T+ und Sprengstoffgrundlagen)	Apotheker, PTA
Ⓙ Name des Abgebenden (T, T+ und Sprengstoffgrundlagen)	Abgebender (Apotheker, PTA)
Ⓚ Unterschrift des Erwerbers (T, T+ und Sprengstoffgrundlagen)	Erwerber
Ⓛ Sicherheitsdatenblatt ausgehändigt	Abgebender (Apotheker, PTA)

◘ **Tab. 4.3** Was muss im Einzelnen auf der Empfangsbestätigung dokumentiert werden?

Was	Wer
Ⓐ Name und Anschrift des Erwerbers	Apotheker, PTA
Ⓑ Datum der Abgabe	Apotheker, PTA
Ⓒ Bezeichnung	Apotheker, PTA
Ⓓ Menge	Apotheker, PTA
Ⓔ Verwendungszweck	Apotheker, PTA
Ⓕ Bestätigung zu Volljährigkeit, Erteilung der Gebrauchsanweisung, Bestätigung des Verwendungszwecks	Abgebender (Apotheker, PTA)
Ⓖ Unterschrift des Erwerbers	Erwerber
Ⓗ Unterschrift des Abgebenden	Abgebender (Apotheker, PTA)

Abgabedokumentation nach § 3 ChemVerbotsV (angepasst an die CLP-V)

Seite ______

Datum	Gefahrstoff [1]	Menge [2]	Verwendungszweck [3]	Gebrauchsanweisung erteilt		Erwerber[5]			Unterschrift		SDB mitgegeben [6]
				mündlich [3]	schriftlich [4]	Name Vorname	vollständige Adresse	Volljährigkeit [5]	Abgebender [5]	Erwerber [5]	
15.7.14	Methylorange	1 g	pH-Wert Experimente i.d. Schule		X	Müller, Lieschen	Müllerweg 1 00000 Müllerort	✓	Meyer	Müller	✓
Ⓐ	Ⓑ	Ⓒ	Ⓓ	Ⓔ	Ⓕ	Ⓖ	Ⓗ	Ⓘ	Ⓙ	Ⓚ	Ⓛ

1 Bezeichnung des Stoffes/Gemisches, des Handelsproduktes
2 Menge des Gefahrstoffes, bei Gemischen genaue Angabe in Gewichtsprozent
3 Bei Stoffen und Gemischen mit der Kennzeichnung GHS01 und/oder GHS02 (H220 oder H221 oder H222 oder H224 oder H241 oder H242 oder H251 oder H252) und/oder GHS03 (H270 oder H271 oder H272) GHS06 und/oder GHS08 mit den H-Sätzen H340 und/oder H350 und/oder H351 und/oder H360 und/oder H361 und/oder H370 oder H371 und/oder H372 sowie bei ausgewählten Sprengstoffgrundstoffen
4 Bei Stoffen und Gemischen mit der Kennzeichnung GHS05 und/oder GHS06 und/oder GHS08 mit den H-Sätzen H340 und/oder H350 und/oder H360 und/oder H370 und/oder H372
5 Bei Stoffen und Gemischen mit der Kennzeichnung GHS06 und/oder GHS08 mit den H-Sätzen H340 und/oder H350 und/oder H360 und/oder und/oder H370 und/oder H372 sowie bei ausgewählten Sprengstoffgrundstoffen
6 Pflicht bei der jeweiligen ersten Abgabe eines Gefahrstoffes an berufsmäßige Verwender. Soll der Stoff weiter veräußert werden, so muss dieses durch den Erwerber bei der Behörde angezeigt und eine entsprechende Erlaubnis in der Apotheke vorgezeigt werden.

Aufbewahrungsdauer: 5 Jahre

Empfangsbestätigung

(nach § 3 ChemVerbotsV)

Frau/~~Herr~~ Lieschen Müller

Straße
Hausnummer Müllerweg 1 Ⓐ

PLZ, Wohnort 00000 Müllerort

hat am 15. 7. 2014 folgenden Gefahrstoff erworben: Ⓑ

Bezeichnung Methylorange Ⓒ

Menge 1 g Ⓓ

Verwendungszweck pH-Wert-Experimente i.d. Schule Ⓔ

(Chemie-Unterricht)

Der/Die Käufer/in wurde über die mit dem Gebrauch verbundenen Gefahren, notwendige Vorsichtsmaßnahmen bei bestimmungsgemäßer Verwendung und für den Fall des unvorhergesehenen Verschüttens oder Freisetzens, sowie über die ordnungsgemäße Entsorgung unterrichtet.

Der/Die Käufer/in bestätigt, den Gefahrstoff nur für den angegebenen Zweck zu verwenden.

Der/Die Käufer/in bestätigt, das 18. Lebensjahr vollendet zu haben. Ⓕ

Müller Ⓖ

Unterschrift des Erwerbers

Kassenbon

Mayer Ⓗ

Name des Abgebenden/Apothekenstempel

Aufbewahrungsdauer: 5 Jahre

4.3 Gefahrstoffe in Rezeptur und Labor

Gefährdungsbeurteilung Rezeptur und Labor, § 7 Gefahrstoffverordnung (unter inhaltlicher Berücksichtigung der Bestimmungen des § 6).

4.3.1 Bedeutung für die Apotheke

Der Apothekenleiter ist als Arbeitgeber verpflichtet, die Exposition der Mitarbeiter in der Apotheke und damit verbundene Risiken so gering wie möglich zu halten. Um dies zu gewährleisten, sind geeignete Schutzmaßnahmen oder weitergehende arbeitsmedizinische Maßnahmen in Abhängigkeit des Gefährdungspotenzials und der Art des Umgangs zu beurteilen.

4.3.2 Besonderheiten zwischen Haupt- und Filialapotheken

Es kann für alle Filialen im Verbund ein Gefahrstoffbeauftragter benannt werden.

4.3.3 Form und Umfang der Dokumentation

Die Dokumentation kann in Papierform, z. B. Schulz, Gefahrstoffmanagement in Apotheken, DAV, oder elektronisch erfolgen, z. B. Kaufmann, Schult, Gefahrstoff-Programm, (DAV).

4.3.4 Sonstiges

Durch die Berücksichtigung der Rezepturstandards können Gefährdungsbeurteilungen sinnvoll gebündelt werden, da alle Substanzen, die in der beschriebenen Art und Weise verarbeitet werden, in einer Gefährdungsbeurteilung erfasst werden können.

Tipp

Die BAK stellt auf ihrer Homepage www.abda.de Materialien zur Verfügung:

- allgemeine Informationen zur Rezepturherstellung und zur Prüfung der Ausgangsstoffe,
- Rezepturherstellung – Standards für die Gefährdungsbeurteilung,
- Rezepturherstellung – Formulare,
- Rezepturherstellung – Übersichtsposter mit Schutzmaßnahmen,
- Formular zur Gefährdungsbeurteilung für Tätigkeiten in der Rezeptur und im Apothekenlabor,
- Prüfung der Ausgangsstoffe – Standards für die Gefährdungsbeurteilung,
- Prüfung der Ausgangsstoffe – Formulare.

Tab. 4.4 Was muss im Einzelnen dokumentiert werden?

Was	Wer
Ⓐ BAK-Rezeptur-/Laborstandard, auf den sich die weitere Gefährdungsbeurteilung bezieht	Apothekenleiter oder Gefahrstoffbeauftragter
Ⓑ Bezeichnung des Gefahrstoffs	Apothekenleiter oder Gefahrstoffbeauftragter
Ⓒ Piktogramm	Apothekenleiter oder Gefahrstoffbeauftragter
Ⓓ Signalwort und Farbkonzept der BAK	Apothekenleiter oder Gefahrstoffbeauftragter
Ⓔ H-Sätze	Apothekenleiter oder Gefahrstoffbeauftragter
Ⓕ Sicherheitsdatenblatt vorhanden	Apothekenleiter oder Gefahrstoffbeauftragter
Ⓖ Tätigkeit, Mengenumfang, Substitutionsmöglichkeiten, Exposition und Grenzwerte (Bezug auf Standard der Gefährdungsbeurteilung der BAK)	Apothekenleiter oder Gefahrstoffbeauftragter
Ⓗ Schutzmaßnahmen (Bezug auf Standard der Gefährdungsbeurteilung der BAK)	Apothekenleiter oder Gefahrstoffbeauftragter
Ⓘ Beurteilung, ob weitere arbeitsmedizinische Voraussetzungen zu erfüllen sind und falls ja, welche	Apothekenleiter oder Gefahrstoffbeauftragter
Ⓙ Datum der Gefährdungsbeurteilung	Apothekenleiter oder Gefahrstoffbeauftragter
Ⓚ Angabe, wer die Beurteilung durchgeführt hat (Gefahrstoffbeauftragter)	Apothekenleiter oder Gefahrstoffbeauftragter
Ⓛ Unterschrift des Apothekenleiters	Apothekenleiter
Ⓜ Überprüfung der Wirksamkeit der Maßnahmen durch Gefahrstoffbeauftragten	Apothekenleiter oder Gefahrstoffbeauftragter
Ⓝ Datum der Überprüfung	Apothekenleiter oder Gefahrstoffbeauftragter
Ⓞ Unterschrift des Apothekenleiters	Apothekenleiter

4.3.5 Ordnungswidrigkeit/Straftat

Verstöße gegen die Dokumentationspflicht können als Ordnungswidrigkeit (§ 22 Chemikaliengesetz im Sinne von § 26 Chemikaliengesetz) geahndet werden. Verstoß gegen § 7 stellt eine Straftat dar.

4.3.6 Aufbewahrung

Die Aufzeichnungen werden kontinuierlich aktualisiert, da z. B. noch nicht berücksichtigte Wirkstoffe eingearbeitet werden müssen. Die Aufzeichnungen im Rahmen des Arbeitsschutzes müssen mindestens zwei Jahre aufbewahrt werden.

Gefährdungsbeurteilung für Tätigkeiten in der Rezeptur

(gemäß § 6 GefStoffV)

Stempel der Apotheke

Ⓐ

Gefährdungsbeurteilung anhand Rezepturstandard Nr. 1 der Bundesapothekerkammer

Beurteilte Gefahrstoffe Ⓒ Ⓓ Ⓔ Ⓕ

Gefahrstoff [1] Ⓑ	Piktogramme [2]	Signalwort [3]	Farbkonzept BAK [4]	H-Sätze EUH-Sätze [5]	Sicherheitsdatenblatt [6]
Clotrimazol	GSH07	Achtung	orange	H302 + H332	04.07.2014 Kap. 8
Salicylsäure	GSH05, GSH07	Gefahr	hellblau	H302 + H318	05.07.2014 Kap. 8

[1] Bei Gemischen gefährliche Inhaltsstoffe.
[2] Z. B. GHS07.
[3] „Achtung" oder „Gefahr".
[4] falls gewünscht, zutreffende Farbe einfügen (▸ Standards).
[5] Codes der H-Sätze und EUH-Sätze.
[6] Datum, Angabe des Aufbewahrungsorts.

☐ weitere beurteilte Gefahrstoffe siehe Anlage

Die Tätigkeit, der dabei angewendeter Mengenbereich, die gefährlichen Eigenschaften der Gefahrstoffe, der Arbeitsbereich, der genaue Tätigkeitsablauf und die damit verbundenen möglichen Gefahren sowie daraus resultierende Schutzmaßnahmen entsprechen den Angaben im beiliegenden Rezepturstandard.

Substitution
Eine Substitution der genannten Gefahrstoffe durch andere, weniger gefährliche Stoffe ist nicht möglich, da es sich um eine ärztliche Verschreibung oder eine Arzneibuchvorschrift handelt, bzw. keine anderen geeigneten Stoffe zur Verfügung stehen.

Exposition
Eventuell auftretende Gefahren entsprechen den Angaben auf o. g. Rezepturstandard. Das Ausmaß der physikalisch-chemischen, der inhalativen und der dermalen Exposition ist immer gering, die Tätigkeitsdauer immer kurzzeitig (< 15 min). Die dermale Exposition ist immer kleinflächig (Spritzer usw.).

Grenzwerte
Arbeitsplatz- und biologische Grenzwerte können bei einigen Substanzen vorhanden sein, aber Messungen sind nicht erforderlich, da mit kleinen bis sehr kleinen Substanzmengen gearbeitet wird und die Exposition gering und kurzfristig ist. Zudem werden alle notwendigen, im anhängenden Standard aufgeführten Arbeitsschutzmaßnahmen eingehalten (z. B. Abzug, persönliche Schutzausrüstung usw.)

Ⓖ

Gefährdungsbeurteilung
Für die Gefährdungsbeurteilung nach dem oben genannten Rezepturstandard Nr. ________ der Bundesapothekerkammer ergeben sich die Schutzmaßnahmen lt. Rezepturstandard. (A)

Unter Beachtung aller Vorgaben des Standards der BAK, sowie der Angaben des Sicherheitsdatenblatts (insbesondere zur physikalisch-chemischen Gefährdung) und bei Einhaltung aller dort geforderten Schutzmaßnahmen ist eine Gefährdung der Mitarbeiter nicht zu erwarten. (H)
Schwangeren sind Tätigkeiten mit Gefahrstoffen verboten, die mit den H-Sätzen H340 und/oder H350 und/oder H360 oder mit den H-Sätzen H341 und/oder H351 und/oder H361 gekennzeichnet sind.
Stillenden Müttern sind Tätigkeiten mit Gefahrstoffen verboten, die mit den H-Sätzen H340 und/oder H350 und/oder H360 und/oder H362 gekennzeichnet sind.
Diese Gefährdungsbeurteilung gilt nur bei Einhaltung aller gemachten Angaben; bei Abweichungen (z. B. Exposition von erhöhter Dauer oder Ausmaß, größere Stoffmengen usw.) sind angepasste Gefährdungsbeurteilungen zu erstellen.

Schlussfolgerungen aus arbeitsmedizinischen Vorsorgeuntersuchungen

☐ Über die Angaben auf dem Rezepturstandard hinausgehende Vorsichtsmaßnahmen oder personelle wie organisatorische Maßnahmen sind nicht notwendig. (I)

☐ Weitergehende Vorsichtsmaßnahmen oder personelle wie organisatorische Maßnahmen sind notwendig ________________________________

Die Gefährdungsbeurteilung wurde durchführt:

(J)	(K)	(L)
Datum	Unterschrift Apothekenleiter	Unterschrift des durchführenden Beauftragten (gemäß § 9, OWiG und fachkundig gemäß § 6 GefStoffV, Nachweis der Pflichtenübertragung liegt vor)
aktualisiert am	Unterschrift Apothekenleiter	Unterschrift des durchführenden Beauftragten (gemäß § 9, OWiG und fachkundig gemäß § 6 GefStoffV, Nachweis der Pflichtenübertragung liegt vor)
aktualisiert am	Unterschrift Apothekenleiter	Unterschrift des durchführenden Beauftragten (gemäß § 9, OWiG und fachkundig gemäß § 6 GefStoffV, Nachweis der Pflichtenübertragung liegt vor)
aktualisiert am	Unterschrift Apothekenleiter	Unterschrift des durchführenden Beauftragten (gemäß § 9, OWiG und fachkundig gemäß § 6 GefStoffV, Nachweis der Pflichtenübertragung liegt vor)

Die Wirksamkeit der geforderten Schutzmaßnahmen, der personellen und organisatorischen Maßnahmen, sowie die Funktionsfähigkeit der technischen Schutzausrüstung wurden überprüft und bestätigt:

(M)	(N)	(O)
Datum	Unterschrift Apothekenleiter	Unterschrift des durchführenden Beauftragten (gemäß § 9, OWiG und fachkundig gemäß § 6 GefStoffV, Nachweis der Pflichtenübertragung liegt vor)
aktualisiert am	Unterschrift Apothekenleiter	Unterschrift des durchführenden Beauftragten (gemäß § 9, OWiG und fachkundig gemäß § 6 GefStoffV, Nachweis der Pflichtenübertragung liegt vor)
aktualisiert am	Unterschrift Apothekenleiter	Unterschrift des durchführenden Beauftragten (gemäß § 9, OWiG und fachkundig gemäß § 6 GefStoffV, Nachweis der Pflichtenübertragung liegt vor)
aktualisiert am	Unterschrift Apothekenleiter	Unterschrift des durchführenden Beauftragten (gemäß § 9, OWiG und fachkundig gemäß § 6 GefStoffV, Nachweis der Pflichtenübertragung liegt vor)

4.4 Sicherheitsdatenblätter

GefStoffV § 4 (5).

4.4.1 Bedeutung für die Apotheke

Für die in der Apotheke vorrätigen Gefahrstoffe sind die Sicherheitsdatenblätter vorzuhalten. Die Hersteller sind verpflichtet, bei der Erstbelieferung eines Betriebes mit einem Gefahrstoff das entsprechende Sicherheitsdatenblatt mitzuliefern. Auch die Apotheke muss bei der Abgabe von Gefahrstoffen an gewerbliche Endverbraucher, z. B. an die Arztpraxis, das Sicherheitsdatenblatt bei Erstbelieferung aushändigen.

4.4.2 Form und Umfang der Dokumentation

Die Dokumentation kann in Papierform oder elektronisch erfolgen, z. B. Kaufmann, Schult, Gefahrstoff-Programm, (DAV).

4.4.3 Sonstiges

Die Sicherheitsdatenblätter sind von den Herstellern mitzuliefern. Die Apotheke muss diese dokumentieren. Eintragungen sind nicht vorzunehmen.

Tipp

Sicherheitsdatenblätter für Ausgangsstoffe und Chemikalien sowie Reinigungs- und Desinfektionsmittel unter www.abda.de → Arbeitsschutz → Empfehlungen zum Arbeitsschutz abrufbar.

4.4.4 Ordnungswidrigkeit/Straftat

Verstöße gegen die Dokumentationspflicht können als Ordnungswidrigkeit (§ 22 Chemikaliengesetz im Sinne von § 26 Chemikaliengesetz) geahndet werden.

4.4.5 Aufbewahrung

Die Sicherheitsdatenblätter sind auf dem aktuellen Stand zu halten.

SICHERHEITSDATENBLATT
gemäß Verordnung (EG) Nr. 1907/2006

Überarbeitet am 12.06.2012 Version 9.1

ABSCHNITT 1. Bezeichnung des Stoffs bzw. des Gemischs und des Unternehmens

1.1 Produktidentifikator

Artikelnummer	101322
Artikelbezeichnung	Methylorange (C.I. 13025) Indikator ACS,Reag. Ph Eur
REACH Registrierungsnummer	Eine Registriernummer für diesen Stoff ist nicht vorhanden, da der Stoff oder seine Verwendung nach Artikel 2 REACH Verordnung (EG) Nr. 1907/2006 von der Registrierung ausgenommen sind, die jährliche Tonnage keine Registrierung erfordert oder die Registrierung für einen späteren Zeitpunkt vorgesehen ist.

1.2 Relevante identifizierte Verwendungen des Stoffs oder Gemischs und Verwendungen, von denen abgeraten wird

Identifizierte Verwendungen	Chemische Analytik, Chemische Produktion Für zusätzliche Informationen zu Verwendungen siehe Merck Chemicals Portal (www.merck-chemicals.com).

1.3 Einzelheiten zum Lieferanten, der das Sicherheitsdatenblatt bereitstellt

Firma	Merck KGaA * 64271 Darmstadt * Deutschland * Tel: +49 (0)6151 72-0
Auskunftsgebender Bereich	EQ-RS * e-mail: prodsafe@merckgroup.com

1.4 Notrufnummer

Werkfeuerwehr: +49 (0)6151/722440 * Telefax: +49 (0)6151/727780
Vergiftungs-Informations-Zentrale Freiburg: +49 (0)76119240

ABSCHNITT 2. Mögliche Gefahren

2.1 Einstufung des Stoffs oder Gemischs

Einstufung (VERORDNUNG (EG) Nr. 1272/2008)

Akute Toxizität, Kategorie 3, Oral, H301

Den Volltext der in diesem Abschnitt aufgeführten Gefahrenhinweise finden Sie unter Abschnitt 16.

Einstufung (67/548/EWG oder 1999/45/EG)

T Giftig R25

Den vollen Wortlaut der hier genannten R-Sätze finden Sie in Abschnitt 16.

2.2 Kennzeichnungselemente

Kennzeichnung (VERORDNUNG (EG) Nr. 1272/2008)

Gefahrenpiktogramme

Signalwort

4.5 Betriebsanweisungen

§ 14 Gefahrstoffverordnung.

4.5.1 Bedeutung für die Apotheke

Betriebsanweisungen dienen dem gesundheitlichen Schutz der Mitarbeiter der Apotheke. Um ein hohes Maß an Verbindlichkeit zu gewährleisten, sind diese zu dokumentieren.

4.5.2 Besonderheiten zwischen Haupt- und Filialapotheken

Es kann für alle Filialen im Verbund ein Gefahrstoffbeauftragter benannt werden. Betriebsanweisungen können im Grundsatz für alle Betriebe im Filialverbund gemeinsam formuliert werden, dabei sind eventuelle Besonderheiten zu berücksichtigen.

4.5.3 Form und Umfang der Dokumentation

Die Dokumentation kann in Papierform oder elektronisch erfolgen.

4.5.4 Sonstiges

Die Betriebsanweisungen müssen für alle Mitarbeiter zugänglich aufbewahrt werden.

Tipp

Die BAK stellt auf ihrer Homepage www.abda.de Materialien zur Verfügung:

- Umsetzung der Gefahrstoffverordnung in Apotheken,
- Musterbetriebsanweisung für Tätigkeiten mit reizenden Stoffen,
- Poster zu Arbeitsschutzmaßnahmen in der Rezeptur.

4.5.5 Ordnungswidrigkeit/Straftat

Verstöße gegen die Dokumentationspflicht können als Ordnungswidrigkeit (§ 22 Chemikaliengesetz im Sinne von § 26 Chemikaliengesetz) geahndet werden.

Tab. 4.5 Was muss im Einzelnen dokumentiert werden?

Was	Wer
Ⓐ Bezeichnung des Gefahrstoffs, der Stoffgruppe	Apothekenleiter oder Gefahrstoffbeauftragter
Ⓑ Kennzeichnung	Apothekenleiter oder Gefahrstoffbeauftragter
Ⓒ Arbeitsort (z. B. Rezeptur, Labor)	Apothekenleiter oder Gefahrstoffbeauftragter
Ⓓ Tätigkeit	Apothekenleiter oder Gefahrstoffbeauftragter
Ⓔ Mögliche Gefahren	Apothekenleiter oder Gefahrstoffbeauftragter
Ⓕ Beschäftigungsbeschränkungen, z. B. Schwangere, Jugendliche → Beschäftigungsverbot für Substanzen mit cmr-Eigenschaften (H340, H350, H360, H370, H372)	Apothekenleiter oder Gefahrstoffbeauftragter
Ⓖ Verhaltensregeln und Schutzmaßnahmen	Apothekenleiter oder Gefahrstoffbeauftragter
Ⓗ Anweisungen zum Verhalten im Gefahrfall und zu Erste-Hilfe-Maßnahmen	Apothekenleiter oder Gefahrstoffbeauftragter
Ⓘ Datum, Unterschrift	Apothekenleiter oder Gefahrstoffbeauftragter

4.5.6 Aufbewahrung

Die Aufzeichnungen werden jährlich bzw. bei aktuellem Anlass aktualisiert. Die Aufzeichnungen im Rahmen des Arbeitsschutzes müssen mindestens zwei Jahre aufbewahrt werden.

Firma: Musterapotheke, Musterstadt **Betriebsanweisung** Nummer: 7.3.39
Namen der Firma hier einsetzen gem. GefStoffV § 14

1. Anwendungsbereich

Tätigkeiten mit leichtentzündlichen wassermischbaren Lösemitteln Ⓓ

Abteilung: ___Apotheke_________ Arbeitsplatz: _____Labor_________ Ⓒ

2. Gefahrstoffbezeichnung

Leichtentzündliche wassermischbare Lösemittel
(z.B. Aceton, Ethanol, Isopropanol) Ⓐ

3. Gefahren für Mensch und Umwelt

Ⓑ

- Lösemitteldämpfe können mit der Luft explosionsfähige Gemische bilden.
- Das Einatmen der Lösemitteldämpfe in hohen Konzentrationen kann zu Schwindel und Kopfschmerz führen.
- Lösemittel entfettet die Haut.
- Lösemittel reizt Haut, Schleimhäute, Augen und Atemwege. Ⓔ
- Das Verschlucken von Lösemittel führt zu Gesundheitsstörungen.

4. Schutzmaßnahmen und Verhaltensregeln

- Zündquellen fernhalten.
- Schutzmaßnahmen gegen elektrostatisches Aufladen treffen. Ⓕ
- Lösemitteldämpfe absaugen bzw. für gute Belüftung sorgen.
- Kotakt mit der Haut (auch Schleimhaut der Augen) vermeiden; dazu gehört:
  - Schutzhandschuhe mit Stulpen benutzen,
  - Brille zum Schutz gegen spritzende Flüssigkeiten benutzen, Ⓖ
  - Hautschutzmittel nach Hautschutzplan benutzen: ______Musterhandcreme_____________
- Lösemittelbehälter vorsichtig öffnen und nach Gebrauch wieder dicht schließen.
- Lösemittel kühl und trocken lagern
- Nahrungsmittel und Getränke vom Arbeitsplatz fernhalten
- Am Arbeitsplatz **nicht** essen, trinken, rauchen oder schnupfen

5. Verhalten bei Störungen und im Gefahrfall Notruf: 112

- Bei Verschütten oder Auslaufen größerer Mengen Aufsichtführende informieren.
- Verschüttetes oder ausgelaufenes Produkt mit bereitgestelltem Bindemittel aufnehmen: ___Vliesstoff_____
- Im Brandfall mit Wassernebel, Schaum oder Trockenlöschmittel löschen.

6. Verhalten bei Unfällen – Erste Hilfe Notruf: 112

Ⓗ

- Ersthelfer und Aufsichtführenden verständigen.
- Bei Hautkontakt mit viel Wasser abspülen und Haut nachfetten.
- Bei Augenkontakt etwa 10 Minuten Auge mit Wasser abspülen.
- Nach Einatmen von Lösemittel Frischluft zuführen.
- Bei Verschlucken des Produkts und Unwohlsein Arzt aufsuchen.

7. Instandhaltung, Entsorgung

- Zu entsorgende Lösemittel sind in den bereitgestellten nicht brennbaren, verschließbaren und besonders gekennzeichneten Behältern zu sammeln.
- Mit Bindemittel aufgenommenes Produkt ist in den bereitgestellten nicht brennbaren, verschließbaren und besonders gekennzeichneten Behältern zu sammeln.
- Für die Entsorgung ist zuständig: ....Mayer...............................

Datum: 17.7.14 Unterschrift: Müller Ⓘ

4.6 Explosionsschutzdokument

§ 6 Betriebssicherheitsverordnung.

4.6.1 Bedeutung für die Apotheke

Um einen sicheren Umgang mit explosionsgefährlichen Stoffen zu gewährleisten, sind geeignete Maßnahmen auszuwählen und zu ergreifen, die dokumentiert werden müssen.

4.6.2 Form und Umfang der Dokumentation

Die Dokumentation kann in Papierform, z. B. Schulz, Gefahrstoffmanagement in Apotheken, DAV, oder elektronisch erfolgen, z. B. Kaufmann, Schult, Gefahrstoff-Programm, (DAV).

4.6.3 Sonstiges

Durch die Berücksichtigung des Explosionsschutzstandards der BAK kann die Dokumentation der explosionsgefährlichen Stoffe gebündelt werden.

Tipp

Die BAK stellt auf ihrer Homepage www.abda.de Materialien zur Verfügung:

- allgemeine Informationen zu Tätigkeiten mit brand- und explosionsgefährlichen Stoffen,
- Explosionsschutz – Standard für die Gefährdungsbeurteilung,
- Explosionsschutz – Formulare,
- Formular zur Gefährdungsbeurteilung von Brand- und Explosionsgefahren (Explosionsschutzdokument).

4.6.4 Ordnungswidrigkeit/Straftat

Verstöße gegen die Dokumentationspflicht können als Ordnungswidrigkeit (§ 22 Chemikaliengesetz im Sinne von § 26 Chemikaliengesetz) geahndet werden.

4.6.5 Aufbewahrung

Die Aufzeichnungen werden jährlich bzw. bei aktuellem Anlass aktualisiert. Die Aufzeichnungen im Rahmen des Arbeitsschutzes müssen mindestens zwei Jahre aufbewahrt werden.

Tab. 4.6 Was muss im Einzelnen dokumentiert werden?

Was	Wer
Ⓐ Bezeichnung des Gefahrstoffs	Apothekenleiter oder Gefahrstoffbeauftragter
Ⓑ Piktogramm	Apothekenleiter oder Gefahrstoffbeauftragter
Ⓒ Gefahrenstoffkategorie	Apothekenleiter oder Gefahrstoffbeauftragter
Ⓓ Signalwort	Apothekenleiter oder Gefahrstoffbeauftragter
Ⓔ H-Sätze	Apothekenleiter oder Gefahrstoffbeauftragter
Ⓕ Menge im Arbeitsbereich	Apothekenleiter oder Gefahrstoffbeauftragter
Ⓖ Menge im Lager	Apothekenleiter oder Gefahrstoffbeauftragter
Ⓗ Sicherheitsdatenblatt vorhanden	Apothekenleiter oder Gefahrstoffbeauftragter
Ⓘ Lüftungseinrichtung der Arbeitsplatzbereiche (Lager, Rezeptur, Labor; technische oder natürliche Lüftung)	Apothekenleiter oder Gefahrstoffbeauftragter
Ⓙ Tätigkeiten, die mit brand- und explosionsgefährlichen Stoffen durchgeführt werden (Bezug auf Explosionsschutzstandard Standard der BAK)	Apothekenleiter oder Gefahrstoffbeauftragter
Ⓚ Schutzmaßnahmen bezüglich Transport, Zündquellen und elektrostatische Entladung (Bezug auf Standard der Gefährdungsbeurteilung der BAK)	Apothekenleiter oder Gefahrstoffbeauftragter
Ⓛ Einteilung nach Gefährdungszonen (Abzug, Zonen 0–2)	Apothekenleiter oder Gefahrstoffbeauftragter
Ⓜ weitere Schutzmaßnahmen (z. B. baulich, personell)	Apothekenleiter oder Gefahrstoffbeauftragter
Ⓝ Datum der Bearbeitung des Explosionsschutzdokuments	Apothekenleiter oder Gefahrstoffbeauftragter
Ⓞ Unterschrift des Apothekenleiters (nachdem die Überprüfung stattgefunden hat)	Apothekenleiter
Ⓟ Angabe, wer die Bearbeitung durchgeführt hat (auch ob Apothekenleiter oder Gefahrstoffbeauftragter)	Apothekenleiter oder Gefahrstoffbeauftragter
Ⓠ Datum der Überprüfung (nachdem die Überprüfung stattgefunden hat)	Apothekenleiter oder Gefahrstoffbeauftragter
Ⓡ Unterschrift des Apothekenleiters (nachdem die Überprüfung stattgefunden hat)	Apothekenleiter oder Gefahrstoffbeauftragter
Ⓢ Angabe, wer die Bearbeitung durchgeführt hat	Apothekenleiter oder Gefahrstoffbeauftragter

Explosionsschutzdokument

(gemäß § 6 BetrSichV)

Musterapotheke
Musterstraße 1
00000 Musterort

Stempel der Apotheke

Anlage: Standard der Bundesapothekerkammer für Tätigkeiten mit brand- und explosionsgefährlichen Stoffen mit folgenden Kennzeichnungen:

und (ohne Piktogramm):

- Expl. 1.5 (H205)
- Entz. Gas 2 (H221)
- Selbstzers. G
- Org. Perox. G

In der Apotheke werden Stoffen mit den oben genannten Eigenschaften nur

☒ in geringen Mengen gelagert

☐ nicht in geringen Mengen gelagert (eigenes Explosionsschutzdokument wird beigefügt)

Die Lagerung erfolgt nach den geltenden Vorschriften.
In der Apotheke vorhandene Gefahrstoffe mit brand- und explosionsgefährlichen Eigenschaften:

Gefahrstoff [1]	Piktogramme [2]	Gefahrenklasse -kategorie [3]	Signalwort [4]	H-Sätze EUH-Sätze [5]	Menge im Arbeitsbereich [6]	Menge Lager [6]	Sicherheitsdatenblatt [7]
Ethanol	GHS02	FlamLiq	Gefahr	225	1 l Rezeptur	1 l	15.7.13 Ordner
Isopropanolalkhohol	GHS02	FlamLiq	Gefahr	225	1 l Rezeptur	1 l	31.10.12 Ordner
Ether	GHS02	FlamLiq	Gefahr	224	200 ml Rezeptur	1 l	1.5.13 Ordner
Ⓐ	Ⓑ	Ⓒ	Ⓓ	Ⓔ	Ⓕ	Ⓖ	Ⓗ

[1] = Bei Gemischen gefährliche Inhaltsstoffe.
[2] = z. B. GHS01.
[3] = z. B. Entz. Fl. 2.
[4] = „Achtung" oder „Gefahr".
[5] = Codes der H-Sätze und EUH-Sätze.
[6] = ungefähre Mengen, z.B. übliche Bestellmenge bzw. Standgefäßgröße. Angabe des Arbeitsbereichs (Labor, Rezeptur).
[7] = Datum, Angabe des Aufbewahrungsortes.

☐ weitere beurteilte Gefahrstoffe siehe Anlage ____

Es werden nur notwendige Tätigkeiten mit Stoffenmit den oben genannten Eigenschaften durchgeführt,wenn ein Austausch gegen weniger gefährliche Substanzen nicht möglich ist, weil es sich um Arzneibuchvorschriften, bzw. wissenschaftlich anerkannte alternative Prüfmethoden handelt und kein geeigneter Austauschstoff zu Verfügung steht.

Arbeitsbereiche und ihre Lüftungseinrichtungen sind:

☒ Lagerraum — ☒ technische Lüftung: ____________
☐ natürliche Lüftung: ____________
☒ Rezeptur — ☒ technische Lüftung: ____________
☒ natürliche Lüftung: ____________ Ⓘ
☐ Labor — ☐ technische Lüftung: ____________
☐ natürliche Lüftung: ____________
☐ Weitere: — ☐ ____________ (eigenes Explosionsschutzdokument wird beigefügt)

Tätigkeiten mit Stoffen mit oben genannten Stoffeigenschaften werden ausschließlich im Abzug und nur in Ausnahmefällen im sehr gut belüfteten Labor oder im Freien durchgeführt.
Die Tätigkeiten werden mit einer möglichst geringen Stoffmenge ausgeführt und ihre Dauer wird so kurz wie möglich gehalten.

Tätigkeiten, die nach dem BAK-Standard für Tätigkeiten mit brand- und explosionsgefährlichen Stoffen ausgeführt werden, sind: Ⓙ

☒ Lagerung ☒ Transport ☒ Umfüllen ☒ Abfüllen
☒ Einwiegen ☒ Rezepturherstellung
☒ Analytische Nachweisreaktionen
☐ weitere: ______ (eigenes Explosionsschutzdokument wird beigefügt)

Der Transport von Stoffen mit oben genannten Eigenschaften durch die Apotheke wird vermieden und nur mit ausreichender Vorsicht vorgenommen.

Elektrostatische Entladungen und mögliche Zündquellen werden weitestgehend vermieden. Dies können sein: Funken von elektrischen Geräten (Kühlschrank, Durchlauferhitzer, etc.) oder Licht, offene Flammen oder weitere: ______ Ⓚ
Wenn es zur Bildung explosionsfähiger Atmosphären kommen kann, so müssen alle Zündquellen einschließlich elektrostatischer Entladungen ausgeschlossen werden.

Zoneneinteilung

☒ Es können keine zündfähigen Atmosphären entstehen, da ausschließlich unter dem Abzug gearbeitet wird, daher ist keine Zoneneinteilung notwendig.
☐ Es können zeitweise bis dauernd zündfähige Atmosphären bestehen (z. B. in und um einen Sicherheitsschrank oder bei Tätigkeiten, die nicht unter dem Abzug durchgeführt werden usw.), daher ist eine Zoneneinteilung erforderlich: Ⓛ
☐ Zone 0: ______ Arbeitsbereich: ______
☐ Zone 1: ______ Arbeitsbereich: ______
☐ Zone 2: ______ Arbeitsbereich: ______

Schutzmaßnahmen

☒ Weitergehende Schutzmaßnahmen oder personelle, bauliche sowie organisatorische Maßnahmen sind nicht notwendig.
☐ Weitergehende Schutzmaßnahmen oder personelle, bauliche sowie organisatorische Maßnahmen sind notwendig: Ⓜ
______

Die Wahrscheinlichkeit einer explosionsfähigen Atmosphäre und ihrer Entzündung und damit eine Gefährdung der Mitarbeiter ist aufgrund der Arbeitsorganisation, der eingesetzten Substanzen und Substanzmengen, der kurzen Tätigkeitsdauer und bei Beachtung aller Vorgaben des Standards der BAK sowie der Angaben der Sicherheitsdatenblätter und bei Einhaltung aller dort geforderten Schutzmaßnahmen weitestgehend auszuschließen.

Dieses Explosionsschutzdokument gilt nur bei Einhaltung aller gemachten Angaben, bei Abweichungen (z. B. Exposition von erhöhter Dauer oder Ausmaß, größere Stoffmengen, abweichende Lüftung usw.) sind angepasste Explosionsschutzdokumente zu erstellen.

Die Gefährdungsbeurteilung wurde durchführt:

Ⓝ	Ⓞ	Ⓟ
15. 7. 14	Mayer	Schäfer
Datum	Unterschrift Apothekenleiter	Unterschrift des durchführenden Beauftragten (gemäß § 9, OWiG und fachkundig gemäß § 6 GefStoffV, Nachweis der Pflichtenübertragung liegt vor)
aktualisiert am	Unterschrift Apothekenleiter	Unterschrift des durchführenden Beauftragten (gemäß § 9, OWiG und fachkundig gemäß § 6 GefStoffV, Nachweis der Pflichtenübertragung liegt vor)
aktualisiert am	Unterschrift Apothekenleiter	Unterschrift des durchführenden Beauftragten (gemäß § 9, OWiG und fachkundig gemäß § 6 GefStoffV, Nachweis der Pflichtenübertragung liegt vor)

Die Wirksamkeit der geforderten Schutzmaßnahmen, der personellen und organisatorischen Maßnahmen, sowie die Funktionsfähigkeit der technischen Schutzausrüstung wurden überprüft und bestätigt:

Ⓠ	Ⓡ	Ⓢ
Datum	Unterschrift Apothekenleiter	Unterschrift des durchführenden Beauftragten (gemäß § 9, OWiG und fachkundig gemäß § 6 GefStoffV, Nachweis der Pflichtenübertragung liegt vor)
aktualisiert am	Unterschrift Apothekenleiter	Unterschrift des durchführenden Beauftragten (gemäß § 9, OWiG und fachkundig gemäß § 6 GefStoffV, Nachweis der Pflichtenübertragung liegt vor)
aktualisiert am	Unterschrift Apothekenleiter	Unterschrift des durchführenden Beauftragten (gemäß § 9, OWiG und fachkundig gemäß § 6 GefStoffV, Nachweis der Pflichtenübertragung liegt vor)

4.7 Mitarbeiterunterweisung

§ 14 (2) Gefahrstoffverordnung, § 12 Arbeitsschutzgesetz.

4.7.1 Bedeutung für die Apotheke

Die Einhaltung der sich aus dem Umgang mit Gefahrstoffen ergebenden Schutzmaßnahmen, der Betriebsanweisung und weiterer den Gesundheits- und Arbeitsschutz betreffender Informationen, müssen den Arbeitnehmern regelmäßig erläutert werden. Die Durchführung der Unterweisung muss dokumentiert werden. Dies ist auch aus berufsgenossenschaftlicher Sicht oder für einen evtl. eintretenden Versicherungsfall von Bedeutung.

4.7.2 Besonderheiten zwischen Haupt- und Filialapotheken

Es kann für alle Filialen im Verbund ein Gefahrstoffbeauftragter benannt werden. Die Schulungen können im Filialverbund gemeinsam durchgeführt werden. Die Dokumentation sollte jedoch für jede Betriebsstätte getrennt erfolgen.

4.7.3 Form und Umfang der Dokumentation

Die Dokumentation der mündlichen Unterweisung kann in Papierform, z. B. Schulz, Gefahrstoffmanagement in Apotheken, DAV, oder elektronisch erfolgen, z. B. Kaufmann, Schult, Gefahrstoff-Programm, (DAV).

4.7.4 Sonstiges

Die Schulungen sind jährlich, bei Minderjährigen halbjährlich durch den Apothekenleiter oder den Gefahrstoffbeauftragten durchzuführen. Bei Neueinstellungen und auch Urlaubsvertretungen muss dies zeitnah zum Einstellungstermin geschehen. Außerdem muss bei der Einführung neuer Arbeitstechniken oder Chemikalien die mündliche Unterweisung erfolgen.

Tipp

Die BAK stellt auf ihrer Homepage www.abda.de Materialien zur Verfügung:

- Umsetzung der Gefahrstoffverordnung in Apotheken,
- Poster zu Arbeitsschutzmaßnahmen in der Rezeptur.

Als Arbeitserleichterung ist auch das Erinnerungs- und Bearbeitungsblatt zu empfehlen. Dies kann sowohl als Unterlage für das QM-Handbuch als auch direkt mit den Unterlagen des Gefahrstoffmanagements eingesetzt werden.

Tab. 4.7 Was muss im Einzelnen dokumentiert werden?

Was	Wer
Ⓐ Datum der mündlichen Unterweisung	PKA, PTA oder Apotheker
Ⓑ Name des Unterweisenden	Apothekenleiter oder Gefahrstoffbeauftragter
Ⓒ Funktion des Durchführenden	Apothekenleiter oder Gefahrstoffbeauftragter
Ⓓ Erst- oder Wiederholungsschulung	PKA, PTA oder Apotheker
Ⓔ stichwortartig Inhalte der Unterweisung bzw. gemäß § 14 GefStoffV	PKA, PTA oder Apotheker
Ⓕ Namen und Unterschriften der Anwesenden	Alle Mitarbeiter
Ⓖ Name und Adresse der Apotheke und Unterschrift des Apothekenleiters	Apothekenleiter

4.7.5 Ordnungswidrigkeit/Straftat

Verstöße gegen die Dokumentationspflicht können als Ordnungswidrigkeit (§ 22 Chemikaliengesetz im Sinne von § 26 Chemikaliengesetz) geahndet werden.

4.7.6 Aufbewahrung

Die Aufzeichnungen sind jährlich bzw. bei aktuellem Anlass durchführen. Die Aufzeichnungen im Rahmen des Arbeitsschutzes müssen mindestens zwei Jahre aufbewahrt werden.

Dokumentation der Mitarbeiterunterweisung
(gemäß § 14 GefStoffV, § 12 ArbSchG)

Die mündliche Mitarbeiterunterweisung wurde durchführt

am: 15. 7. 2014 Ⓐ von: Müller Ⓑ

☐ Apothekenleiter
☐ fachkundige Person gemäß § 6 GefStoffV Ⓒ
☒ Beauftragter (gemäß § 9, Abs. 2 OWiG und fachkundig gemäß § 6 GefStoffV, Nachweis der Pflichtenübertragung liegt vor)

Es handelt sich um eine
☐ Erstunterweisung Ⓓ
☒ Wiederholungsunterweisung

Die Unterweisung erfolgte
- mündlich und arbeitsplatzbezogen,
- in einer für die Mitarbeiter verständlichen Form und Sprache,
- auf der Grundlage des Explosionsschutzdokuments, der Gefährdungsbeurteilungen und der Betriebsanweisungen. Ⓔ

Inhalte der Unterweisung waren
- Erläuterung möglicherweise auftretender Gefährdungen und daraus resultierende erforderliche Verhaltensregeln und Schutzmaßnahmen bei Tätigkeiten mit Gefahrstoffen,
- Maßnahmen bei Unfällen und der Ersten Hilfe,
- sachgerechte Entsorgung entstehender gefährlicher Abfälle,
- Hinweise auf neue oder veränderte Gefahrstoffe, Arbeitsmittel, Arbeitsverfahren, Betriebsanlagen oder Arbeitsschutzvorschriften,
- eine allgemeine arbeitsmedizinisch-toxikologische Beratung der Mitarbeiter (ggf. durch den Betriebsarzt) und der Hinweis auf die Möglichkeit zur Inanspruchnahme arbeitsmedizinischer Untersuchungen,
- Hinweis auf die Notwendigkeit des unverzüglichen Anzeigens einer Schwangerschaft oder des Stillens eines Kindes gegenüber dem Arbeitgeber wegen sich daraus ergebender Beschäftigungsbeschränkungen und -verbote,
- ausdrückliche Erläuterung von Veränderungen gegenüber der letzten Mitarbeiterunterweisung,
- weitere: ______

Das Gefahrstoffverzeichnis, die Gefährdungsbeurteilungen, das Explosionsschutzdokument, die Betriebsanweisungen und die Sicherheitsdatenblätter stehen in schriftlicher Form zur freien Einsichtnahme zur Verfügung.

Folgende Mitarbeiter bestätigen durch ihre Unterschrift die Teilnahme und das Verständnis aller Erläuterungen:

Name	Berufsbezeichnung	Arbeitsbereich	Unterschrift
Mayer	Apotheker	labor, Rez, HV	Mayer
Schulze	PTA	" " "	Schulze
Schneider	PKA	Wareneingang	Schulze

Ⓕ

☐ Fortsetzung siehe Rückseite

Musterapotheke
Musterstr. 1
00000 Musterstadt
Stempel und Adresse der Apotheke

Mayer Ⓖ
Unterschrift des Apothekenleiters

4.8 Pflichtenübertragung

§ 6 Gefahrstoffverordnung, § 9 Ordnungswidrigkeitengesetz.

4.8.1 Bedeutung für die Apotheke

Da der Bereich des Gefahrstoffrechts bezüglich Gesundheits- und Arbeitsschutz von hoher Bedeutung sind, müssen Verantwortlichkeiten und Pflichten klar geregelt werden.

4.8.2 Besonderheiten zwischen Haupt- und Filialapotheken

Es kann für alle Filialen im Verbund ein Gefahrstoffbeauftragter benannt werden.

4.8.3 Form und Umfang der Dokumentation

Die Dokumentation kann in Papierform, z. B. Schulz, Gefahrstoffmanagement in Apotheken, DAV, oder elektronisch erfolgen, z. B. Kaufmann, Schult, Gefahrstoff-Programm, (DAV).

4.8.4 Sonstiges

Für die Pflichtenübertragung nach der Biostoffverordnung für die Durchführung von Blutuntersuchungen bzw. während einer Influenzapandemie stellt die BAK unter www.abda.de/arbeitsschutzmassnahmen.html entsprechende Formulare als Download zur Verfügung. Die Pflichtenübertragung sollte auch den Personalunterlagen zugeordnet werden.

Tipp

Zur Arbeitserleichterung gibt es für den Gefahrstoffbeauftragten eine Checkliste der regelmäßig durchzuführenden Unterweisungen und Aktualisierungen (▸ s. Seite 86).

Tab. 4.8 Was muss im Einzelnen dokumentiert werden?

Was	Wer
Ⓐ Name der Apotheke bzw. der Apotheken (Filialverbund) und Ort	PKA, PTA oder Apotheker
Ⓑ Auflistung der zu erbringenden Arbeiten (z. B. Gefahrstoffverzeichnis, Gefährdungsbeurteilung, Mitarbeiterunterweisung)	Apothekenleiter
Ⓒ Ort, Datum	Apothekenleiter
Ⓓ Namen und Unterschriften von Apothekenleiter und Beauftragtem	Apothekenleiter und Gefahrstoffbeauftragter

4.8.5 Ordnungswidrigkeit/Straftat

Keine.

4.8.6 Aufbewahrung

Die Aufzeichnungen der Pflichtenübertragung werden aktuell geändert, wenn der Gefahrstoffbeauftragte wechselt. Die Aufzeichnungen im Rahmen des Arbeitsschutzes müssen mindestens zwei Jahre aufbewahrt werden.

Dokument zur Pflichtenübertragung

(gem. § 6 GefStoffV und § 9 OWiG)

Für die Musterapotheke in Musterstadt Ⓐ
Name der Apotheke Ort

werden folgende Pflichten des Apothekenleiters auf einen Beauftragten übertragen:
(Zutreffendes bitte ankreuzen)

☒ Erstellung der Gefährdungsbeurteilungen und die Wirksamkeitskontrolle gem. § 6 GefStoffV
☒ Erstellung des Explosionsschutzdokumentes gem. § 6 BetrSichV
☒ Erstellung der Betriebsanweisungen gem. § 14 GefStoffV Ⓑ
☐ Durchführung der mündlichen Mitarbeiterunterweisungen gem. § 14 GefStoffV
☒ mit den obigen Punkten verbundene Informationsermittlung.

Weitere:
☐
☐

Die erstellten Dokumente werden vom Beauftragten und dem Apothekenleiter gemeinsam unterzeichnet. Der Beauftragte ist fachkundig gem. § 6 GefStoffV und bearbeitet die ihm übertragenen Aufgaben in eigener Verantwortung mit verbindlicher Wirkung für die Apotheke. Ihm ist bekannt, dass er hiermit auch in die persönliche Haftung tritt.

Der Apothekenleiter gewährt dem Beauftragten alle für die übertragenen Aufgaben notwendigen Entscheidungsspielräume und Vollmachten. Er hat den Beauftragten ausreichend über die rechtlichen Konsequenzen informiert (§ 9 OWiG). Der Bezug der rechtlichen Vorschriften auf den Apothekenleiter entlässt diesen nicht vollständig aus der Haftung, er hat den Beauftragten korrekt auszuwählen und dessen Arbeit zu überwachen.

Sowohl dem Apothekenleiter als auch dem Beauftragten sind die gesetzlichen Grundlagen, insbesondere § 6 Gefahrstoffverordnung und § 9 Gesetz über Ordnungswidrigkeiten bekannt.

Musterstadt, den 15. 7. 2014 Ⓒ
Ort Datum

Müller Müller
Name des Beauftragten Unterschrift Ⓓ

Mayer Mayer
Name des Apothekenleiters Unterschrift

Erinnerungs- und Bearbeitungsmerkblatt

für regelmäßig durchzuführende Unterweisungen und Aktualisierungen*

Bitte tragen Sie hier das Datum ein, wann die einzelnen Punkte wieder bearbeitet werden müssen bzw. bearbeitet wurden. Beachten Sie auch die regelmäßigen Wartungen aller verwendeten Geräte!

	Rhythmus der Aktualisierung	**Gesetzliche Vorschrift**	*Zu erledigen bis* / *durchgeführt am*	*Zu erledigen bis* / *durchgeführt am*	*Zu erledigen bis* / *durchgeführt am*	*Zu erledigen bis* / *durchgeführt am*	*Zu erledigen bis* / *durchgeführt am*	*Zu erledigen bis* / *durchgeführt am*
Sicherheits-datenblätter (SDB)	Jährlich	§§ 5, 6 GefStoffV, TRGS 220, TRGS 400	1. 2. 2014 / 29.1. 2014					
Gefahrstoff-verzeichnis	Jährlich	§ 6 Abs. 10 GefStoffV, TRGS 400	1. 3. 2014 / 1. 3. 2014					
Gefährdungs-beurteilung Rezeptur	Jährlich	§§ 6–11 GefStoffV	1. 4. 2014 / 20. 3. 2014					
Gefährdungs-beurteilung Labor	Jährlich	§§ 6–11 GefStoffV	1. 4. 2014 / 22. 3. 2014					
Explosions-schutzdokument	Jährlich	§§ 3, 6 BetrSichV	1. 4. 2014 / 25. 3. 2014					
Betriebsanweisung	Jährlich	§ 14 GefStoffV, TRGS 555	1. 4. 2014 / 1. 4. 2014					
Mitarbeiter-unterweisung	Jährlich	§ 14 GefStoffV, TRGS 555, § 12 ArbSchG	15. 4. 14 / 14. 4. 14					
Unterweisung von Mitarbeitern unter 18 Jahren	Halbjährlich	§ 14 GefStoffV, TRGS 555, § 12 ArbSchG	15. 4. 14 / 14. 4. 14 / 15. 10. 14 / 13. 10. 14					

*Bei wesentlichen Änderungen sind jeweils zusätzlich Aktualisierungen bzw. Belehrungen durchzuführen.

5 Heimversorgung

5.1 Stationsbegehungen

Für Begehungen im Pflegeheim gibt es keine rechtlichen Vorgaben, deshalb erfolgt die Durchführung in Analogie zu Apothekenbetriebsordnung § 32 Überprüfung der Arzneimittelvorräte und der apothekenpflichtigen Medizinprodukte auf den Stationen (1) und (3).

5.1.1 Bedeutung für die Apotheke

Im Rahmen des Versorgungsvertrages nach § 11a ApoG mit einer Pflegeeinrichtung übernimmt der Apotheker die Aufgabe, zweimal jährlich die Stationsvorräte an Arzneimitteln und Medizinprodukten zu überprüfen. Dies kann in Analogie des § 32 ApBetrO für die Begehungen von Stationen im Rahmen des Krankenhausbetriebes erfolgen.

5.1.2 Form und Umfang der Dokumentation

Die Dokumentation kann in Papierform oder elektronisch erfolgen.

Tab. 5.1 Was muss im Einzelnen dokumentiert werden? (Empfehlung!)

Was	Wer
Ⓐ Angaben zur Apotheke	Apotheker
Ⓑ Angaben zum Heim	Apotheker
Ⓒ weitere Lagerorte und Waren	Apotheker
Ⓓ Lagerung und Aufbewahrung (Kriterien wie Lagertemperatur, first in – first out, immer nur ein Anbruch, personenbezogene Lagerung usw.)	Apotheker
Ⓔ ordnungsgemäße Lagerung der BtM	Apotheker

Tab. 5.1 Was muss im Einzelnen dokumentiert werden? (Empfehlung!) (Fortsetzung)

Was	Wer
Ⓕ Feststellung von Mängeln und Hinweise zur Verbesserung, evtl. Festlegung von Fristen	Apotheker
Ⓖ sachgerechtes Aussortieren und Entsorgen nicht mehr benötigter Arzneimittel	Apotheker
Ⓗ Beteiligte an der Begehung	Alle
Ⓘ Datum und Unterschriften	Verantwortlicher der Einrichtung, Apotheker

5.1.3 Sonstiges

Als Unterstützung und zum Protokollieren kann eine PKA eingesetzt werden.

Tipp

Die BAK stellt auf ihrer Homepage www.abda.de Materialien zur Verfügung:

- Empfehlungen zur Qualitätssicherung: Versorgung der Bewohner von Heimen,
- Arbeitshilfe: Prüfprotokoll Heimbegehung.

5.1.4 Ordnungswidrigkeit/Straftat

Verstöße gegen die Dokumentationspflicht können als Ordnungswidrigkeit geahndet werden. Die Unterlagen müssen in vierfacher Ausfertigung erstellt werden. Bei schweren Mängeln sind die Leitung der Pflegeeinrichtung und die für die Station verantwortliche Pflegedienstleitung sofort zu unterrichten, ansonsten sind die Genannten bis spätestens vier Wochen nach der Begehung mit dem Protokoll über das Ergebnis in Kenntnis zu setzen.

5.1.5 Aufbewahrung

Die Aufzeichnungen sind vollständig und mindestens bis ein Jahr nach Ablauf des Verfalldatums, jedoch nicht weniger als fünf Jahre (§ 22 (1) ApBetrO) aufzubewahren.

Ⓐ

Stempel der Apotheke

Protokoll über die Überprüfung an Arzneimitteln und Medizinprodukten in Pflegeeinrichtungen (§ 12a Apothekengesetz; Heimvertrag)

Pflegeeinrichtung: ______ Station/Teileinheit: ______
Datum der letzten Stationsbegehung: ______ Stationsleitung Pflegedienst: ______
Beanstandete Punkte: ______
Beanstandung zwischenzeitlich behoben? ______ ja/nein
Ist die geltende Arzneimittelliste vorhanden? ______ ja/nein
Wer ist zuständig für die Arzneimittelbestellung und Arzneimittelannahme? ______
Wer ist zuständig für die Arzneimittelentnahme und Arzneimittelabgabe? ______ Ⓑ

1. Überprüfte(r) Lagerort(e) (Checkliste)

Vorratshaltung von:	Medikamenten	Infusionslösungen	Medizinprodukten	Betäubungsmitteln
Pflegearbeitsraum	○	○	○	○
______	○	○	○	○
______	○	○	○	○
Kühlschrank	○	○	○	○

Ⓒ

2. Lagerung und Aufbewahrung von Arzneimitteln und Medizinprodukten

	ordnungsgemäß	nicht ordnungsgemäß
a Zustand des Lagerraums (staubarm, trocken, leicht zu reinigen, abgetrennt von anderen Bereichen, Putz- und Reinigungsmitteln, organischen Lösungsmitteln)	○	○
b Lagerung nicht über 20 °C	○	○
c Lagerung nicht über 8 °C (Kühlschrank, getrennt von Lebensmitteln)	○	○
d Min- Max-Thermometer-Dokumentation vorhanden	○	○
e vor Licht geschützt	○	○
f vor Staub geschützt	○	○
g diebstahlsichere Aufbewahrung von Betäubungsmitteln	○	○
h personenbezogene Lagerung		
- Medikamentenschrank	○	○
- Kühlschrank	○	○
- BtM-Schrank	○	○

3. Vorratshaltung der Arzneimittel und Medizinprodukte

	ordnungsgemäß	nicht ordnungsgemäß
a Werden die am längsten lagernden Arzneimittel und Medizinprodukte zuerst zum Verbrauch bereit gehalten („first-in first-out")?	○	○
b Sind Medizinprodukte-Anbruchverpackungen verschlossen?	○	○
c Werden die Verfalldaten überprüft und beachtet?	○	○
d Sind Arzneimittel und Medizinprodukte sicher vor dem Zugriff Unbefugter?	○	○

4. Beschaffenheit/Kennzeichnung

	ordnungsgemäß	nicht ordnungsgemäß
a Ist von einem Arzneimittel jeweils nur ein Anbruch in Gebrauch?	○	○
b Werden Parenteralia im Mehrdosenbehältnis mit Anbruchdatum versehen?	○	○
c Verbleiben die Beipackzettel im Umkarton?	○	○
d Ist der Umkarton vollständig?	○	○
e Sind die Blisterstreifen unversehrt (Ch.-B./Verfalldatum identifizierbar)?	○	○

Ⓓ

5. Betäubungsmittel (Überprüfung fakultativ)

	ordnungsgemäß	nicht ordnungsgemäß
a Eintragungen im Betäubungsmittelbuch:		
- wird personenbezogen dokumentiert?	○	○
- Sind die Betäubungsmittel ordnungsgemäß bezeichnet (Name, Darreichungsform, mg pro abgeteilter Form)?	○	○
- Ist die Nummer des Betäubungsmittel-Rezeptes und der Name des verschreibenden Arztes bei BtM-Zugängen vermerkt?	○	○
- Werden Angaben über den sonstigen Verbleib gemacht (Übergabeprotokoll an Apotheke zur Vernichtung)	○	○
- Nur bei Lagerung unter Aufsicht des Arztes: Werden die Bestände und die BtM-Verbleibsnachweise durch den verantwortlichen Arzt mit Datum und Namenszeichen mindestens einmal monatlich überprüft?	○	○
b Werden die BtM-Vorräte regelmäßig auf Verfall und Verwendbarkeit durchgesehen?	○	○
c Ist eine Regelung für die Schlüsselvergabe und den Schlüsselverbleib vorhanden?	○	○

Ⓔ

6. Mängel und Verbesserungsvorschläge

a Es wurden die nachfolgend aufgeführten Mängel festgestellt:

b Folgende Maßnahmen wurden zur Beseitigung der Mängel veranlasst:

c Weitere HInweise und Verbesserungsvorschläge:

d Die Mängel sind bis spätestens ______ zu beseitigen.

e Im Vergleich zu den bei der vorangegangenen Stationsüberprüfung beanstandeten Punkten mussten
erneut: ______
zusätzlich: ______
die oben aufgeführten Mängel beanstandet werden.

Ⓕ

7. Aussonderung / Vernichtung

Wegen Überschreitung des Haltbarkeitsdatums oder aus anderen Gründen, die eine weitere Verwendung der Arzneimittel und Medizinprodukte ausschließen, mussten von der Apotheke folgende Waren ausgesondert und vernichtet/entsorgt werden:

Produkt	Patient

Ⓖ

8. Beteiligte an der Begehung

Pflege 1. ______
2. ______
3. ______

Apotheke 1. ______
2. ______
3. ______

Es wird bestätigt, dass alle Lagerorte für Artikel gemäß Punkt 1 (Checkliste) vorgewiesen wurden.

Ⓗ

Ort und Datum der Überprüfung | Für die Einrichtung | Ort und Datum der Überprüfung | Apotheker/in

Ⓘ

5.2 Stellen und Verblistern

Apothekenbetriebsordnung § 34 Patientenindividuelles Stellen oder Verblistern von Arzneimitteln (2) und § 35 Herstellung von Arzneimitteln zur parenteralen Anwendung (2).

5.2.1 Bedeutung für die Apotheke

Die Herstellung von Arzneimitteln gehört zu den Kernaufgaben der Apotheke. Die Anforderungen an die Qualität der im Rahmen des normalen Apothekenbetriebs hergestellten Rezepturen und Defekturen entsprechen denen der Fertigarzneimittel. Dies gilt insbesondere für die sensiblen Bereiche des Stellen und Verblisterns sowie der Herstellung von Parenteralia. Deshalb schreibt die ApBetrO den Einsatz speziell geschulten Personals vor. Die Schulung ist – auch im Rahmen des für diese Arbeitsbereiche vorgeschriebenen QM-Systems – zu dokumentieren.

5.2.2 Besonderheiten zwischen Haupt- und Filialapotheken

Die Schulung kann gemeinsam erfolgen.

5.2.3 Form und Umfang der Dokumentation

Die Dokumentation kann in Papierform oder elektronisch erfolgen.

5.2.4 Sonstiges

Die Dokumentation ist in das QM-Handbuch aufzunehmen.

> **Tipp**
> Neben der Dokumentation im QM-Handbuch kann es sinnvoll sein, die jeweilige Befugnis in Kopie auch den Personalunterlagen zuzuordnen.

Tab. 5.2 Was muss im Einzelnen dokumentiert werden?

Was	Wer
Ⓐ Thema	PKA, PTA oder Apotheker
Ⓑ Durchführender der Schulung	PKA, PTA oder Apotheker
Ⓒ Datum	PKA, PTA oder Apotheker
Ⓓ Dauer	PKA, PTA oder Apotheker
Ⓔ Kurzprotokoll der Schulung	PKA, PTA oder Apotheker
Ⓕ Namen der Teilnehmer	PKA, PTA oder Apotheker
Ⓖ Auswertung bzw. Ergebnis der Schulung	PKA, PTA oder Apotheker
Ⓗ evtl. Thematik überprüfen, Wiederholungstermin	PKA, PTA oder Apotheker
Ⓘ unterschreiben	alle Teilnehmer

5.2.5 Ordnungswidrigkeit/Straftat

Verstöße gegen die Dokumentationspflicht können als Ordnungswidrigkeit geahndet werden.

5.2.6 Aufbewahrung

Die Aufzeichnungen sind vollständig und mindestens bis ein Jahr nach Ablauf des Verfalldatums, jedoch nicht weniger als fünf Jahre (§ 22 (1) ApBetrO) aufzubewahren.

3. Dokumentation interner Unterweisung

Thema: Ⓐ	Verblistern
Durchführende(r): Ⓑ	Mayer
Datum: 14.7.14 Ⓒ	Dauer: 1 Stunde Ⓓ

Vermittelte Inhalte (in Stichworten):

Hier bitte die Unterweisungsthemen eintragen: Eignung von Arzneimitteln zum Verblistern unter Berücksichtigung von Oxidationsproblemen Ⓔ

Teilnehmer

Lfd. Nr.	Name	Bereich	Unterschrift
1	Müller	HV, Lab, Rez	Müller
2	Schulze Ⓕ	HV, Lab, Rez	Schulze Ⓘ

Auswertung der Schulung (in Stichworten):

Festlegung einer Checkliste, was nicht geblistert wird Ⓖ

(nachfolgende Punkte nur, falls erforderlich)

Überprüfung der Theamtik erforderich? (Zutreffendes ankreuzen)

Zeitraum: alle 6 Monate Ⓗ	Zuständigkeit: Mayer

Bemerkungen (Sonstiges): Überprüfung Checkliste, evtl. Literaturrecherche, ob weitere Substanzen kritisch beurteilt werden

Dateipfad:	erstellt vom:	Ausgabe/Version: 1	Seite 1 von 1

6 Auszug der relevanten Paragrafen aus den Gesetzen und Verordnungen zur Dokumentation

6.1 Sozialgesetzbuch V

Das Fünfte Buch Sozialgesetzbuch – Gesetzliche Krankenversicherung – (Artikel 1 des Gesetzes vom 20. Dezember 1988, BGBl. I S. 2477, 2482), das durch Artikel 1 des Gesetzes vom 11. August 2014 (BGBl. I S. 1346) geändert worden ist

[…]

§ 135a Verpflichtung zur Qualitätssicherung

(1) Die Leistungserbringer sind zur Sicherung und Weiterentwicklung der Qualität der von ihnen erbrachten Leistungen verpflichtet. Die Leistungen müssen dem jeweiligen Stand der wissenschaftlichen Erkenntnisse entsprechen und in der fachlich gebotenen Qualität erbracht werden.

(2) Vertragsärzte, medizinische Versorgungszentren, zugelassene Krankenhäuser, Erbringer von Vorsorgeleistungen oder Rehabilitationsmaßnahmen und Einrichtungen, mit denen ein Versorgungsvertrag nach § 111a besteht, sind nach Maßgabe der §§ 137 und 137d verpflichtet,

1. sich an einrichtungsübergreifenden Maßnahmen der Qualitätssicherung zu beteiligen, die insbesondere zum Ziel haben, die Ergebnisqualität zu verbessern und
2. einrichtungsintern ein Qualitätsmanagement einzuführen und weiterzuentwickeln, wozu in Krankenhäusern auch die Verpflichtung zur Durchführung eines patientenorientierten Beschwerdemanagements gehört.

(3) Meldungen und Daten aus einrichtungsinternen und einrichtungsübergreifenden Risikomanagement- und Fehlermeldesystemen nach Absatz 2 in Verbindung mit § 137 Absatz 1d dürfen im Rechtsverkehr nicht zum Nachteil des Meldenden verwendet werden. Dies gilt nicht, soweit die Verwendung zur Verfolgung einer Straftat, die im Höchstmaß mit mehr als fünf Jahren Freiheitsstrafe bedroht ist und auch im Einzelfall besonders schwer wiegt, erforderlich ist und die Erforschung des Sachverhalts oder die Ermittlung des Aufenthaltsorts des Beschuldigten auf andere Weise aussichtslos oder wesentlich erschwert wäre.

6.2 Apothekengesetz

Apothekengesetz in der Fassung der Bekanntmachung vom 15. Oktober 1980 (BGBl. I S. 1993), das zuletzt durch Artikel 1 des Gesetzes vom 15. Juli 2013 (BGBl. I S. 2420) geändert worden ist

[…]

§ 11a

Die Erlaubnis zum Versand von apothekenpflichtigen Arzneimitteln gemäß § 43 Abs. 1 Satz 1 des Arzneimittelgesetzes ist dem Inhaber einer Erlaubnis nach § 2 auf Antrag zu erteilen, wenn er schriftlich versichert, dass er im Falle der Erteilung der Erlaubnis folgende Anforderungen erfüllen wird:

1. Der Versand wird aus einer öffentlichen Apotheke zusätzlich zu dem üblichen Apothekenbetrieb und nach den dafür geltenden Vorschriften erfolgen, soweit für den Versandhandel keine gesonderten Vorschriften bestehen.
2. Mit einem Qualitätssicherungssystem wird sichergestellt, dass
   a) das zu versendende Arzneimittel so verpackt, transportiert und ausgeliefert wird, dass seine Qualität und Wirksamkeit erhalten bleibt,
   b) das versandte Arzneimittel der Person ausgeliefert wird, die von dem Auftraggeber der Bestellung der Apotheke mitgeteilt wird. Diese Festlegung kann insbesondere die Aushändigung an eine namentlich benannte natürliche Person oder einen benannten Personenkreis beinhalten,
   c) die Patientin oder der Patient auf das Erfordernis hingewiesen wird, mit dem behandelnden Arzt Kontakt aufzunehmen, sofern Probleme bei der Medikation auftreten und

   d) die Beratung durch pharmazeutisches Personal in deutscher Sprache erfolgen wird.
3. Es wird sichergestellt, dass
   a) innerhalb von zwei Arbeitstagen nach Eingang der Bestellung das bestellte Arzneimittel versandt wird, soweit das Arzneimittel in dieser Zeit zur Verfügung steht, es sei denn, es wurde eine andere Absprache mit der Person getroffen, die das Arzneimittel bestellt hat; soweit erkennbar ist, dass das bestellte Arzneimittel nicht innerhalb der in Satz 1 genannten Frist versendet werden kann, ist der Besteller in geeigneter Weise davon zu unterrichten,
   b) alle bestellten Arzneimittel geliefert werden, soweit sie im Geltungsbereich des Arzneimittelgesetzes in den Verkehr gebracht werden dürfen und verfügbar sind,
   c) für den Fall von bekannt gewordenen Risiken bei Arzneimitteln ein geeignetes System zur Meldung solcher Risiken durch Kunden, zur Information der Kunden über solche Risiken und zu innerbetrieblichen Abwehrmaßnahmen zur Verfügung steht,
   d) eine kostenfreie Zweitzustellung veranlasst wird,
   e) ein System zur Sendungsverfolgung unterhalten wird und
   f) eine Transportversicherung abgeschlossen wird.
   g) Im Falle des elektronischen Handels mit apothekenpflichtigen Arzneimitteln gilt Satz 1 mit der Maßgabe, dass die Apotheke auch über die dafür geeigneten Einrichtungen und Geräte verfügen wird.

[...]

6.3 Apothekenbetriebsordnung

Apothekenbetriebsordnung in der Fassung der Bekanntmachung vom 26. September 1995 (BGBl. I S. 1195), die zuletzt durch Artikel 1a der Verordnung vom 19. Februar 2013 (BGBl. I S. 312) geändert worden ist

[...]

§ 2a Qualitätsmanagementsystem

(1) Der Apothekenleiter muss ein Qualitätsmanagementsystem entsprechend Art und Umfang der pharmazeutischen Tätigkeiten betreiben. Mit dem Qualitätsmanagementsystem müssen die betrieblichen Abläufe festgelegt und dokumentiert werden. Das Qualitätsmanagementsystem muss insbesondere gewährleisten, dass die Arzneimittel nach Stand von Wissenschaft und Technik hergestellt, geprüft und gelagert werden und dass Verwechslungen vermieden werden sowie eine ausreichende Beratungsleistung erfolgt.

(2) Der Apothekenleiter hat im Rahmen des Qualitätsmanagementsystems dafür zu sorgen, dass regelmäßig Selbstinspektionen durch pharmazeutisches Personal zur Überprüfung der betrieblichen Abläufe vorgenommen werden und erforderlichenfalls Korrekturen vorgenommen werden. Darüber hinaus sollte die Apotheke an regelmäßigen Maßnahmen zu externen Qualitätsüberprüfungen teilnehmen.

(3) Der Apothekenleiter ist dafür verantwortlich, dass die Überprüfungen und die Selbstinspektionen nach Absatz 2 sowie die daraufhin erforderlichenfalls ergriffenen Maßnahmen dokumentiert werden.

§ 3 Apothekenpersonal

(1) Das Apothekenpersonal darf nur entsprechend seiner Ausbildung und seinen Kenntnissen eingesetzt werden und ist über die bei den jeweiligen Tätigkeiten gebotene Sorgfalt regelmäßig zu unterweisen. Die Unterweisung muss sich auch auf die Theorie und Anwendung des Qualitätsmanagementsystems erstrecken sowie auf Besonderheiten der Arzneimittel, die hergestellt, geprüft oder gelagert werden.

(2) Zur Gewährleistung eines ordnungsgemäßen Betriebs der Apotheke muss das notwendige Personal, insbesondere auch das pharmazeutische Personal, in ausreichender Zahl vorhanden sein. Das zur Versorgung eines Krankenhauses zusätzlich erforderliche Personal ergibt sich aus Art und Umfang einer medizinisch zweckmäßigen und ausreichenden Versorgung des Krankenhauses mit Arzneimitteln und apothekenpflichtigen Medizinprodukten unter Berücksichtigung von Größe, Art und Leistungsstruktur des Krankenhauses. Satz 2 gilt entsprechend für die Versorgung von Einrichtungen im Sinne von § 12a des Apothekengesetzes.

(3) (weggefallen)

(4) Die Bewertung der Analyse und die Beratung im Rahmen eines Medikationsmanagements müssen durch einen Apotheker der Apotheke erfolgen.

(5) Es ist verboten, pharmazeutische Tätigkeiten von anderen Personen als pharmazeutischem Personal auszuführen oder ausführen zu lassen, soweit nach Absatz 5a nichts anderes bestimmt ist. Die jeweilige Person muss insoweit der deutschen Sprache mächtig sein und über Kenntnis des in Deutschland geltenden Rechts verfügen, wie es für die Ausübung ihrer jeweiligen Tätigkeit notwendig ist. Pharmazeutische Tätigkeiten, die von pharmazeutisch-technischen Assistenten, pharmazeutischen Assistenten oder Personen, die sich in der Ausbildung zum Apothekerberuf oder zum Beruf des pharmazeutisch-technischen Assistenten befinden, ausgeführt werden, sind vom Apothekenleiter zu beaufsichtigen oder von diesem durch einen Apotheker beaufsichtigen zu lassen. Pharmazeutische Assistenten dürfen keine Arzneimittel abgeben.

(5a) Das Umfüllen einschließlich Abfüllen und Abpacken oder Kennzeichnen von Arzneimitteln darf unter Aufsicht eines Apothekers auch durch anderes als das pharmazeutische Personal ausgeführt werden, soweit es sich um Apothekenhelfer, Apothekenfacharbeiter, pharmazeutisch-kaufmännische Angestellte, sowie Personen, die sich in der Ausbildung zum Beruf des pharmazeutisch-kaufmännischen Angestellten befinden, handelt. Darüber hinaus darf sich das pharmazeutische Personal von dem in Satz 1 genannten anderen Personal der Apotheke unterstützen lassen

1. bei der Herstellung und Prüfung der Arzneimittel,
2. bei der Prüfung der Ausgangsstoffe,
3. durch Bedienung, Pflege und Instandhaltung der Arbeitsgeräte,
4. beim Abfüllen und Abpacken oder Kennzeichnen der Arzneimittel sowie
5. bei der Vorbereitung der Arzneimittel zur Abgabe.

Das zur Herstellung nach Satz 1 oder zur Unterstützung nach Satz 2 eingesetzte Personal muss für diese Aufgaben entsprechend qualifiziert sein und über die bei den jeweiligen Tätigkeiten gebotene Sorgfalt nachweislich zu Anfang und danach fortlaufend vom pharmazeutischen Personal unterwiesen werden.

(6) Zur Versorgung eines Krankenhauses mit Ausnahme der Zustellung darf der Apothekenleiter nur Personal einsetzen, das in seinem Betrieb tätig ist. Satz 1 findet entsprechende Anwendung auf die Versorgung von Bewohnern einer zu versorgenden Einrichtung im Sinne des § 12a des Apothekengesetzes.

§ 4 Beschaffenheit, Größe und Einrichtung der Apothekenbetriebsräume

(1) Die Betriebsräume müssen nach Art, Größe, Zahl, Lage und Einrichtung geeignet sein, einen ordnungsgemäßen Apothekenbetrieb, insbesondere die einwandfreie Entwicklung, Herstellung, Prüfung, Lagerung, Verpackung sowie eine ordnungsgemäße Abgabe von Arzneimitteln oder die Abgabe von apothekenpflichtigen Medizinprodukten und die Information und Beratung über Arzneimittel oder Medizinprodukte, auch mittels Einrichtungen der Telekommunikation, zu gewährleisten. Die Betriebsräume sind

1. durch Wände oder Türen abzutrennen
   a) von anderweitig gewerblich oder beruflich genutzten Räumen, auch in Zusammenhang mit Tätigkeiten, für die der Apothekenleiter über eine Erlaubnis nach § 52a des Arzneimittelgesetzes verfügt, sowie
   b) von öffentlichen Verkehrsflächen und Ladenstraßen,
2. durch geeignete Maßnahmen gegen unbefugten Zutritt zu schützen,
3. ausreichend zu beleuchten und zu belüften sowie erforderlichenfalls zu klimatisieren,
4. in einwandfreiem baulichen und hygienischen Zustand zu halten und
5. so anzuordnen, dass jeder Raum ohne Verlassen der Apotheke erreichbar ist (Raumeinheit).

Satz 2 Nummer 1 Buchstabe a gilt nicht für die Herstellung von Arzneimitteln, für die eine Erlaubnis nach § 13 des Arzneimittelgesetzes erforderlich ist.

(2) Die Apotheke muss mindestens aus einer Offizin, einem Laboratorium, ausreichendem Lagerraum und einem Nachtdienstzimmer bestehen. Das Laboratorium muss mit einem Abzug mit Absaugvorrichtung oder mit einer entsprechenden Einrichtung, die die gleiche Funktion erfüllt, ausgestattet sein. Die Grundfläche der in Satz 1 genannten Betriebsräume muss mindestens 110 Quadratmeter betragen. Bei der Berechnung der Grundfläche sind die nach § 34 Absatz 3 und § 35 Absatz 3 genannten separaten Räume sowie Räume, die nach Absatz 1 Satz 2 Nummer 1 Buchstabe a von den Betriebsräumen der Apotheke abzutrennen sind, nicht zu berücksichtigen. Für krankenhausversorgende Apotheken gilt § 29 Absatz 1 und 3 entsprechend.

(2a) Die Offizin muss einen Zugang zu öffentlichen Verkehrsflächen haben und soll barrierefrei erreichbar sein. Sie muss so gestaltet werden, dass der Vorrang des Arzneimittelversorgungsauftrags nicht beeinträchtigt wird und für die in der Offizin ausgeübten wesentlichen Aufgaben, insbesondere die Beratung von Patienten und Kunden, genügend Raum bleibt. Die Offizin muss so eingerichtet sein, dass die Vertraulichkeit der Beratung, insbesondere an den Stellen, an denen Arzneimittel an Kunden abgegeben werden, so gewahrt wird, dass das Mithören des Beratungsgesprächs durch andere Kunden weitestgehend verhindert wird.

(2b) Für die Herstellung von nicht zur parenteralen Anwendung bestimmten Arzneimitteln ist ein eigener Arbeitsplatz vorzusehen. Der Arbeitsplatz ist von mindestens drei Seiten raumhoch von anderen Bereichen der Apotheke abzutrennen, sofern sich dieser Arbeitsplatz nicht in einem Betriebsraum befindet, der gleichzeitig ausschließlich als Laboratorium dient. Seine Wände und Oberflächen sowie der Fußboden müssen leicht zu reinigen sein, damit das umgebungsbedingte Kontaminationsrisiko für die herzustellenden Arzneimittel minimal ist. Der Arbeitsplatz kann auch für die Herstellung von Medizinprodukten oder apothekenüblichen Waren nach § 1a Absatz 10 Nummer 2, 3 oder 9 genutzt werden.

(2c) Für die Herstellung von Arzneimitteln, die Drogen oder Drogenmischungen sind, oder für die sonstige Verarbeitung von Drogen als Ausgangsstoffe ist ein gesonderter Arbeitsplatz vorzusehen. Absatz 2b Satz 2 und 3 findet keine Anwendung.

(2d) Der Lagerraum muss ausreichend groß sein und eine ordnungsgemäße Lagerung der in der Apotheke vorrätig gehaltenen oder vertriebenen Produkte ermöglichen. Es muss eine Lagerhaltung unterhalb einer Temperatur von 25 Grad Celsius möglich sein. Für Arzneimittel oder Ausgangsstoffe, die nach § 21 Nummer 7 abzusondern sind, und für gefälschte Arzneimittel, die nach § 21 Nummer 8 gesichert aufzubewahren sind, ist ein separater und entsprechend gekennzeichneter Lagerbereich vorzusehen. Soweit Arzneimittel außerhalb der Öffnungszeiten der Apotheke angeliefert werden, muss die Einhaltung der erforderlichen Lagertemperaturen für die betreffenden Arzneimittel ständig gewährleistet sein; ein Zugriff Unbefugter muss ausgeschlossen werden. Apotheken, die Krankenhäuser mit Arzneimitteln versorgen, müssen für diese Arzneimittel separate Lagerräume oder mindestens separate und entsprechend gekennzeichnete Lagerbereiche vorhalten.

(3) Eine Zweigapotheke muß mindestens aus einer Offizin, ausreichendem Lagerraum und einem Nachtdienstzimmer bestehen. Absatz 2 Satz 1 und 3 findet keine Anwendung.

(4) Absatz 1 Satz 2 Nummer 5 wird nicht angewendet auf

1. Lagerräume, die ausschließlich der Arzneimittelversorgung von Krankenhäusern oder zur Versorgung von Bewohnern von zu versorgenden Einrichtungen im Sinne des § 12a des Apothekengesetzes dienen,
2. Räume, die den Versandhandel einschließlich des elektronischen Handels mit Arzneimitteln sowie die dazugehörige Beratung und Information betreffen,
3. Räume, die für die Herstellungstätigkeiten nach § 34 oder § 35 genutzt werden, oder
4. das Nachtdienstzimmer.

Diese Räume müssen jedoch in angemessener Nähe zu den übrigen Betriebsräumen liegen. Die Nutzung von Lager- oder Herstellungsräumen innerhalb des zu versorgenden Krankenhauses oder der zu versorgenden Einrichtung im Sinne des § 12a des Apothekengesetzes ist nicht zulässig.

(5) (weggefallen)

(6) Wesentliche Veränderungen der Größe und Lage oder der Ausrüstung der Betriebsräume oder ihrer Nutzung sind der zuständigen Behörde vorher anzuzeigen.

(7) Die Apotheke muss so mit Geräten ausgestattet sein, dass Arzneimittel insbesondere in den Darreichungsformen

1. Lösungen, Emulsionen, Suspensionen,
2. Salben, Cremes, Gele, Pasten,
3. Kapseln, Pulver,
4. Drogenmischungen sowie
5. Zäpfchen und Ovula

ordnungsgemäß hergestellt werden können. Die Herstellung steriler Arzneimittel muss möglich sein, soweit es sich nicht um Arzneimittel zur parenteralen Anwendung handelt. Soweit kein Gerät zur Herstellung von Wasser für Injektionszwecke vorhanden ist, muss Wasser zur Injektion als Fertigarzneimittel in ausreichender Menge vorrätig gehalten werden.

(8) In der Apotheke müssen Geräte und Prüfmittel zur Prüfung der in der Apotheke hergestellten Arzneimittel und ihrer Ausgangsstoffe nach den anerkannten pharmazeutischen Regeln vorhanden sein.

§ 4a Hygienemaßnahmen

Der Apothekenleiter muss für das Personal und die Betriebsräume, die zur Arzneimittelherstellung genutzt werden, geeignete Hygienemaßnahmen treffen, mit denen die mikrobiologische Qualität des jeweiligen Arzneimittels sichergestellt wird. Für die Hygienemaßnahmen ist insbesondere Folgendes festzulegen:

1. die Häufigkeit und Art der Reinigung der Herstellungsbereiche oder Herstellungsräume,
2. soweit erforderlich, die Häufigkeit einer Desinfektion der Herstellungsbereiche und Herstellungsräume sowie
3. die einzusetzenden Mittel und Geräte.

Die Maßnahmen sind in einem Hygieneplan schriftlich festzulegen. Die Durchführung der Hygienemaßnahmen ist regelmäßig zu dokumentieren. Unbeschadet des Hygieneplans müssen Festlegungen über hygienisches Verhalten am Arbeitsplatz und zur Schutzkleidung des Personals getroffen werden.

[…]

§ 6 Allgemeine Vorschriften über die Herstellung und Prüfung

(1) Arzneimittel, die in der Apotheke hergestellt werden, müssen die nach der pharmazeutischen Wissenschaft erforderliche Qualität aufweisen. Sie sind nach den anerkannten pharmazeutischen Regeln herzustellen und zu prüfen; enthält das Arzneibuch entsprechende Regeln, sind die Arzneimittel nach diesen Regeln herzustellen und zu prüfen. Dabei können für die Prüfung auch andere Methoden angewandt und andere Geräte benutzt werden, als im Deutschen Arzneibuch beschrieben sind, unter der Voraussetzung, daß die gleichen Ergebnisse wie mit den beschriebenen Methoden und Geräten erzielt werden. Soweit erforderlich, ist die Prüfung in angemessenen Zeiträumen zu wiederholen.

(2) Bei der Herstellung von Arzneimitteln ist Vorsorge zu treffen, daß eine gegenseitige nachteilige Beeinflussung der Arzneimittel sowie Verwechslungen der Arzneimittel und der Ausgangsstoffe sowie des Verpackungs- und Kennzeichnungsmaterials vermieden werden.

(3) Die Prüfung der Arzneimittel kann unter Verantwortung des Apothekenleiters auch außerhalb der Apotheke erfolgen:

1. in einem Betrieb, für den eine Erlaubnis nach § 13 des Arzneimittelgesetzes erteilt ist,
2. in einem Betrieb in einem Mitgliedstaat der Europäischen Union oder des Europäischen Wirtschaftsraums, für den nach jeweiligem nationalen Recht eine Erlaubnis gemäß Artikel 40 der Richtlinie 2001/83/EG des Europäischen Parlaments und des Rates vom 6. November 2001 zur Schaffung eines Gemeinschaftskodexes für Humanarzneimittel (ABl. L 311 vom 28.11.2001, S. 67), zuletzt geändert durch die Richtlinie 2011/62/EU (ABl. L 174 vom 1.7.2011, S. 74), in der jeweils geltenden Fassung oder eine Erlaubnis nach Artikel 44 der Richtlinie 2001/82/EG des Europäischen Parlaments und des Rates vom 6. November 2001 zur Schaffung eines Gemeinschaftskodexes für Tierarzneimittel (ABl. L 311 vom 28.11.2001, S. 1), zuletzt geändert durch die Verordnung (EG) Nr. 596/2009 (ABl. L 188 vom 18.7.2009, S. 14), in der jeweils geltenden Fassung erteilt ist,
3. in einem Betrieb, für den eine Erlaubnis nach § 1 Absatz 2 in Verbindung mit § 2 des Apothekengesetzes erteilt ist, oder
4. durch einen Sachverständigen im Sinne des § 65 Absatz 4 des Arzneimittelgesetzes.

Der für die Prüfung Verantwortliche des Betriebs oder die Person nach Satz 1 Nummer 4 hat unter Angabe der Charge sowie des Datums und der Ergebnisse der Prüfung zu bescheinigen, dass das Arzneimittel nach den anerkannten pharmazeutischen Regeln geprüft worden ist und die erforderliche Qualität aufweist (Prüfzertifikat). Die Ergebnisse aus dem Prüfzertifikat sind der Freigabe in der Apotheke zugrunde zu legen. In der Apotheke ist mindestens die Identität des Arzneimittels festzustellen; über die durchgeführten Prüfungen sind Aufzeichnungen zu machen.

(4) Die Vorschriften des Medizinproduktegesetzes über die Herstellung, Sonderanfertigung und Eigenherstellung von Medizinprodukten bleiben unberührt.

§ 7 Rezepturarzneimittel

(1) Wird ein Arzneimittel auf Grund einer Verschreibung von Personen, die zur Ausübung der Heilkunde, Zahnheilkunde oder Tierheilkunde berechtigt sind, hergestellt, muß es der Verschreibung entsprechen. Andere als die in der Verschreibung genannten Ausgangsstoffe dürfen ohne Zustimmung des Verschreibenden bei der Herstellung nicht verwendet werden. Dies gilt nicht für Ausgangsstoffe, sofern sie keine eigene arzneiliche Wirkung haben und die arzneiliche Wirkung nicht nachteilig beeinflussen können. Enthält eine Verschreibung einen erkennbaren Irrtum, ist sie unleserlich oder ergeben sich sonstige Bedenken, so darf das Arzneimittel nicht hergestellt werden, bevor die Unklarheit beseitigt ist. Bei Einzelherstellung ohne Verschreibung ist Satz 4 entsprechend anzuwenden.

(1a) Ein Rezepturarzneimittel ist nach einer vorher erstellten schriftlichen Herstellungsanweisung herzustellen, die von einem Apotheker oder im Vertretungsfall nach § 2 Absatz 6 von der zur Vertretung berechtigten Person der Apotheke zu unterschreiben ist. Die Herstellungsanweisung muss mindestens Festlegungen treffen

1. zur Herstellung der jeweiligen Darreichungsform einschließlich der Herstellungstechnik und der Ausrüstungsgegenstände,
2. zur Plausibilitätsprüfung nach Absatz 1b,
3. zu primären Verpackungsmaterialien und zur Kennzeichnung,
4. zu Inprozesskontrollen, soweit diese durchführbar sind,
5. zur Vorbereitung des Arbeitsplatzes sowie
6. zur Freigabe und zur Dokumentation.

Soweit es sich um standardisierte und allgemeine Herstellungsanweisungen Dritter handelt, sind sie auf den jeweiligen Apothekenbetrieb anzupassen.

(1b) Die Anforderung über die Herstellung eines Rezepturarzneimittels ist von einem Apotheker nach pharmazeutischen Gesichtspunkten zu beurteilen (Plausibilitätsprüfung). Die Plausibilitätsprüfung muss insbesondere Folgendes berücksichtigen:

1. die Dosierung,
2. die Applikationsart,
3. die Art, Menge und Kompatibilität der Ausgangsstoffe untereinander sowie deren gleichbleibende Qualität in dem fertig hergestellten Rezepturarzneimittel über dessen Haltbarkeitszeitraum sowie
4. die Haltbarkeit des Rezepturarzneimittels.

Die Plausibilitätsprüfung ist von einem Apotheker oder im Vertretungsfall nach § 2 Absatz 6 von der zur Vertretung berechtigten Person zu dokumentieren.

(1c) Die Herstellung des Rezepturarzneimittels ist von der herstellenden Person zu dokumentieren (Herstellungsprotokoll) und muss insbesondere Folgendes beinhalten:

1. die Art und Menge der Ausgangsstoffe und deren Chargenbezeichnungen oder Prüfnummern,

2. die Herstellungsparameter,
3. soweit Inprozesskontrollen vorgesehen sind, deren Ergebnis,
4. den Namen des Patienten und des verschreibenden Arztes oder Zahnarztes,
5. bei Arzneimitteln zur Anwendung bei Tieren den Namen des Tierhalters und der Tierart sowie den Namen des verschreibenden Tierarztes,
6. bei Rezepturarzneimitteln, die auf Kundenanforderung hergestellt werden, den Namen des Kunden sowie
7. den Namen der Person, die das Rezepturarzneimittel hergestellt hat.

Anstelle des Namens des Patienten, Tierhalters oder Kunden nach Satz 1 Nummer 4, 5 oder 6 kann auch eine Bezug nehmende Herstellnummer dokumentiert werden. Das Herstellungsprotokoll ist von einem Apotheker oder im Vertretungsfall nach § 2 Absatz 6 von der zur Vertretung berechtigten Person mit dem Ergebnis der für die Freigabe vorgenommenen organoleptischen Prüfung und seiner Bestätigung zu ergänzen, dass das angefertigte Arzneimittel dem angeforderten Rezepturarzneimittel entspricht (Freigabe). Die Freigabe muss vor der Abgabe an den Patienten erfolgen.

(2) Bei einem Rezepturarzneimittel kann von einer analytischen Prüfung abgesehen werden, sofern die Qualität des Arzneimittels durch das Herstellungsverfahren, die organoleptische Prüfung des fertig hergestellten Arzneimittels und, soweit vorgesehen, durch die Ergebnisse der Inprozesskontrollen gewährleistet ist.

§ 8 Defekturarzneimittel

(1) Ein Defekturarzneimittel ist nach einer vorher erstellten schriftlichen Herstellungsanweisung herzustellen, die von einem Apotheker der Apotheke zu unterschreiben ist. Die Herstellungsanweisung muss insbesondere Festlegungen treffen:
1. zu den einzusetzenden Ausgangsstoffen, den primären Verpackungsmaterialien und den Ausrüstungsgegenständen,
2. zu den technischen und organisatorischen Maßnahmen, um Kreuzkontaminationen und Verwechslungen zu vermeiden, einschließlich der Vorbereitung des Arbeitsplatzes,
3. zur Festlegung der einzelnen Arbeitsschritte, einschließlich der Sollwerte, und soweit durchführbar, von Inprozesskontrollen,
4. zur Kennzeichnung, einschließlich des Herstellungsdatums und des Verfalldatums oder der Nachprüfung, und, soweit erforderlich, zu Lagerungsbedingungen und Vorsichtsmaßnahmen sowie
5. zur Freigabe zum Inverkehrbringen im Sinne von § 4 Absatz 17 des Arzneimittelgesetzes.

(2) Die Herstellung ist gemäß der Herstellungsanweisung zum Zeitpunkt der Herstellung von der herstellenden Person zu dokumentieren (Herstellungsprotokoll); aus dem Inhalt des Protokolls müssen sich alle wichtigen, die Herstellung betreffenden Tätigkeiten rückverfolgen lassen. Das Herstellungsprotokoll muss die zugrunde liegende Herstellungsanweisung nennen und insbesondere Folgendes beinhalten:
1. das Herstellungsdatum und die Chargenbezeichnung,
2. die eingesetzten Ausgangsstoffe sowie deren Einwaagen oder Abmessungen und deren Chargenbezeichnungen oder Prüfnummern,
3. die Ergebnisse der Inprozesskontrollen,
4. die Herstellungsparameter,
5. die Gesamtausbeute und, soweit zutreffend, die Anzahl der abgeteilten Darreichungsformen,
6. das Verfalldatum oder das Nachtestdatum sowie
7. die Unterschrift der Person, die das Arzneimittel hergestellt hat.

Das Herstellungsprotokoll ist von einem Apotheker mit seiner Bestätigung zu ergänzen, dass die angefertigten Arzneimittel der Herstellungsanweisung entsprechen (Freigabe).

(3) Für die Prüfung von Defekturarzneimitteln ist eine Prüfanweisung anzufertigen, die von einem Apotheker der Apotheke zu unterschreiben ist. Die Prüfanweisung muss mindestens Angaben enthalten zur Probenahme, zur Prüfmethode und zu der Art der Prüfungen, einschließlich der zulässigen Soll- oder Grenzwerte.

(4) Die Prüfung ist gemäß der Prüfanweisung nach Absatz 3 durchzuführen und von der Person zu dokumentieren, die die Prüfung durchgeführt hat (Prüfprotokoll). Das Prüfprotokoll muss die zugrunde liegende Prüfanweisung nennen und insbesondere Angaben enthalten
1. zum Datum der Prüfung,
2. zu den Prüfergebnissen und deren Freigabe durch den verantwortlichen Apotheker, der die Prüfung durchgeführt oder beaufsichtigt hat.

[...]

§ 11 Ausgangsstoffe

(1) Zur Herstellung von Arzneimitteln dürfen nur Ausgangsstoffe verwendet werden, deren ordnungsgemäße Qualität festgestellt ist. Auf die Prüfung der Ausgangsstoffe finden die Vorschriften des § 6 Absatz 1 und 3 entsprechende Anwendung.

(2) Werden Ausgangsstoffe bezogen, deren Qualität durch ein Prüfzertifikat nach § 6 Abs. 3 nachgewiesen

ist, ist in der Apotheke mindestens die Identität festzustellen. Das Prüfzertifikat soll auch Auskunft über die GMP-konforme Herstellung des Ausgangsstoffs geben, soweit es sich um einen Wirkstoff handelt. Die Verantwortung des Apothekenleiters für die ordnungsgemäße Qualität der Ausgangsstoffe bleibt unberührt. Über die in der Apotheke durchgeführten Prüfungen sind Aufzeichnungen mit Namenszeichen des prüfenden oder die Prüfung beaufsichtigenden Apothekers zu machen.

(3) Werden Arzneimittel, die keine Fertigarzneimittel sind, zur Herstellung anderer Arzneimittel bezogen, gelten die Absätze 1 und 2 entsprechend.

[...]

§ 12 Prüfung der nicht in der Apotheke hergestellten Fertigarzneimittel und apothekenpflichtigen Medizinprodukte

(1) Fertigarzneimittel, die nicht in der Apotheke hergestellt worden sind, sind stichprobenweise zu prüfen. Dabei darf von einer über die Sinnesprüfung hinausgehenden Prüfung abgesehen werden, wenn sich keine Anhaltspunkte ergeben haben, die Zweifel an der ordnungsgemäßen Qualität des Arzneimittels begründen. Die Sätze 1 und 2 gelten für apothekenpflichtige Medizinprodukte entsprechend.

(2) Das anzufertigende Prüfprotokoll muß mindestens enthalten

1. den Namen oder die Firma des pharmazeutischen Unternehmers, bei Medizinprodukten des Herstellers oder seines Bevollmächtigten,
2. die Bezeichnung und bei Arzneimitteln zusätzlich die Darreichungsform,
3. die Chargenbezeichnung oder das Herstellungsdatum,
4. das Datum und die Ergebnisse der Prüfung,
5. das Namenszeichen des prüfenden oder die Prüfung beaufsichtigenden Apothekers.

§ 13 Behältnisse

Zur Herstellung von Arzneimitteln dürfen nur primäre Verpackungsmaterialien verwendet werden, die gewährleisten, dass die Arzneimittel vor physikalischen, mikrobiologischen oder chemischen Veränderungen geschützt sind und die daher für die beabsichtigten Zwecke geeignet sind.

[...]

§ 16 Lagerung

(1) Arzneimittel, Ausgangsstoffe, Medizinprodukte und apothekenübliche Waren und Prüfmittel sind übersichtlich und so zu lagern, daß ihre Qualität nicht nachteilig beeinflußt wird und Verwechslungen vermieden werden. Soweit ihre ordnungsgemäße Qualität nicht festgestellt ist, sind sie unter entsprechender Kenntlichmachung gesondert zu lagern. Dies gilt auch für Behältnisse, äußere Umhüllungen, Kennzeichnungsmaterial, Packungsbeilagen und Packmittel. Die Vorschriften der Gefahrstoffverordnung sowie des Betäubungsmittel- und des Medizinproduktegesetzes einschließlich der hierzu erlassenen Verordnungen bleiben unberührt. Die Lagerungshinweise des Arzneibuches sind zu beachten.

(2) Die Vorratsbehältnisse für Arzneimittel und Ausgangsstoffe müssen so beschaffen sein, daß die Qualität des Inhalts nicht beeinträchtigt wird. Sie müssen mit gut lesbaren und dauerhaften Aufschriften versehen sein, die den Inhalt eindeutig bezeichnen. Dabei ist eine gebräuchliche wissenschaftliche Bezeichnung zu verwenden. Der Inhalt ist durch zusätzliche Angaben zu kennzeichnen, soweit dies zur Feststellung der Qualität und zur Vermeidung von Verwechslungen erforderlich ist. Auf den Behältnissen ist das Verfalldatum oder gegebenenfalls ein Nachprüfdatum anzugeben.

(3) (weggefallen)

(4) (weggefallen)

§ 17 Erwerb und Abgabe von Arzneimitteln und Medizinprodukten

(1) Arzneimittel dürfen nur von zur Abgabe von Arzneimitteln berechtigten Betrieben erworben werden.

(1a) Arzneimittel dürfen, außer im Falle des § 11a des Apothekengesetzes und des Absatzes 2a, nur in den Apothekenbetriebsräumen in den Verkehr gebracht und nur durch pharmazeutisches Personal ausgehändigt werden. Satz 1 ist auf apothekenpflichtige Medizinprodukte entsprechend anzuwenden.

(2) Die Zustellung durch Boten der Apotheke ist im Einzelfall ohne Erlaubnis nach § 11a des Apothekengesetzes zulässig; dabei sind die Arzneimittel für jeden Empfänger getrennt zu verpacken und jeweils mit dessen Namen und Anschrift zu versehen. Absatz 2a Satz 1 Nr. 1 und 2 und Satz 2 gilt entsprechend; Absatz 2a Satz 1 Nr. 5 bis 7 und 9 ist, soweit erforderlich, ebenfalls anzuwenden. Bei Zustellung durch Boten ist dafür Sorge zu tragen, daß die Arzneimittel dem Empfänger in zuverlässiger Weise ausgeliefert werden. Sofern eine Beratung in der Apotheke nicht bereits vorgenommen wurde, muss die Beratung durch das pharmazeutische Personal der Apotheke in unmittelbarem Zusammenhang mit der Auslieferung erfolgen. Die Vorschriften des § 43 Abs. 5 des Arzneimittelgesetzes über die Abgabe von Arzneimitteln, die zur Anwendung bei Tieren bestimmt sind, bleiben unberührt.

(2a) Bei dem nach § 11a des Apothekengesetzes erlaubten Versand hat der Apothekenleiter sicherzustellen, dass

1. das Arzneimittel so verpackt, transportiert und ausgeliefert wird, dass seine Qualität und Wirksamkeit erhalten bleibt,
2. das Arzneimittel entsprechend den Angaben des Auftraggebers ausgeliefert und gegebenenfalls die Auslieferung schriftlich bestätigt wird. Der Apotheker kann in begründeten Fällen entgegen der Angabe des Auftraggebers, insbesondere wegen der Eigenart des Arzneimittels, verfügen, dass das Arzneimittel nur gegen schriftliche Empfangsbestätigung ausgeliefert wird,
3. der Besteller in geeigneter Weise davon unterrichtet wird, wenn erkennbar ist, dass die Versendung des bestellten Arzneimittels nicht innerhalb der in § 11a Nr. 3 Buchstabe a des Apothekengesetzes genannten Frist erfolgen kann,
4. alle bestellten Arzneimittel, soweit sie im Geltungsbereich des Arzneimittelgesetzes in den Verkehr gebracht werden dürfen und verfügbar sind, geliefert werden,
5. für den Fall von bekannt gewordenen Risiken bei Arzneimitteln dem Kunden Möglichkeiten zur Meldung solcher Risiken zur Verfügung stehen, der Kunde über ihn betreffende Risiken informiert wird und zur Abwehr von Risiken bei Arzneimitteln innerbetriebliche Abwehrmaßnahmen durchgeführt werden,
6. die behandelte Person darauf hingewiesen wird, dass sie mit der behandelnden Ärztin oder dem behandelnden Arzt Kontakt aufnehmen soll, sofern Probleme bei der Anwendung des Arzneimittels auftreten,
7. die behandelte Person darauf hingewiesen wird, dass sie als Voraussetzung für die Arzneimittelbelieferung mit ihrer Bestellung eine Telefonnummer anzugeben hat, unter der sie durch pharmazeutisches Personal der Apotheke mit Erlaubnis zum Versand apothekenpflichtiger Arzneimittel gemäß § 11a des Apothekengesetzes auch mittels Einrichtungen der Telekommunikation ohne zusätzliche Gebühren beraten wird; die Möglichkeiten und Zeiten der Beratung sind ihnen mitzuteilen,
8. eine kostenfreie Zweitzustellung veranlasst wird und
9. ein System zur Sendungsverfolgung unterhalten wird.

Die Versendung darf nicht erfolgen, wenn zur sicheren Anwendung des Arzneimittels ein Informations- oder Beratungsbedarf besteht, der auf einem anderen Wege als einer persönlichen Information oder Beratung durch einen Apotheker nicht erfolgen kann.

(2b) Für Arzneimittel, die die Wirkstoffe Lenalidomid, Pomalidomid oder Thalidomid enthalten, ist ein Inverkehrbringen im Wege des Versandes nach § 43 Abs. 1 Satz 1 des Arzneimittelgesetzes nicht zulässig.

(3) Der Apothekenleiter darf Arzneimittel und Medizinprodukte, die der Apothekenpflicht unterliegen, nicht im Wege der Selbstbedienung in den Verkehr bringen.

(4) Verschreibungen von Personen, die zur Ausübung der Heilkunde, Zahnheilkunde oder Tierheilkunde berechtigt sind, sind in einer der Verschreibung angemessenen Zeit auszuführen.

(5) Die abgegebenen Arzneimittel müssen den Verschreibungen und den damit verbundenen Vorschriften des Fünften Buches Sozialgesetzbuch zur Arzneimittelversorgung entsprechen. Enthält eine Verschreibung einen für den Abgebenden erkennbaren Irrtum, ist sie nicht lesbar oder ergeben sich sonstige Bedenken, so darf das Arzneimittel nicht abgegeben werden, bevor die Unklarheit beseitigt ist. Der Apotheker hat jede Änderung auf der Verschreibung zu vermerken und zu unterschreiben oder im Falle der Verschreibung in elektronischer Form der elektronischen Verschreibung hinzuzufügen und das Gesamtdokument mit einer qualifizierten elektronischen Signatur nach dem Signaturgesetz zu versehen. Die Vorschriften der Betäubungsmittel-Verschreibungsverordnung bleiben unberührt.

(5a) Abweichend von Absatz 5 Satz 1 darf der Apotheker bei der Dienstbereitschaft während der Zeiten nach § 23 Absatz 1 Satz 2 ein anderes, mit dem verschriebenen Arzneimittel nach Anwendungsgebiet und nach Art und Menge der wirksamen Bestandteile identisches sowie in der Darreichungsform und pharmazeutischen Qualität vergleichbares Arzneimittel abgeben, wenn das verschriebene Arzneimittel nicht verfügbar ist und ein dringender Fall vorliegt, der die unverzügliche Anwendung des Arzneimittels erforderlich macht.

(6) Bei der Abgabe der Arzneimittel sind auf der Verschreibung anzugeben oder im Falle der Verschreibung in elektronischer Form der elektronischen Verschreibung hinzufügen

1. der Name oder die Firma des Inhabers der Apotheke und deren Anschrift,
2. das Namenszeichen des Apothekers, des Apothekerassistenten, des Pharmazieingenieurs oder des Apothekenassistenten, der das Arzneimittel abgegeben, oder des Apothekers, der die Abgabe beaufsichtigt hat; im Falle der Verschreibung in elektronischer Form ist das Namenszeichen durch eine elektronische Signatur nach dem Signaturgesetz zu ersetzen, wobei der Apothekenleiter die Rückverfolgbarkeit zum jeweiligen Unterzeichner und deren Dokumentation sicherzustellen hat,
3. das Datum der Abgabe,
4. der Preis des Arzneimittels,

5. das in § 300 Abs. 3 Nr. 1 des Fünften Buches Sozialgesetzbuch genannte bundeseinheitliche Kennzeichen für das abgegebene Fertigarzneimittel, soweit es zur Anwendung bei Menschen bestimmt ist.

Abweichend von Nummer 2 kann der Apothekenleiter nach Maßgabe des § 3 Abs. 5 die Befugnis zum Abzeichnen von Verschreibungen auf pharmazeutisch-technische Assistenten übertragen. Der pharmazeutisch-technische Assistent hat in den Fällen des Absatzes 5 Satz 2 und bei Verschreibungen, die nicht in der Apotheke verbleiben, die Verschreibung vor, in allen übrigen Fällen unverzüglich nach der Abgabe der Arzneimittel einem Apotheker vorzulegen.

(6a) Bei dem Erwerb und der Abgabe von Blutzubereitungen, Sera aus menschlichem Blut und Zubereitungen aus anderen Stoffen menschlicher Herkunft sowie gentechnisch hergestellten Plasmaproteinen zur Behandlung von Hämostasestörungen sind zum Zwecke der Rückverfolgung folgende Angaben aufzuzeichnen:

1. die Bezeichnung des Arzneimittels,
2. die Chargenbezeichnung und die Menge des Arzneimittels,
3. das Datum des Erwerbs und der Abgabe,
4. Name und Anschrift des verschreibenden Arztes sowie Name oder Firma und Anschrift des Lieferanten und
5. Name, Vorname, Geburtsdatum und Adresse des Patienten oder bei der für die Arztpraxis bestimmten Abgabe der Name und die Anschrift des verschreibenden Arztes.

(6b) Bei dem Erwerb und der Abgabe von Arzneimitteln mit den Wirkstoffen Lenalidomid, Pomalidomid oder Thalidomid und dem Erwerb dieser Wirkstoffe sind folgende Angaben aufzuzeichnen:

1. die Bezeichnung und die Chargenbezeichnung des Arzneimittels oder des Wirkstoffs,
2. die Menge des Arzneimittels oder des Wirkstoffs,
3. das Datum des Erwerbs,
4. das Datum der Abgabe,
5. Name oder die Firma und die Anschrift des Lieferanten,
6. Name und Anschrift der verschreibenden Ärztin oder des verschreibenden Arztes und
7. Name und Anschrift der Person, für die das Arzneimittel bestimmt ist.

(6c) Apotheken dürfen von anderen Apotheken keine Arzneimittel beziehen. Satz 1 wird nicht angewendet auf Arzneimittel,

1. die gemäß § 52a Absatz 7 des Arzneimittelgesetzes im Rahmen des üblichen Apothekenbetriebs von Apotheken bezogen werden,
2. die von Apotheken bezogen werden, für die dieselbe Erlaubnis nach § 1 Absatz 2 in Verbindung mit § 2 Absatz 4 des Apothekengesetzes erteilt wurde,
3. die von Apotheken gemäß § 11 Absatz 3 oder 4 des Apothekengesetzes bezogen werden dürfen,
4. die nach Schließung einer Apotheke an einen nachfolgenden Erlaubnisinhaber nach dem Apothekengesetz weitergegeben werden oder
5. die in dringenden Fällen von einer Apotheke bezogen werden; ein dringender Fall liegt vor, wenn die unverzügliche Anwendung des Arzneimittels erforderlich ist und wenn das Arzneimittel nicht rechtzeitig bezogen oder hergestellt werden kann.

Werden Arzneimittel von Apotheken bezogen oder von diesen an andere Apotheken weitergegeben, muss zusätzlich die Chargenbezeichnung des jeweiligen Arzneimittels dokumentiert und auch dem Empfänger mitgeteilt werden.

(7) Soweit öffentliche Apotheken Krankenhäuser mit Arzneimitteln versorgen, gelten die Vorschriften des § 31 Abs. 1 bis 3 sowie § 32 entsprechend. Satz 1 gilt für apothekenpflichtige Medizinprodukte entsprechend.

(8) Das pharmazeutische Personal hat einem erkennbaren Arzneimittelmißbrauch in geeigneter Weise entgegenzutreten. Bei begründetem Verdacht auf Mißbrauch ist die Abgabe zu verweigern.

§ 18 Einfuhr von Arzneimitteln

(1) Werden Fertigarzneimittel nach § 73 Absatz 3 oder 3a des Arzneimittelgesetzes in den Geltungsbereich dieser Verordnung verbracht, sind folgende Angaben aufzuzeichnen

1. die Bezeichnung des eingeführten Arzneimittels,
2. der Name oder die Firma und die Anschrift des pharmazeutischen Unternehmers,
3. die Chargenbezeichnung, Menge des Arzneimittels und die Darreichungsform,
4. der Name oder die Firma und die Anschrift des Lieferanten,
5. der Name und die Anschrift der Person, für die das Arzneimittel bestimmt ist,
6. der Name und die Anschrift des verschreibenden Arztes oder des verschreibenden Tierarztes,
7. das Datum der Bestellung und der Abgabe,
8. das Namenszeichen des Apothekers, der das Arzneimittel abgegeben oder die Abgabe beaufsichtigt hat. Soweit aus Gründen der Arzneimittelsicherheit besondere Hinweise geboten sind, sind diese bei der

Abgabe mitzuteilen. Diese Mitteilung ist aufzuzeichnen.

(2) Fertigarzneimittel, die aus einem Mitgliedstaat der Europäischen Gemeinschaften über den Umfang von § 73 Abs. 3 des Arzneimittelgesetzes hinaus in den Geltungsbereich dieser Verordnung verbracht werden, dürfen von einer Apotheke nur dann erstmals in den Verkehr gebracht werden, wenn sie entsprechend § 6 Absatz 3 Satz 1 bis 3 geprüft sind und die erforderliche Qualität bestätigt ist. Von der Prüfung kann abgesehen werden, wenn die Arzneimittel in dem Mitgliedstaat nach den dort geltenden Rechtsvorschriften geprüft sind und dem Prüfprotokoll entsprechende Unterlagen vorliegen.

§ 19 Erwerb und Abgabe von verschreibungspflichtigen Tierarzneimitteln

(1) Über den Erwerb und die Abgabe von verschreibungspflichtigen Arzneimitteln, die zur Anwendung bei Tieren bestimmt sind, sind zeitlich geordnete Nachweise zu führen. Als ausreichender Nachweis ist anzusehen:

1. für den Erwerb die geordnete Zusammenstellung der Lieferscheine, Rechnungen oder Warenbegleitscheine, aus denen sich ergibt:
   a) Name oder Firma und Anschrift des Lieferanten,
   b) Bezeichnung und Menge des Arzneimittels, einschließlich seiner Chargenbezeichnung,
   c) das Datum des Erwerbs;
2. für die Abgabe ein Doppel oder eine Ablichtung der Verschreibung mit Aufzeichnungen über
   a) Name und Anschrift des Empfängers,
   b) Name und Anschrift des verschreibenden Tierarztes,
   c) Bezeichnung und Menge des Arzneimittels einschließlich seiner Chargenbezeichnung,
   d) das Datum der Abgabe.

Soweit nach § 4 Abs. 2 der Arzneimittelverschreibungsverordnung eine Verschreibung nicht in schriftlicher oder elektronischer Form vorgelegt wird, sind bei der Abgabe die Angaben nach Satz 2 Nr. 2, auch in Verbindung mit Satz 4, zu dokumentieren. Soweit in den Fällen des Satzes 2 Nr. 1 Buchstabe b und Nr. 2 Buchstabe c das Arzneimittel nicht in Chargen in den Verkehr gebracht wird und ein Herstellungsdatum trägt, ist dieses anzugeben.

(2) Verschreibungspflichtige Arzneimittel, die zur Anwendung bei Tieren, die der Gewinnung von Lebensmitteln dienen, bestimmt sind, dürfen nur auf eine Verschreibung, die in zweifacher Ausfertigung vorgelegt wird, abgegeben werden. Das Original der Verschreibung ist für den Tierhalter bestimmt, die Durchschrift verbleibt in der Apotheke. Auf dem Original ist die Chargenbezeichnung des abgegebenen Arzneimittels anzugeben; soweit es nicht in Chargen in den Verkehr gebracht wird und ein Herstellungsdatum trägt, ist dieses anzugeben.

(3) Der Apothekenleiter hat mindestens einmal jährlich die Ein- und Ausgänge der zur Anwendung bei Tieren bestimmten verschreibungspflichtigen Arzneimittel gegen den vorhandenen Bestand dieser Arzneimittel aufzurechnen und Abweichungen festzustellen.

§ 20 Information und Beratung

(1) Der Apothekenleiter muss im Rahmen des Qualitätsmanagementsystems sicherstellen, dass Patienten und andere Kunden sowie die zur Ausübung der Heilkunde, Zahnheilkunde oder Tierheilkunde berechtigten Personen hinreichend über Arzneimittel und apothekenpflichtige Medizinprodukte informiert und beraten werden. Die Verpflichtung zur Information und Beratung über Arzneimittel muss durch Apotheker der Apotheke ausgeübt werden, sie kann durch andere Angehörige des pharmazeutischen Personals der Apotheke übernommen werden, wenn der Apothekenleiter dies zuvor schriftlich festgelegt hat. Dabei hat er auch zu definieren, in welchen Fällen ein Apotheker der Apotheke grundsätzlich hinzuzuziehen ist.

(1a) Durch die Information und Beratung der Patienten und anderen Kunden darf die Therapie der zur Ausübung der Heilkunde, Zahnheilkunde oder Tierheilkunde berechtigten Personen nicht beeinträchtigt werden. Soweit Arzneimittel ohne Verschreibung abgegeben werden, hat der Apotheker dem Patienten und anderen Kunden die zur sachgerechten Anwendung erforderlichen Informationen zu geben.

(2) Bei der Information und Beratung über Arzneimittel müssen insbesondere Aspekte der Arzneimittelsicherheit berücksichtigt werden. Die Beratung muss die notwendigen Informationen über die sachgerechte Anwendung des Arzneimittels umfassen, soweit erforderlich, auch über eventuelle Nebenwirkungen oder Wechselwirkungen, die sich aus den Angaben auf der Verschreibung sowie den Angaben des Patienten oder Kunden ergeben, und über die sachgerechte Aufbewahrung oder Entsorgung des Arzneimittels. Bei der Abgabe von Arzneimitteln an einen Patienten oder anderen Kunden ist durch Nachfrage auch festzustellen, inwieweit dieser gegebenenfalls weiteren Informations- und Beratungsbedarf hat und eine entsprechende Beratung anzubieten. Im Falle der Selbstmedikation ist auch festzustellen, ob das gewünschte Arzneimittel zur Anwendung bei der vorgesehenen Person geeignet erscheint oder in welchen Fällen anzuraten ist, gegebenenfalls einen Arzt aufzusuchen. Die Sätze 1 bis 4 sind

auf apothekenpflichtige Medizinprodukte entsprechend anzuwenden.

(3) Der Apothekenleiter muss einschlägige Informationen bereitstellen, um Patienten und anderen Kunden zu helfen, eine sachkundige Entscheidung zu treffen, auch in Bezug auf Behandlungsoptionen, Verfügbarkeit, Qualität und Sicherheit der von ihm erbrachten Leistungen; er stellt ferner klare Rechnungen und klare Preisinformationen sowie Informationen über den Erlaubnis- oder Genehmigungsstatus der Apotheke, den Versicherungsschutz oder andere Formen des persönlichen oder kollektiven Schutzes in Bezug auf seine Berufshaftpflicht bereit.

(4) Dem Leiter einer krankenhausversorgenden Apotheke oder dem von ihm beauftragten Apotheker obliegt die Information und Beratung der Ärzte des Krankenhauses über Arzneimittel und apothekenpflichtige Medizinprodukte. Er ist Mitglied der Arzneimittelkommission des Krankenhauses.

§ 21 Arzneimittelrisiken, Behandlung nicht verkehrsfähiger Arzneimittel

Der Apothekenleiter hat dafür zu sorgen, daß bei Arzneimittelrisiken und nicht verkehrsfähigen Arzneimitteln die folgenden Maßnahmen getroffen werden:

1. Alle Informationen über Beanstandungen bei Arzneimitteln, insbesondere über Arzneimittelrisiken wie Qualitäts- und Verpackungsmängel, Mängel der Kennzeichnung und Packungsbeilage, Nebenwirkungen, Wechselwirkungen mit anderen Arzneimitteln, Gegenanzeigen und mißbräuchliche Anwendung sind ihm oder dem von ihm beauftragten Apotheker unverzüglich mitzuteilen.
2. Er oder der von ihm beauftragte Apotheker hat die Informationen zu überprüfen und die erforderlichen Maßnahmen zur Gefahrenabwehr zu veranlassen.
3. Ist bei Arzneimitteln oder Ausgangsstoffen, die die Apotheke bezogen hat, die Annahme gerechtfertigt, daß Qualitätsmängel vorliegen, die vom Hersteller verursacht sind, ist die zuständige Behörde unverzüglich zu benachrichtigen.
4. Bei Rückruf von Arzneimitteln, die in der Apotheke hergestellt worden sind, ist die zuständige Behörde unter Angabe des Grundes unverzüglich zu benachrichtigen.
5. Über Arzneimittelrisiken, die in der Apotheke festgestellt werden, sowie über die daraufhin veranlaßten Überprüfungen, Maßnahmen und Benachrichtigungen sind Aufzeichnungen zu machen.
6. Bei krankenhausversorgenden Apotheken hat er unbeschadet der Nummern 1 bis 5 die ihm bekannt werdenden Arzneimittelrisiken unverzüglich den leitenden Ärzten und der Arzneimittelkommission des Krankenhauses mitzuteilen.
7. Arzneimittel oder Ausgangsstoffe, die nicht verkehrsfähig sind oder für die eine Aufforderung zur Rückgabe vorliegt, sind umzuarbeiten, zurückzugeben oder zu vernichten; sofern sie nicht sofort umgearbeitet, zurückgegeben oder vernichtet werden, sind sie als solche kenntlich zu machen und abzusondern. Über die Maßnahmen sind Aufzeichnungen zu machen.
8. Gefälschte Arzneimittel, die im Vertriebsnetz festgestellt werden, sind bis zur Entscheidung über das weitere Vorgehen getrennt von verkehrsfähigen Arzneimitteln und gesichert aufzubewahren, um Verwechslungen zu vermeiden und einen unbefugten Zugriff zu verhindern. Sie müssen eindeutig als nicht zum Verkauf bestimmte Arzneimittel gekennzeichnet werden. Über das Auftreten von Arzneimittelfälschungen ist die zuständige Behörde unverzüglich zu informieren. Die getroffenen Maßnahmen sind zu dokumentieren.

Für Medizinprodukte gilt die Medizinprodukte-Sicherheitsplanverordnung.

§ 22 Allgemeine Dokumentation

(1) Alle Aufzeichnungen über die Herstellung, Prüfung, Überprüfung der Arzneimittel im Krankenhaus und in zu versorgenden Einrichtungen im Sinne von § 12a des Apothekengesetzes, Lagerung, Einfuhr, das Inverkehrbringen, den Rückruf, die Rückgabe der Arzneimittel auf Grund eines Rückrufes, die Bescheinigungen nach § 6 Abs. 3 Satz 2 und § 11 Abs. 2 Satz 1 sowie die Nachweise nach § 19 sind vollständig und mindestens bis ein Jahr nach Ablauf des Verfalldatums, jedoch nicht weniger als fünf Jahre lang, aufzubewahren. Der ursprüngliche Inhalt einer Eintragung darf nicht unkenntlich gemacht werden. Es dürfen keine Veränderungen vorgenommen werden, die nicht erkennen lassen, ob sie bei oder nach der ursprünglichen Eintragung vorgenommen worden sind.

(1a) (weggefallen)

(1b) Aufzeichnungen nach § 17 Abs. 6 Satz 1 Nr. 2 Halbsatz 2 sind nach der letzten Eintragung drei Jahre lang aufzubewahren.

(2) Aufzeichnungen können auch auf Bild- oder Datenträgern vorgenommen und aufbewahrt werden. Hierbei muss sichergestellt sein, dass die Daten während der Aufbewahrungsfrist verfügbar sind und innerhalb einer angemessenen Frist lesbar gemacht werden können. Bei einer Aufzeichnung und Aufbewahrung ausschließlich auf Datenträgern ist ein nach dieser Verordnung gefordertes Namenszeichen durch eine elektronische Signatur nach dem Signaturgesetz und eine eigenhändige Unterschrift durch eine qualifizierte elek-

tronische Signatur nach dem Signaturgesetz zu ersetzen.

(3) Die Aufzeichnungen und Nachweise sind der zuständigen Behörde auf Verlangen vorzulegen.

(4) Abweichend von Absatz 1 sind die Aufzeichnungen nach § 17 Abs. 6a mindestens dreißig Jahre aufzubewahren oder zu speichern und zu vernichten oder zu löschen, wenn die Aufbewahrung oder Speicherung nicht mehr erforderlich ist. Werden die Aufzeichnungen länger als dreißig Jahre aufbewahrt oder gespeichert, sind sie zu anonymisieren.

[...]

§ 32 Überprüfung der Arzneimittelvorräte und der apothekenpflichtigen Medizinprodukte auf den Stationen

(1) Die Verpflichtung des Leiters der Krankenhausapotheke oder eines von ihm beauftragten Apothekers der Apotheke zur Überprüfung der Arzneimittelvorräte nach § 14 Abs. 6 des Gesetzes über das Apothekenwesen erstreckt sich auf alle auf den Stationen und in anderen Teileinheiten des Krankenhauses vorrätig gehaltenen Arzneimittel; die Überprüfung der Arzneimittelvorräte muß mindestens halbjährlich erfolgen. Satz 1 gilt entsprechend für apothekenpflichtige Medizinprodukte.

(2) Der überprüfende Apotheker und das ihn unterstützende Apothekenpersonal sind befugt, die Räume zu betreten, die der Arzneimittelversorgung dienen. Die Krankenhausleitung und das übrige Krankenhauspersonal haben die Durchführung der Überprüfung zu unterstützen.

(3) Der Leiter der Krankenhausapotheke oder der von ihm beauftragte Apotheker der Apotheke hat über jede Überprüfung ein Protokoll in vierfacher Ausfertigung anzufertigen. Das Protokoll muß mindestens enthalten

1. das Datum der Überprüfung,
2. die Bezeichnung der Station oder der anderen Teileinheit des Krankenhauses,
3. den Namen des Apothekers und der anderen an der Überprüfung beteiligten Personen,
4. die Art und den Umfang der Überprüfung, insbesondere bezüglich
   a) der allgemeinen Lagerungs- und Aufbewahrungsbedingungen,
   b) der Lagerung und Aufbewahrung der Arzneimittel und Medizinprodukte nach den anerkannten pharmazeutischen Regeln,
   c) der Beschaffenheit einschließlich der Kennzeichnung der Arzneimittel und Medizinprodukte,
   d) der Verfalldaten,
5. die festgestellten Mängel,
6. die zur Beseitigung der Mängel veranlaßten Maßnahmen,
7. den zur Beseitigung der Mängel gesetzten Termin,
8. Angaben über die Beseitigung früher festgestellter Mängel,
9. die Unterschrift mit Datum des für die Überprüfung verantwortlichen Apothekers.

Eine Ausfertigung des Protokolls ist der Krankenhausleitung spätestens vier Wochen, bei schwerwiegenden Mängeln unmittelbar nach Durchführung der Überprüfung zuzuleiten, jeweils eine weitere ist dem Arzt sowie der Pflegedienstleitung auszuhändigen, die für die Arzneimittelversorgung der Station oder der anderen Teileinheit des Krankenhauses zuständig ist, und die vierte ist in der Apotheke aufzubewahren.

[...]

§ 34 Patientenindividuelles Stellen oder Verblistern von Arzneimitteln

(1) Im Qualitätsmanagementsystem nach § 2a sind insbesondere folgende Festlegungen zu treffen:

1. zur Auswahl der Arzneimittel, die für ein Stellen oder eine Neuverblisterung grundsätzlich in Frage kommen oder die nicht für das Stellen oder die Neuverblisterung geeignet sind,
2. zur Entscheidung, welche Arzneimittel für eine gleichzeitige Einnahme gegebenenfalls nicht in demselben Einzelbehältnis aufbewahrt oder im selben Einzelblister verblistert werden können,
3. zur Entscheidung, in welchen Ausnahmefällen einer schriftlichen ärztlichen Anforderung über eine vor dem Stellen oder Verblistern vorzunehmende Teilung von Tabletten, soweit ansonsten die Versorgung nicht gesichert werden kann und bei nachgewiesener Validierung der Stabilität ihrer Qualität über den Haltbarkeitszeitraum des Blisters oder des wiederverwendbaren Behältnisses gegebenenfalls gefolgt werden kann, obwohl das nachträgliche Verändern des Fertigarzneimittels grundsätzlich verhindert werden sollte,
4. zur Zwischenlagerung und Kennzeichnung der entblisterten Arzneimittel,
5. zu den technischen und organisatorischen Maßnahmen, um die Qualität der entblisterten Arzneimittel zu erhalten und um insbesondere Kreuzkontaminationen und Verwechslungen zu vermeiden, einschließlich der Überprüfung ihrer Wirksamkeit,
6. zur Kalibrierung, Qualifizierung, Wartung und Reinigung der Blisterautomaten, soweit verwendet, oder sonstiger kritischer Ausrüstungsgegenstände oder Geräte,
7. zu den primären Verpackungsmaterialien und ihren Qualitätsprüfungen,
8. zu den Herstellungsanweisungen und den Herstellungsprotokollen gemäß § 7,

9. zum Hygieneplan sowie
10. zum hygienischen Verhalten des Personals am Arbeitsplatz und zur Art der Schutzkleidung für die Arzneimittelherstellung, einschließlich der Art und Weise und der Häufigkeit der Umkleidevorgänge.

(2) Das Personal muss für die Tätigkeiten ausreichend qualifiziert sein und regelmäßig geschult werden; die Schulungsmaßnahmen sind zu dokumentieren. Das hinsichtlich § 3 Absatz 2 Satz 1 erforderliche Personal ergibt sich aus dem Umfang der Herstellung.

(3) Das patientenindividuelle Stellen oder Verblistern ist abweichend von § 4 Absatz 2b in einem separaten Raum vorzunehmen, der ausschließlich diesem Zweck dienen darf. Der Raum muss von angemessener Größe sein, um die einzelnen Arbeitsgänge in spezifisch zugeordneten Bereichen durchführen zu können. Seine Wände und Oberflächen sowie der Fußboden müssen leicht zu reinigen sein, damit das umgebungsbedingte Kontaminationsrisiko für die Arzneimittel minimal ist. Der Zugang und das Einbringen der Materialien sollen zumindest bei der maschinellen Verblisterung über einen Zwischenraum (Schleuse) zur Aufrechterhaltung einer im Herstellungsraum geeigneten Raumqualität erfolgen. § 4a ist entsprechend anzuwenden. Von Satz 1 und Satz 4 kann abgewichen werden, wenn das Stellen oder das manuell vorgenommene Verblistern von Arzneimitteln im Ausnahmefall für einen einzelnen Patienten vorgenommen werden soll.

(4) Aus der Kennzeichnung des neu verpackten Arzneimittels müssen folgende Angaben hervorgehen:
1. der Name des Patienten,
2. die enthaltenen Arzneimittel und ihre Chargenbezeichnungen,
3. das Verfalldatum des neu zusammengestellten Arzneimittels und seine Chargenbezeichnung,
4. die Einnahmehinweise,
5. eventuelle Lagerungshinweise sowie
6. die abgebende Apotheke und, soweit unterschiedlich, des Herstellers.

Dem neu verpackten Arzneimittel sind die Packungsbeilagen der enthaltenen Fertigarzneimittel gemäß § 11 Absatz 7 des Arzneimittelgesetzes beizufügen.

[...]

6.4 Arzneimittelgesetz

Arzneimittelgesetz in der Fassung der Bekanntmachung vom 12. Dezember 2005 (BGBl. I S. 3394), das zuletzt durch Artikel 2a des Gesetzes vom 27. März 2014 (BGBl. I S. 261) geändert worden ist

[...]

§ 10 Kennzeichnung

(1) Fertigarzneimittel, die Arzneimittel im Sinne des § 2 Abs. 1 oder Abs. 2 Nr. 1 und nicht zur klinischen Prüfung bei Menschen bestimmt oder nach § 21 Abs. 2 Nr. 1a 1b oder 6 von der Zulassungspflicht freigestellt sind, dürfen im Geltungsbereich dieses Gesetzes nur in den Verkehr gebracht werden, wenn auf den Behältnissen und, soweit verwendet, auf den äußeren Umhüllungen in gut lesbarer Schrift, allgemeinverständlich in deutscher Sprache und auf dauerhafte Weise und in Übereinstimmung mit den Angaben nach § 11a angegeben sind
1. der Name oder die Firma und die Anschrift des pharmazeutischen Unternehmers und, soweit vorhanden, der Name des von ihm benannten örtlichen Vertreters,
2. die Bezeichnung des Arzneimittels, gefolgt von der Angabe der Stärke und der Darreichungsform, und soweit zutreffend, dem Hinweis, dass es zur Anwendung für Säuglinge, Kinder oder Erwachsene bestimmt ist, es sei denn, dass diese Angaben bereits in der Bezeichnung enthalten sind; enthält das Arzneimittel bis zu drei Wirkstoffe, muss der internationale Freiname (INN) aufgeführt werden oder, falls dieser nicht existiert, die gebräuchliche Bezeichnung; dies gilt nicht, wenn in der Bezeichnung die Wirkstoffbezeichnung nach Nummer 8 enthalten ist,
3. die Zulassungsnummer mit der Abkürzung „Zul.-Nr.“,
4. die Chargenbezeichnung, soweit das Arzneimittel in Chargen in den Verkehr gebracht wird, mit der Abkürzung „Ch.-B.“, soweit es nicht in Chargen in den Verkehr gebracht werden kann, das Herstellungsdatum,
5. die Darreichungsform,
6. der Inhalt nach Gewicht, Rauminhalt oder Stückzahl,
7. die Art der Anwendung,
8. die Wirkstoffe nach Art und Menge und sonstige Bestandteile nach der Art, soweit dies durch Auflage der zuständigen Bundesoberbehörde nach § 28 Abs. 2 Nr. 1 angeordnet oder durch Rechtsverordnung nach § 12 Abs. 1 Nr. 4, auch in Verbindung mit Abs. 2, oder nach § 36 Abs. 1 vorgeschrieben ist; bei Arzneimitteln zur parenteralen oder zur topischen Anwendung, einschließlich der Anwendung am Auge, alle Bestandteile nach der Art,

8a. bei gentechnologisch gewonnenen Arzneimitteln der Wirkstoff und die Bezeichnung des bei der Herstellung verwendeten gentechnisch veränderten Mikroorganismus oder die Zelllinie,

9. das Verfalldatum mit dem Hinweis „verwendbar bis“,

10. bei Arzneimitteln, die nur auf ärztliche, zahnärztliche oder tierärztliche Verschreibung abgegeben werden dürfen, der Hinweis „Verschreibungspflichtig“, bei sonstigen Arzneimitteln, die nur in Apotheken an Verbraucher abgegeben werden dürfen, der Hinweis „Apothekenpflichtig“,
11. bei Mustern der Hinweis „Unverkäufliches Muster“,
12. der Hinweis, dass Arzneimittel unzugänglich für Kinder aufbewahrt werden sollen, es sei denn, es handelt sich um Heilwässer,
13. soweit erforderlich besondere Vorsichtsmaßnahmen für die Beseitigung von nicht verwendeten Arzneimitteln oder sonstige besondere Vorsichtsmaßnahmen, um Gefahren für die Umwelt zu vermeiden,
14. Verwendungszweck bei nicht verschreibungspflichtigen Arzneimitteln.

[...]

§ 11 Packungsbeilage

(1) Fertigarzneimittel, die Arzneimittel im Sinne des § 2 Abs. 1 oder Abs. 2 Nr. 1 sind und die nicht zur klinischen Prüfung oder Rückstandsprüfung bestimmt oder nach § 21 Abs. 2 Nr. 1a 1b oder 6 von der Zulassungspflicht freigestellt sind, dürfen im Geltungsbereich dieses Gesetzes nur mit einer Packungsbeilage in den Verkehr gebracht werden, die die Überschrift „Gebrauchsinformation“ trägt sowie folgende Angaben in der nachstehenden Reihenfolge allgemein verständlich in deutscher Sprache, in gut lesbarer Schrift und in Übereinstimmung mit den Angaben nach § 11a enthalten muss:

1. zur Identifizierung des Arzneimittels:
   a) die Bezeichnung des Arzneimittels, § 10 Abs. 1 Satz 1 Nr. 2 finden entsprechende Anwendung,
   b) die Stoff- oder Indikationsgruppe oder die Wirkungsweise;
2. die Anwendungsgebiete;
3. eine Aufzählung von Informationen, die vor der Einnahme des Arzneimittels bekannt sein müssen:
   a) Gegenanzeigen,
   b) entsprechende Vorsichtsmaßnahmen für die Anwendung,
   c) Wechselwirkungen mit anderen Arzneimitteln oder anderen Mitteln, soweit sie die Wirkung des Arzneimittels beeinflussen können,
   d) Warnhinweise, insbesondere soweit dies durch Auflage der zuständigen Bundesoberbehörde nach § 28 Abs. 2 Nr. 2 angeordnet oder durch Rechtsverordnung nach § 12 Abs. 1 Nr. 3 vorgeschrieben ist;
4. die für eine ordnungsgemäße Anwendung erforderlichen Anleitungen über
   a) Dosierung,
   b) Art der Anwendung,
   c) Häufigkeit der Verabreichung, erforderlichenfalls mit Angabe des genauen Zeitpunkts, zu dem das Arzneimittel verabreicht werden kann oder muss, sowie, soweit erforderlich und je nach Art des Arzneimittels,
   d) Dauer der Behandlung, falls diese festgelegt werden soll,
   e) Hinweise für den Fall der Überdosierung, der unterlassenen Einnahme oder Hinweise auf die Gefahr von unerwünschten Folgen des Absetzens,
   f) die ausdrückliche Empfehlung, bei Fragen zur Klärung der Anwendung den Arzt oder Apotheker zu befragen;
5. eine Beschreibung der Nebenwirkungen, die bei bestimmungsgemäßem Gebrauch des Arzneimittels eintreten können; bei Nebenwirkungen zu ergreifende Gegenmaßnahmen, soweit dies nach dem jeweiligen Stand der wissenschaftlichen Erkenntnis erforderlich ist; bei allen Arzneimitteln, die zur Anwendung bei Menschen bestimmt sind, ist zusätzlich ein Standardtext aufzunehmen, durch den die Patienten ausdrücklich aufgefordert werden, jeden Verdachtsfall einer Nebenwirkung ihren Ärzten, Apothekern, Angehörigen von Gesundheitsberufen oder unmittelbar der zuständigen Bundesoberbehörde zu melden, wobei die Meldung in jeder Form, insbesondere auch elektronisch, erfolgen kann;
6. einen Hinweis auf das auf der Verpackung angegebene Verfalldatum sowie
   a) Warnung davor, das Arzneimittel nach Ablauf dieses Datums anzuwenden,
   b) soweit erforderlich besondere Vorsichtsmaßnahmen für die Aufbewahrung und die Angabe der Haltbarkeit nach Öffnung des Behältnisses oder nach Herstellung der gebrauchsfertigen Zubereitung durch den Anwender,
   c) soweit erforderlich Warnung vor bestimmten sichtbaren Anzeichen dafür, dass das Arzneimittel nicht mehr zu verwenden ist,
   d) vollständige qualitative Zusammensetzung nach Wirkstoffen und sonstigen Bestandteilen sowie quantitative Zusammensetzung nach Wirkstoffen unter Verwendung gebräuchlicher Bezeichnungen für jede Darreichungsform des Arzneimittels, § 10 Abs. 6 findet Anwendung,
   e) Darreichungsform und Inhalt nach Gewicht, Rauminhalt oder Stückzahl für jede Darreichungsform des Arzneimittels,
   f) Name und Anschrift des pharmazeutischen Unternehmers und, soweit vorhanden, seines örtlichen Vertreters,

g) Name und Anschrift des Herstellers oder des Einführers, der das Fertigarzneimittel für das Inverkehrbringen freigegeben hat;
7. bei einem Arzneimittel, das unter anderen Bezeichnungen in anderen Mitgliedstaaten der Europäischen Union nach den Artikeln 28 bis 39 der Richtlinie 2001/83/EG für das Inverkehrbringen genehmigt ist, ein Verzeichnis der in den einzelnen Mitgliedstaaten genehmigten Bezeichnungen;
8. das Datum der letzten Überarbeitung der Packungsbeilage.

[...]

§ 73 Verbringungsverbot

(1) Arzneimittel, die der Pflicht zur Zulassung oder Genehmigung nach § 21a oder zur Registrierung unterliegen, dürfen in den Geltungsbereich dieses Gesetzes nur verbracht werden, wenn sie zum Verkehr im Geltungsbereich dieses Gesetzes zugelassen, nach § 21a genehmigt, registriert oder von der Zulassung oder der Registrierung freigestellt sind und

1. der Empfänger in dem Fall des Verbringens aus einem Mitgliedstaat der Europäischen Union oder einem anderen Vertragsstaat des Abkommens über den Europäischen Wirtschaftsraum pharmazeutischer Unternehmer, Großhändler oder Tierarzt ist, eine Apotheke betreibt oder als Träger eines Krankenhauses nach dem Apothekengesetz von einer Apotheke eines Mitgliedstaates der Europäischen Union oder eines anderen Vertragsstaates des Abkommens über den Europäischen Wirtschaftsraum mit Arzneimitteln versorgt wird,

1a. im Falle des Versandes an den Endverbraucher das Arzneimittel von einer Apotheke eines Mitgliedstaates der Europäischen Union oder eines anderen Vertragsstaates des Abkommens über den Europäischen Wirtschaftsraum, welche für den Versandhandel nach ihrem nationalen Recht, soweit es dem deutschen Apothekenrecht im Hinblick auf die Vorschriften zum Versandhandel entspricht, oder nach dem deutschen Apothekengesetz befugt ist, entsprechend den deutschen Vorschriften zum Versandhandel oder zum elektronischen Handel versandt wird oder

2. der Empfänger in dem Fall des Verbringens aus einem Land, das nicht Mitgliedstaat der Europäischen Union oder ein anderer Vertragsstaat des Abkommens über den Europäischen Wirtschaftsraum ist, eine Erlaubnis nach § 72 besitzt.

Die in § 47a Abs. 1 Satz 1 genannten Arzneimittel dürfen nur in den Geltungsbereich dieses Gesetzes verbracht werden, wenn der Empfänger eine der dort genannten Einrichtungen ist. Das Bundesministerium veröffentlicht in regelmäßigen Abständen eine aktualisierte Übersicht über die Mitgliedstaaten der Europäischen Union und die anderen Vertragsstaaten des Europäischen Wirtschaftsraums, in denen für den Versandhandel und den elektronischen Handel mit Arzneimitteln dem deutschen Recht vergleichbare Sicherheitsstandards bestehen.

(1a) Fütterungsarzneimittel dürfen in den Geltungsbereich dieses Gesetzes nur verbracht werden, wenn sie

1. den im Geltungsbereich dieses Gesetzes geltenden arzneimittelrechtlichen Vorschriften entsprechen und
2. der Empfänger zu den in Absatz 1 genannten Personen gehört oder im Falle des § 56 Abs. 1 Satz 1 Tierhalter ist.

(1b) Es ist verboten, gefälschte Arzneimittel oder gefälschte Wirkstoffe in den Geltungsbereich dieses Gesetzes zu verbringen. Die zuständige Behörde kann in begründeten Fällen, insbesondere zum Zwecke der Untersuchung oder Strafverfolgung, Ausnahmen zulassen.

(2) Absatz 1 Satz 1 gilt nicht für Arzneimittel, die

1. im Einzelfall in geringen Mengen für die Arzneimittelversorgung bestimmter Tiere bei Tierschauen, Turnieren oder ähnlichen Veranstaltungen bestimmt sind,
2. für den Eigenbedarf der Einrichtungen von Forschung und Wissenschaft bestimmt sind und zu wissenschaftlichen Zwecken benötigt werden, mit Ausnahme von Arzneimitteln, die zur klinischen Prüfung bei Menschen bestimmt sind,

2a. in geringen Mengen von einem pharmazeutischen Unternehmer, einem Betrieb mit einer Erlaubnis nach § 13 oder von einem Prüflabor als Anschauungsmuster oder zu analytischen Zwecken benötigt werden,

2b. von einem Betrieb mit Erlaubnis nach § 13 entweder zum Zweck der Be- oder Verarbeitung und des anschließenden Weiter- oder Zurückverbringens oder zum Zweck der Herstellung eines zum Inverkehrbringen im Geltungsbereich zugelassenen oder genehmigten Arzneimittels aus einem Mitgliedstaat der Europäischen Union oder einem anderen Vertragsstaat des Abkommens über den Europäischen Wirtschaftsraum verbracht werden,

3. unter zollamtlicher Überwachung durch den Geltungsbereich des Gesetzes befördert oder in ein Zolllagerverfahren oder eine Freizone des Kontrolltyps II übergeführt oder in eine Freizone des Kontrolltyps I oder ein Freilager verbracht werden,

3a. in einem Mitgliedstaat der Europäischen Union oder einem anderen Vertragsstaat des Abkommens über den Europäischen Wirtschaftsraum zugelassen sind und auch nach Zwischenlagerung bei

einem pharmazeutischen Unternehmer, Hersteller oder Großhändler wiederausgeführt oder weiterverbracht oder zurückverbracht werden,
4. für das Oberhaupt eines auswärtigen Staates oder seine Begleitung eingebracht werden und zum Gebrauch während seines Aufenthalts im Geltungsbereich dieses Gesetzes bestimmt sind,
5. zum persönlichen Gebrauch oder Verbrauch durch die Mitglieder einer diplomatischen Mission oder konsularischen Vertretung im Geltungsbereich dieses Gesetzes oder Beamte internationaler Organisationen, die dort ihren Sitz haben, sowie deren Familienangehörige bestimmt sind, soweit diese Personen weder Deutsche noch im Geltungsbereich dieses Gesetzes ständig ansässig sind,
6. bei der Einreise in den Geltungsbereich dieses Gesetzes in einer dem üblichen persönlichen Bedarf oder dem üblichen Bedarf der bei der Einreise mitgeführten nicht der Gewinnung von Lebensmitteln dienenden Tiere entsprechenden Menge eingebracht werden,
6a. im Herkunftsland in Verkehr gebracht werden dürfen und ohne gewerbs- oder berufsmäßige Vermittlung in einer dem üblichen persönlichen Bedarf entsprechenden Menge aus einem Mitgliedstaat der Europäischen Union oder einem anderen Vertragsstaat des Abkommens über den Europäischen Wirtschaftsraum bezogen werden,
7. in Verkehrsmitteln mitgeführt werden und ausschließlich zum Gebrauch oder Verbrauch der durch diese Verkehrsmittel beförderten Personen bestimmt sind,
8. zum Gebrauch oder Verbrauch auf Seeschiffen bestimmt sind und an Bord der Schiffe verbraucht werden,
9. als Proben der zuständigen Bundesoberbehörde zum Zwecke der Zulassung oder der staatlichen Chargenprüfung übersandt werden,
9a. als Proben zu analytischen Zwecken von der zuständigen Behörde im Rahmen der Arzneimittelüberwachung benötigt werden,
10. durch Bundes- oder Landesbehörden im zwischenstaatlichen Verkehr bezogen werden.

(3) Abweichend von Absatz 1 Satz 1 dürfen Fertigarzneimittel, die zur Anwendung bei Menschen bestimmt sind und nicht zum Verkehr im Geltungsbereich dieses Gesetzes zugelassen, nach § 21a genehmigt, registriert oder von der Zulassung oder Registrierung freigestellt sind, in den Geltungsbereich dieses Gesetzes verbracht werden, wenn
1. sie von Apotheken auf vorliegende Bestellung einzelner Personen in geringer Menge bestellt und von diesen Apotheken im Rahmen der bestehenden Apothekenbetriebserlaubnis abgegeben werden,
2. sie in dem Staat rechtmäßig in Verkehr gebracht werden dürfen, aus dem sie in den Geltungsbereich dieses Gesetzes verbracht werden, und
3. für sie hinsichtlich des Wirkstoffs identische und hinsichtlich der Wirkstärke vergleichbare Arzneimittel für das betreffende Anwendungsgebiet im Geltungsbereich des Gesetzes nicht zur Verfügung stehen

oder wenn sie nach den apothekenrechtlichen Vorschriften oder berufsgenossenschaftlichen Vorgaben oder im Geschäftsbereich des Bundesministeriums der Verteidigung für Notfälle vorrätig zu halten sind oder kurzfristig beschafft werden müssen, wenn im Geltungsbereich dieses Gesetzes Arzneimittel für das betreffende Anwendungsgebiet nicht zur Verfügung stehen. Die Bestellung und Abgabe bedürfen der ärztlichen oder zahnärztlichen Verschreibung für Arzneimittel, die nicht aus Mitgliedstaaten der Europäischen Union oder anderen Vertragsstaaten des Abkommens über den Europäischen Wirtschaftsraum bezogen worden sind. Das Nähere regelt die Apothekenbetriebsordnung.

(3a) Abweichend von Absatz 1 Satz 1 dürfen Fertigarzneimittel, die nicht zum Verkehr im Geltungsbereich dieses Gesetzes zugelassen oder registriert oder von der Zulassung oder Registrierung freigestellt sind zum Zwecke der Anwendung bei Tieren, in den Geltungsbereich dieses Gesetzes nur verbracht werden, wenn
1. sie von Apotheken für Tierärzte oder Tierhalter bestellt und von diesen Apotheken im Rahmen der bestehenden Apothekenbetriebserlaubnis abgegeben werden oder vom Tierarzt im Rahmen des Betriebs einer tierärztlichen Hausapotheke für die von ihm behandelten Tiere bestellt werden,
2. sie in einem Mitgliedstaat der Europäischen Union oder einem anderen Vertragsstaat des Abkommens über den Europäischen Wirtschaftsraum zur Anwendung bei Tieren zugelassen sind und
3. im Geltungsbereich dieses Gesetzes kein zur Erreichung des Behandlungsziels geeignetes zugelassenes Arzneimittel, das zur Anwendung bei Tieren bestimmt ist, zur Verfügung steht.

Die Bestellung und Abgabe in Apotheken dürfen nur bei Vorliegen einer tierärztlichen Verschreibung erfolgen. Absatz 3 Satz 3 gilt entsprechend. Tierärzte, die Arzneimittel nach Satz 1 bestellen oder von Apotheken beziehen oder verschreiben, haben dies unverzüglich der zuständigen Behörde anzuzeigen. In der Anzeige ist anzugeben, für welche Tierart und welches Anwendungsgebiet die Anwendung des Arzneimittels vorgesehen ist, der Staat, aus dem das Arzneimittel in den Geltungsbereich dieses Gesetzes verbracht wird, die

Bezeichnung und die bestellte Menge des Arzneimittels sowie seine Wirkstoffe nach Art und Menge.

(4) Auf Arzneimittel nach Absatz 2 Nummer 4 und 5 finden die Vorschriften dieses Gesetzes keine Anwendung. Auf Arzneimittel nach Absatz 2 Nummer 1 bis 3 und 6 bis 10 und Absatz 3 finden die Vorschriften dieses Gesetzes keine Anwendung mit Ausnahme der §§ 5, 6a, 8, 13 bis 20a, 52a, 64 bis 69a und 78, ferner in den Fällen des Absatzes 2 Nummer 2 und des Absatzes 3 auch mit Ausnahme der §§ 48, 95 Absatz 1 Nummer 1 und 3a, Absatz 2 bis 4, § 96 Nummer 3, 10 und 11 sowie § 97 Absatz 1, 2 Nummer 1 und 9 sowie Absatz 3. Auf Arzneimittel nach Absatz 3a finden die Vorschriften dieses Gesetzes keine Anwendung mit Ausnahme der §§ 5, 6a, 8, 48, 52a, 56a, 57, 58 Absatz 1 Satz 1, der §§ 59, 64 bis 69a, 78, 95 Absatz 1 Nummer 1, 2a, 2b, 3a, 6, 8, 9 und 10, Absatz 2 bis 4, § 96 Nummer 3, 13, 14 und 15 bis 17, § 97 Absatz 1, 2 Nummer 1, 21 bis 24 sowie 31 und Absatz 3 sowie der Vorschriften der auf Grund des § 12 Absatz 1 Nummer 1 und 2 sowie Absatz 2, des § 48 Absatz 2 Nummer 4 und Absatz 4, des § 54 Absatz 1, 2 und 3 sowie des § 56a Absatz 3 erlassenen Verordnung über tierärztliche Hausapotheken und der auf Grund der §§ 12, 54 und 57 erlassenen Verordnung über Nachweispflichten für Arzneimittel, die zur Anwendung bei Tieren bestimmt sind.

(5) Ärzte und Tierärzte dürfen bei der Ausübung ihres Berufes im kleinen Grenzverkehr im Sinne der Verordnung (EG) Nr. 1931/2006 des Europäischen Parlaments und des Rates vom 20. Dezember 2006 zur Festlegung von Vorschriften über den kleinen Grenzverkehr an den Landaußengrenzen der Mitgliedstaaten sowie zur Änderung der Bestimmungen des Übereinkommens von Schengen (ABl. L 405 vom 30.12.2006, S. 1) nur Arzneimittel mitführen, die zum Verkehr im Geltungsbereich dieses Gesetzes zugelassen oder registriert sind oder von der Zulassung oder Registrierung freigestellt sind. Abweichend von Absatz 1 Satz 1 dürfen Ärzte, die eine Gesundheitsdienstleistung im Sinne der Richtlinie 2011/24/EU des Europäischen Parlaments und des Rates vom 9. März 2011 über die Ausübung der Patientenrechte in der grenzüberschreitenden Gesundheitsversorgung (ABl. L 88 vom 4.4.2011, S. 45) erbringen, am Ort ihrer Niederlassung zugelassene Arzneimittel in kleinen Mengen in einem für das Erbringen der grenzüberschreitenden Gesundheitsversorgung unerlässlichen Umfang in der Originalverpackung mit sich führen, wenn und soweit Arzneimittel gleicher Zusammensetzung und für gleiche Anwendungsgebiete auch im Geltungsbereich dieses Gesetzes zugelassen sind; der Arzt darf diese Arzneimittel nur selbst anwenden. Ferner dürfen abweichend von Absatz 1 Satz 1 Tierärzte, die als Staatsangehörige eines Mitgliedstaates der Europäischen Union oder eines anderen Vertragsstaates des Abkommens über den Europäischen Wirtschaftsraum eine Dienstleistung im Sinne der Richtlinie 2006/123/EG des Europäischen Parlaments und des Rates vom 12. Dezember 2006 über Dienstleistungen im Binnenmarkt (ABl. L 376 vom 27.12.2006, S. 36) erbringen, am Ort ihrer Niederlassung zugelassene Arzneimittel in kleinen Mengen in einem für das Erbringen der Dienstleistung unerlässlichen Umfang in der Originalverpackung mit sich führen, wenn und soweit Arzneimittel gleicher Zusammensetzung und für gleiche Anwendungsgebiete auch im Geltungsbereich dieses Gesetzes zugelassen sind; der Tierarzt darf diese Arzneimittel nur selbst anwenden. Er hat den Tierhalter auf die für das entsprechende, im Geltungsbereich dieses Gesetzes zugelassene Arzneimittel festgesetzte Wartezeit hinzuweisen.

(6) Für die zollamtliche Abfertigung zum freien Verkehr im Falle des Absatzes 1 Nr. 2 sowie des Absatzes 1a Nr. 2 in Verbindung mit Absatz 1 Nr. 2 ist die Vorlage einer Bescheinigung der für den Empfänger zuständigen Behörde erforderlich, in der die Arzneimittel bezeichnet sind und bestätigt wird, dass die Voraussetzungen nach Absatz 1 oder Absatz 1a erfüllt sind. Die Zolldienststelle übersendet auf Kosten des Zollbeteiligten die Bescheinigung der Behörde, die diese Bescheinigung ausgestellt hat.

(7) Im Falle des Absatzes 1 Nr. 1 hat ein Empfänger, der Großhändler ist oder eine Apotheke betreibt, das Bestehen der Deckungsvorsorge nach § 94 nachzuweisen.

6.5 Medizinproduktegesetz

Medizinproduktegesetz in der Fassung der Bekanntmachung vom 7. August 2002 (BGBl. I S. 3146), das zuletzt durch Artikel 16 des Gesetzes vom 21. Juli 2014 (BGBl. I S. 1133) geändert worden ist

[...]

§ 3 Begriffsbestimmungen

1. Medizinprodukte sind alle einzeln oder miteinander verbunden verwendeten Instrumente, Apparate, Vorrichtungen, Software, Stoffe und Zubereitungen aus Stoffen oder andere Gegenstände einschließlich der vom Hersteller speziell zur Anwendung für diagnostische oder therapeutische Zwecke bestimmten und für ein einwandfreies Funktionieren des Medizinproduktes eingesetzten Software, die vom Hersteller zur Anwendung für Menschen mittels ihrer Funktionen zum Zwecke
   a) der Erkennung, Verhütung, Überwachung, Behandlung oder Linderung von Krankheiten,

   b) der Erkennung, Überwachung, Behandlung, Linderung oder Kompensierung von Verletzungen oder Behinderungen,
   c) der Untersuchung, der Ersetzung oder der Veränderung des anatomischen Aufbaus oder eines physiologischen Vorgangs oder
   d) der Empfängnisregelung

   zu dienen bestimmt sind und deren bestimmungsgemäße Hauptwirkung im oder am menschlichen Körper weder durch pharmakologisch oder immunologisch wirkende Mittel noch durch Metabolismus erreicht wird, deren Wirkungsweise aber durch solche Mittel unterstützt werden kann.
2. Medizinprodukte sind auch Produkte nach Nummer 1, die einen Stoff oder eine Zubereitung aus Stoffen enthalten oder auf die solche aufgetragen sind, die bei gesonderter Verwendung als Arzneimittel im Sinne des § 2 Abs. 1 des Arzneimittelgesetzes angesehen werden können und die in Ergänzung zu den Funktionen des Produktes eine Wirkung auf den menschlichen Körper entfalten können.
3. Medizinprodukte sind auch Produkte nach Nummer 1, die als Bestandteil einen Stoff enthalten, der gesondert verwendet als Bestandteil eines Arzneimittels oder Arzneimittel aus menschlichem Blut oder Blutplasma im Sinne des Artikels 1 der Richtlinie 2001/83/EG des Europäischen Parlaments und des Rates vom 6. November 2001 zur Schaffung eines Gemeinschaftskodexes für Humanarzneimittel (ABl. L 311 vom 28.11.2001, S. 67), die zuletzt durch die Verordnung (EG) Nr. 1394/2007 (ABl. L 324 vom 10.12.2007, S. 121) geändert worden ist, betrachtet werden und in Ergänzung zu dem Produkt eine Wirkung auf den menschlichen Körper entfalten kann.
4. In-vitro-Diagnostikum ist ein Medizinprodukt, das als Reagenz, Reagenzprodukt, Kalibriermaterial, Kontrollmaterial, Kit, Instrument, Apparat, Gerät oder System einzeln oder in Verbindung miteinander nach der vom Hersteller festgelegten Zweckbestimmung zur In-vitro-Untersuchung von aus dem menschlichen Körper stammenden Proben einschließlich Blut- und Gewebespenden bestimmt ist und ausschließlich oder hauptsächlich dazu dient, Informationen zu liefern
   a) über physiologische oder pathologische Zustände oder
   b) über angeborene Anomalien oder
   c) zur Prüfung auf Unbedenklichkeit oder Verträglichkeit bei den potentiellen Empfängern oder
   d) zur Überwachung therapeutischer Maßnahmen.

   Probenbehältnisse gelten als In-vitro-Diagnostika. Probenbehältnisse sind luftleere oder sonstige Medizinprodukte, die von ihrem Hersteller speziell dafür gefertigt werden, aus dem menschlichen Körper stammende Proben unmittelbar nach ihrer Entnahme aufzunehmen und im Hinblick auf eine In-vitro-Untersuchung aufzubewahren. Erzeugnisse für den allgemeinen Laborbedarf gelten nicht als In-vitro-Diagnostika, es sei denn, sie sind auf Grund ihrer Merkmale nach der vom Hersteller festgelegten Zweckbestimmung speziell für In-vitro-Untersuchungen zu verwenden.
5. In-vitro-Diagnostikum zur Eigenanwendung ist ein In-vitro-Diagnostikum, das nach der vom Hersteller festgelegten Zweckbestimmung von Laien in der häuslichen Umgebung angewendet werden kann.
6. Neu im Sinne dieses Gesetzes ist ein In-vitro-Diagnostikum, wenn
   a) ein derartiges Medizinprodukt für den entsprechenden Analyten oder anderen Parameter während der vorangegangenen drei Jahre innerhalb des Europäischen Wirtschaftsraums nicht fortwährend verfügbar war oder
   b) das Verfahren mit einer Analysetechnik arbeitet, die innerhalb des Europäischen Wirtschaftsraums während der vorangegangenen drei Jahre nicht fortwährend in Verbindung mit einem bestimmten Analyten oder anderen Parameter verwendet worden ist.
7. Als Kalibrier- und Kontrollmaterial gelten Substanzen, Materialien und Gegenstände, die von ihrem Hersteller vorgesehen sind zum Vergleich von Messdaten oder zur Prüfung der Leistungsmerkmale eines In-vitro-Diagnostikums im Hinblick auf die bestimmungsgemäße Anwendung. Zertifizierte internationale Referenzmaterialien und Materialien, die für externe Qualitätsbewertungsprogramme verwendet werden, sind keine In-vitro-Diagnostika im Sinne dieses Gesetzes.
8. Sonderanfertigung ist ein Medizinprodukt, das nach schriftlicher Verordnung nach spezifischen Auslegungsmerkmalen eigens angefertigt wird und zur ausschließlichen Anwendung bei einem namentlich benannten Patienten bestimmt ist. Das serienmäßig hergestellte Medizinprodukt, das angepasst werden muss, um den spezifischen Anforderungen des Arztes, Zahnarztes oder des sonstigen beruflichen Anwenders zu entsprechen, gilt nicht als Sonderanfertigung.
9. Zubehör für Medizinprodukte sind Gegenstände, Stoffe sowie Zubereitungen aus Stoffen, die selbst keine Medizinprodukte nach Nummer 1 sind, aber vom Hersteller dazu bestimmt sind, mit einem Medizinprodukt verwendet zu werden, damit die-

ses entsprechend der von ihm festgelegten Zweckbestimmung des Medizinproduktes angewendet werden kann. Invasive, zur Entnahme von Proben aus dem menschlichen Körper zur In-vitro-Untersuchung bestimmte Medizinprodukte sowie Medizinprodukte, die zum Zweck der Probenahme in unmittelbaren Kontakt mit dem menschlichen Körper kommen, gelten nicht als Zubehör für In-vitro-Diagnostika.

10. Zweckbestimmung ist die Verwendung, für die das Medizinprodukt in der Kennzeichnung, der Gebrauchsanweisung oder den Werbematerialien nach den Angaben des in Nummer 15 genannten Personenkreises bestimmt ist.
11. Inverkehrbringen ist jede entgeltliche oder unentgeltliche Abgabe von Medizinprodukten an andere. Erstmaliges Inverkehrbringen ist die erste Abgabe von neuen oder als neu aufbereiteten Medizinprodukten an andere im Europäischen Wirtschaftsraum. Als Inverkehrbringen nach diesem Gesetz gilt nicht
    a) die Abgabe von Medizinprodukten zum Zwecke der klinischen Prüfung,
    b) die Abgabe von In-vitro-Diagnostika für Leistungsbewertungsprüfungen,
    c) die erneute Abgabe eines Medizinproduktes nach seiner Inbetriebnahme an andere, es sei denn, dass es als neu aufbereitet oder wesentlich verändert worden ist.

    Eine Abgabe an andere liegt nicht vor, wenn Medizinprodukte für einen anderen aufbereitet und an diesen zurückgegeben werden.
12. Inbetriebnahme ist der Zeitpunkt, zu dem das Medizinprodukt dem Endanwender als ein Erzeugnis zur Verfügung gestellt worden ist, das erstmals entsprechend seiner Zweckbestimmung im Europäischen Wirtschaftsraum angewendet werden kann. Bei aktiven implantierbaren Medizinprodukten gilt als Inbetriebnahme die Abgabe an das medizinische Personal zur Implantation.
13. Ausstellen ist das Aufstellen oder Vorführen von Medizinprodukten zum Zwecke der Werbung.
14. Die Aufbereitung von bestimmungsgemäß keimarm oder steril zur Anwendung kommenden Medizinprodukten ist die nach deren Inbetriebnahme zum Zwecke der erneuten Anwendung durchgeführte Reinigung, Desinfektion und Sterilisation einschließlich der damit zusammenhängenden Arbeitsschritte sowie die Prüfung und Wiederherstellung der technisch-funktionellen Sicherheit.
15. Hersteller ist die natürliche oder juristische Person, die für die Auslegung, Herstellung, Verpackung und Kennzeichnung eines Medizinproduktes im Hinblick auf das erstmalige Inverkehrbringen im eigenen Namen verantwortlich ist, unabhängig davon, ob diese Tätigkeiten von dieser Person oder stellvertretend für diese von einer dritten Person ausgeführt werden. Die dem Hersteller nach diesem Gesetz obliegenden Verpflichtungen gelten auch für die natürliche oder juristische Person, die ein oder mehrere vorgefertigte Medizinprodukte montiert, abpackt, behandelt, aufbereitet, kennzeichnet oder für die Festlegung der Zweckbestimmung als Medizinprodukt im Hinblick auf das erstmalige Inverkehrbringen im eigenen Namen verantwortlich ist. Dies gilt nicht für natürliche oder juristische Personen, die – ohne Hersteller im Sinne des Satzes 1 zu sein – bereits in Verkehr gebrachte Medizinprodukte für einen namentlich genannten Patienten entsprechend ihrer Zweckbestimmung montieren oder anpassen.
16. Bevollmächtigter ist die im Europäischen Wirtschaftsraum niedergelassene natürliche oder juristische Person, die vom Hersteller ausdrücklich dazu bestimmt wurde, im Hinblick auf seine Verpflichtungen nach diesem Gesetz in seinem Namen zu handeln und den Behörden und zuständigen Stellen zur Verfügung zu stehen.
17. Fachkreise sind Angehörige der Heilberufe, des Heilgewerbes oder von Einrichtungen, die der Gesundheit dienen, sowie sonstige Personen, soweit sie Medizinprodukte herstellen, prüfen, in der Ausübung ihres Berufes in den Verkehr bringen, implantieren, in Betrieb nehmen, betreiben oder anwenden.
18. Harmonisierte Normen sind solche Normen von Vertragsstaaten des Abkommens über den Europäischen Wirtschaftsraum, die den Normen entsprechen, deren Fundstellen als „harmonisierte Norm" für Medizinprodukte im Amtsblatt der Europäischen Union veröffentlicht wurden. Die Fundstellen der diesbezüglichen Normen werden vom Bundesinstitut für Arzneimittel und Medizinprodukte im Bundesanzeiger bekannt gemacht. Den Normen nach den Sätzen 1 und 2 sind die Medizinprodukte betreffenden Monografien des Europäischen Arzneibuches, deren Fundstellen im Amtsblatt der Europäischen Union veröffentlicht und die als Monografien des Europäischen Arzneibuches, Amtliche deutsche Ausgabe, im Bundesanzeiger bekannt gemacht werden, gleichgestellt.
19. Gemeinsame Technische Spezifikationen sind solche Spezifikationen, die In-vitro-Diagnostika nach Anhang II Listen A und B der Richtlinie 98/79/EG des Europäischen Parlaments und des Rates vom 27. Oktober 1998 über In-vitro-Diagnostika (ABl. EG Nr. L 331 S. 1) in der jeweils geltenden Fassung betreffen und deren Fundstellen im Amtsblatt der

Europäischen Union veröffentlicht und im Bundesanzeiger bekannt gemacht wurden. In diesen Spezifikationen werden Kriterien für die Bewertung und Neubewertung der Leistung, Chargenfreigabekriterien, Referenzmethoden und Referenzmaterialien festgelegt.

20. Benannte Stelle ist eine für die Durchführung von Prüfungen und Erteilung von Bescheinigungen im Zusammenhang mit Konformitätsbewertungsverfahren nach Maßgabe der Rechtsverordnung nach § 37 Abs. 1 vorgesehene Stelle, die der Europäischen Kommission und den Vertragsstaaten des Abkommens über den Europäischen Wirtschaftsraum von einem Vertragsstaat des Abkommens über den Europäischen Wirtschaftsraum benannt worden ist.
21. Medizinprodukte aus Eigenherstellung sind Medizinprodukte einschließlich Zubehör, die in einer Gesundheitseinrichtung hergestellt und angewendet werden, ohne dass sie in den Verkehr gebracht werden oder die Voraussetzungen einer Sonderanfertigung nach Nummer 8 erfüllen.
22. In-vitro-Diagnostika aus Eigenherstellung sind In-vitro-Diagnostika, die in Laboratorien von Gesundheitseinrichtungen hergestellt werden und in diesen Laboratorien oder in Räumen in unmittelbarer Nähe zu diesen angewendet werden, ohne dass sie in den Verkehr gebracht werden. Für In-vitro-Diagnostika, die im industriellen Maßstab hergestellt werden, sind die Vorschriften über Eigenherstellung nicht anwendbar. Die Sätze 1 und 2 sind entsprechend anzuwenden auf in Blutspendeeinrichtungen hergestellte In-vitro-Diagnostika, die der Prüfung von Blutzubereitungen dienen, sofern sie im Rahmen der arzneimittelrechtlichen Zulassung der Prüfung durch die zuständige Behörde des Bundes unterliegen.
23. Sponsor ist eine natürliche oder juristische Person, die die Verantwortung für die Veranlassung, Organisation und Finanzierung einer klinischen Prüfung bei Menschen oder einer Leistungsbewertungsprüfung von In-vitro-Diagnostika übernimmt.
24. Prüfer ist in der Regel ein für die Durchführung der klinischen Prüfung bei Menschen in einer Prüfstelle verantwortlicher Arzt oder in begründeten Ausnahmefällen eine andere Person, deren Beruf auf Grund seiner wissenschaftlichen Anforderungen und der seine Ausübung voraussetzenden Erfahrungen in der Patientenbetreuung für die Durchführung von Forschungen am Menschen qualifiziert. Wird eine Prüfung in einer Prüfstelle von mehreren Prüfern vorgenommen, so ist der verantwortliche Leiter der Gruppe der Hauptprüfer. Wird eine Prüfung in mehreren Prüfstellen durchgeführt, wird vom Sponsor ein Prüfer als Leiter der klinischen Prüfung benannt. Die Sätze 1 bis 3 gelten für genehmigungspflichtige Leistungsbewertungsprüfungen von In-vitro-Diagnostika entsprechend.
25. Klinische Daten sind Sicherheits- oder Leistungsangaben, die aus der Verwendung eines Medizinproduktes hervorgehen. Klinische Daten stammen aus folgenden Quellen:
    a) einer klinischen Prüfung des betreffenden Medizinproduktes oder
    b) klinischen Prüfungen oder sonstigen in der wissenschaftlichen Fachliteratur wiedergegebenen Studien über ein ähnliches Produkt, dessen Gleichartigkeit mit dem betreffenden Medizinprodukt nachgewiesen werden kann, oder
    c) veröffentlichten oder unveröffentlichten Berichten über sonstige klinische Erfahrungen entweder mit dem betreffenden Medizinprodukt oder einem ähnlichen Produkt, dessen Gleichartigkeit mit dem betreffenden Medizinprodukt nachgewiesen werden kann.
26. Einführer im Sinne dieses Gesetzes ist jede in der Europäischen Union ansässige natürliche oder juristische Person, die ein Medizinprodukt aus einem Drittstaat in der Europäischen Union in Verkehr bringt.

[...]

§ 7 Grundlegende Anforderungen

(1) Die Grundlegenden Anforderungen sind für aktive implantierbare Medizinprodukte die Anforderungen des Anhangs 1 der Richtlinie 90/385/EWG des Rates vom 20. Juni 1990 zur Angleichung der Rechtsvorschriften der Mitgliedstaaten über aktive implantierbare medizinische Geräte (ABl. L 189 vom 20.7.1990, S. 17), die zuletzt durch Artikel 1 der Richtlinie 2007/47/EG (ABl. L 247 vom 21.9.2007, S. 21) geändert worden ist, für In-vitro-Diagnostika die Anforderungen des Anhangs I der Richtlinie 98/79/EG und für die sonstigen Medizinprodukte die Anforderungen des Anhangs I der Richtlinie 93/42/EWG des Rates vom 14. Juni 1993 über Medizinprodukte (ABl. L 169 vom 12.7.1993, S. 1), die zuletzt durch Artikel 2 der Richtlinie 2007/47/EG (ABl. L 247 vom 21.9.2007, S. 21) geändert worden ist, in den jeweils geltenden Fassungen.

(2) Besteht ein einschlägiges Risiko, so müssen Medizinprodukte, die auch Maschinen im Sinne des Artikels 2 Buchstabe a der Richtlinie 2006/42/EG des Europäischen Parlaments und des Rates vom 17. Mai 2006 über Maschinen (ABl. L 157 vom 9.6.2006, S. 24) sind, auch den grundlegenden Gesundheits- und Sicherheitsanforderungen gemäß Anhang I der genannten Richtlinie entsprechen, sofern diese grundlegenden Gesundheits- und Sicherheitsanforderungen spezifi-

scher sind als die Grundlegenden Anforderungen gemäß Anhang I der Richtlinie 93/42/EWG oder gemäß Anhang 1 der Richtlinie 90/385/EWG.

(3) Bei Produkten, die vom Hersteller nicht nur als Medizinprodukt, sondern auch zur Verwendung entsprechend den Vorschriften über persönliche Schutzausrüstungen der Richtlinie 89/686/EWG bestimmt sind, müssen auch die einschlägigen grundlegenden Gesundheits- und Sicherheitsanforderungen dieser Richtlinie erfüllt werden.

[...]

6.6 Medizinprodukte-Betreiberverordnung

Medizinprodukte-Betreiberverordnung in der Fassung der Bekanntmachung vom 21. August 2002 (BGBl. I S. 3396), die durch Artikel 2 der Verordnung vom 25. Juli 2014 (BGBl. I S. 1227) geändert worden ist

[...]

§ 4 Instandhaltung

(1) Der Betreiber darf nur Personen, Betriebe oder Einrichtungen mit der Instandhaltung (Wartung, Inspektion, Instandsetzung und Aufbereitung) von Medizinprodukten beauftragen, die die Sachkenntnis, Voraussetzungen und die erforderlichen Mittel zur ordnungsgemäßen Ausführung dieser Aufgabe besitzen.

(2) Die Aufbereitung von bestimmungsgemäß keimarm oder steril zur Anwendung kommenden Medizinprodukten ist unter Berücksichtigung der Angaben des Herstellers mit geeigneten validierten Verfahren so durchzuführen, dass der Erfolg dieser Verfahren nachvollziehbar gewährleistet ist und die Sicherheit und Gesundheit von Patienten, Anwendern oder Dritten nicht gefährdet wird. Dies gilt auch für Medizinprodukte, die vor der erstmaligen Anwendung desinfiziert oder sterilisiert werden. Eine ordnungsgemäße Aufbereitung nach Satz 1 wird vermutet, wenn die gemeinsame Empfehlung der Kommission für Krankenhaushygiene und Infektionsprävention am Robert Koch-Institut und des Bundesinstitutes für Arzneimittel und Medizinprodukte zu den Anforderungen an die Hygiene bei der Aufbereitung von Medizinprodukten beachtet wird.

(3) Die Voraussetzungen nach Absatz 1 werden erfüllt, wenn die mit der Instandhaltung Beauftragten

1. auf Grund ihrer Ausbildung und praktischen Tätigkeit über die erforderlichen Sachkenntnisse bei der Instandhaltung von Medizinprodukten und
2. über die hierfür erforderlichen Räume einschließlich deren Beschaffenheit, Größe, Ausstattung und Einrichtung sowie über die erforderlichen Geräte und sonstigen Arbeitsmittel

verfügen und in der Lage sind, diese nach Art und Umfang ordnungsgemäß und nachvollziehbar durchzuführen.

(4) Nach Wartung oder Instandsetzung an Medizinprodukten müssen die für die Sicherheit und Funktionstüchtigkeit wesentlichen konstruktiven und funktionellen Merkmale geprüft werden, soweit sie durch die Instandhaltungsmaßnahmen beeinflusst werden können.

(5) Die durch den Betreiber mit den Prüfungen nach Absatz 4 beauftragten Personen, Betriebe oder Einrichtungen müssen die Voraussetzungen nach Absatz 3 erfüllen und bei der Durchführung und Auswertung der Prüfungen in ihrer fachlichen Beurteilung weisungsunabhängig sein.

[...]

§ 5 Betreiben und Anwenden

(1) Der Betreiber darf ein in der Anlage 1 aufgeführtes Medizinprodukt nur betreiben, wenn zuvor der Hersteller oder eine dazu befugte Person, die im Einvernehmen mit dem Hersteller handelt,

1. dieses Medizinprodukt am Betriebsort einer Funktionsprüfung unterzogen hat und
2. die vom Betreiber beauftragte Person anhand der Gebrauchsanweisung sowie beigefügter sicherheitsbezogener Informationen und Instandhaltungshinweise in die sachgerechte Handhabung, Anwendung und den Betrieb des Medizinproduktes sowie in die zulässige Verbindung mit anderen Medizinprodukten, Gegenständen und Zubehör eingewiesen hat.

Eine Einweisung nach Nummer 2 ist nicht erforderlich, sofern diese für ein baugleiches Medizinprodukt bereits erfolgt ist.

(2) In der Anlage 1 aufgeführte Medizinprodukte dürfen nur von Personen angewendet werden, die die Voraussetzungen nach § 2 Abs. 2 erfüllen und die durch den Hersteller oder durch eine nach Absatz 1 Nr. 2 vom Betreiber beauftragte Person unter Berücksichtigung der Gebrauchsanweisung in die sachgerechte Handhabung dieses Medizinproduktes eingewiesen worden sind.

(3) Die Durchführung der Funktionsprüfung nach Absatz 1 Nr. 1 und die Einweisung der vom Betreiber beauftragten Person nach Absatz 1 Nr. 2 sind zu belegen.

[...]

§ 7 Medizinproduktebuch

(1) Für die in den Anlagen 1 und 2 aufgeführten Medizinprodukte hat der Betreiber ein Medizinproduktebuch mit den Angaben nach Absatz 2 Satz 1 zu führen. Für das Medizinproduktebuch sind alle Datenträger zulässig, sofern die in Absatz 2 Satz 1 genannten Angaben während der Dauer der Aufbewahrungsfrist verfügbar sind. Ein Medizinproduktebuch nach Satz 1 ist nicht für elektronische Fieberthermometer als Kompaktthermometer und Blutdruckmessgeräte mit Quecksilber- oder Aneroidmanometer zur nichtinvasiven Messung zu führen.

(2) In das Medizinproduktebuch sind folgende Angaben zu dem jeweiligen Medizinprodukt einzutragen:

1. Bezeichnung und sonstige Angaben zur Identifikation des Medizinproduktes,
2. Beleg über Funktionsprüfung und Einweisung nach § 5 Abs. 1,
3. Name des nach § 5 Abs. 1 Nr. 2 Beauftragten, Zeitpunkt der Einweisung sowie Namen der eingewiesenen Personen,
4. Fristen und Datum der Durchführung sowie das Ergebnis von vorgeschriebenen sicherheits- und messtechnischen Kontrollen und Datum von Instandhaltungen sowie der Name der verantwortlichen Person oder der Firma, die diese Maßnahme durchgeführt hat,
5. soweit mit Personen oder Institutionen Verträge zur Durchführung von sicherheits- oder messtechnischen Kontrollen oder Instandhaltungsmaßnahmen bestehen, deren Namen oder Firma sowie Anschrift,
6. Datum, Art und Folgen von Funktionsstörungen und wiederholten gleichartigen Bedienungsfehlern,
7. Meldungen von Vorkommnissen an Behörden und Hersteller.

Bei den Angaben nach Nummer 1 sollte die Bezeichnung nach der vom Deutschen Institut für medizinische Dokumentation und Information (DIMDI) veröffentlichten Nomenklatur für Medizinprodukte eingesetzt werden. Das Bundesministerium für Gesundheit macht die Bezugsquelle der jeweils geltenden Nomenklatur für Medizinprodukte im Bundesanzeiger bekannt.

(3) Der zuständigen Behörde ist auf Verlangen am Betriebsort jederzeit Einsicht in die Medizinproduktebücher zu gewähren.

§ 8 Bestandsverzeichnis

(1) Der Betreiber hat für alle aktiven nichtimplantierbaren Medizinprodukte der jeweiligen Betriebsstätte ein Bestandsverzeichnis nach Absatz 2 Satz 1 zu führen. Die Aufnahme in ein Verzeichnis, das auf Grund anderer Vorschriften geführt wird, ist zulässig.

(2) In das Bestandsverzeichnis sind für jedes Medizinprodukt nach Absatz 1 folgende Angaben einzutragen:

1. Bezeichnung, Art und Typ, Loscode oder die Seriennummer, Anschaffungsjahr des Medizinproduktes,
2. Name oder Firma und die Anschrift des für das jeweilige Medizinprodukt Verantwortlichen nach § 5 des Medizinproduktegesetzes,
3. die der CE-Kennzeichnung hinzugefügte Kennnummer der Benannten Stelle, soweit diese nach den Vorschriften des Medizinproduktegesetzes angegeben ist,
4. soweit vorhanden, betriebliche Identifikationsnummer,
5. Standort und betriebliche Zuordnung,
6. die vom Hersteller angegebene Frist für die sicherheitstechnische Kontrolle nach § 6 Abs. 1 Satz 1 oder die vom Betreiber nach § 6 Abs. 1 Satz 2 festgelegte Frist für die sicherheitstechnische Kontrolle.

Bei den Angaben nach Nummer 1 sollte zusätzlich die Bezeichnung nach der vom Deutschen Institut für medizinische Dokumentation und Information (DIMDI) veröffentlichten Nomenklatur für Medizinprodukte eingesetzt werden. § 7 Abs. 2 Satz 3 gilt entsprechend.

(3) Die zuständige Behörde kann Betreiber von der Pflicht zur Führung eines Bestandsverzeichnisses oder von der Aufnahme bestimmter Medizinprodukte in das Bestandsverzeichnis befreien. Die Notwendigkeit zur Befreiung ist vom Betreiber eingehend zu begründen.

(4) Für das Bestandsverzeichnis sind alle Datenträger zulässig, sofern die Angaben nach Absatz 2 Satz 1 innerhalb einer angemessenen Frist lesbar gemacht werden können.

(5) Der zuständigen Behörde ist auf Verlangen beim Betreiber jederzeit Einsicht in das Bestandsverzeichnis zu gewähren.

§ 9 Aufbewahrung der Gebrauchsanweisungen und der Medizinproduktebücher

(1) Die Gebrauchsanweisungen und die dem Medizinprodukt beigefügten Hinweise sind so aufzubewahren, dass die für die Anwendung des Medizinproduktes erforderlichen Angaben dem Anwender jederzeit zugänglich sind.

(2) Das Medizinproduktebuch ist so aufzubewahren, dass die Angaben dem Anwender während der Arbeitszeit zugänglich sind. Nach der Außerbetriebnahme des Medizinproduktes ist das Medizinproduktebuch noch fünf Jahre aufzubewahren.

[...]

6.7 Betäubungsmittelgesetz

Betäubungsmittelgesetz in der Fassung der Bekanntmachung vom 1. März 1994 (BGBl. I S. 358), das zuletzt durch Artikel 2 Absatz 20 u. Artikel 4 Absatz 7 des Gesetzes vom 7. August 2013 (BGBl. I S. 3154) geändert worden ist

[...]

§13 Verschreibung und Abgabe auf Verschreibung

(1) Die in Anlage III bezeichneten Betäubungsmittel dürfen nur von Ärzten, Zahnärzten und Tierärzten und nur dann verschrieben oder im Rahmen einer ärztlichen, zahnärztlichen oder tierärztlichen Behandlung einschließlich der ärztlichen Behandlung einer Betäubungsmittelabhängigkeit verabreicht oder einem anderen zum unmittelbaren Verbrauch oder nach Absatz 1a Satz 1 überlassen werden, wenn ihre Anwendung am oder im menschlichen oder tierischen Körper begründet ist. Die Anwendung ist insbesondere dann nicht begründet, wenn der beabsichtigte Zweck auf andere Weise erreicht werden kann. Die in Anlagen I und II bezeichneten Betäubungsmittel dürfen nicht verschrieben, verabreicht oder einem anderen zum unmittelbaren Verbrauch oder nach Absatz 1a Satz 1 überlassen werden.

(1a) Zur Deckung des nicht aufschiebbaren Betäubungsmittelbedarfs eines ambulant versorgten Palliativpatienten darf der Arzt diesem die hierfür erforderlichen, in Anlage III bezeichneten Betäubungsmittel in Form von Fertigarzneimitteln nur dann überlassen, soweit und solange der Bedarf des Patienten durch eine Verschreibung nicht rechtzeitig gedeckt werden kann; die Höchstüberlassungsmenge darf den Dreitagesbedarf nicht überschreiten. Der Bedarf des Patienten kann durch eine Verschreibung nicht rechtzeitig gedeckt werden, wenn das erforderliche Betäubungsmittel

1. bei einer dienstbereiten Apotheke innerhalb desselben Kreises oder derselben kreisfreien Stadt oder in einander benachbarten Kreisen oder kreisfreien Städten nicht vorrätig ist oder nicht rechtzeitig zur Abgabe bereitsteht oder
2. obwohl es in einer Apotheke nach Nummer 1 vorrätig ist oder rechtzeitig zur Abgabe bereitstünde, von dem Patienten oder den Patienten versorgenden Personen nicht rechtzeitig beschafft werden kann, weil
   a) diese Personen den Patienten vor Ort versorgen müssen oder auf Grund ihrer eingeschränkten Leistungsfähigkeit nicht in der Lage sind, das Betäubungsmittel zu beschaffen, oder
   b) der Patient auf Grund der Art und des Ausmaßes seiner Erkrankung dazu nicht selbst in der Lage ist und keine Personen vorhanden sind, die den Patienten versorgen.

Der Arzt muss unter Hinweis darauf, dass eine Situation nach Satz 1 vorliegt, bei einer dienstbereiten Apotheke nach Satz 2 Nummer 1 vor Überlassung anfragen, ob das erforderliche Betäubungsmittel dort vorrätig ist oder bis wann es zur Abgabe bereitsteht. Über das Vorliegen der Voraussetzungen nach den Sätzen 1 und 2 und die Anfrage nach Satz 3 muss der Arzt mindestens folgende Aufzeichnungen führen und diese drei Jahre, vom Überlassen der Betäubungsmittel an gerechnet, aufbewahren:

1. den Namen des Patienten sowie den Ort, das Datum und die Uhrzeit der Behandlung,
2. den Namen der Apotheke und des kontaktierten Apothekers oder der zu seiner Vertretung berechtigten Person,
3. die Bezeichnung des angefragten Betäubungsmittels,
4. die Angabe der Apotheke, ob das Betäubungsmittel zum Zeitpunkt der Anfrage vorrätig ist oder bis wann es zur Abgabe bereitsteht,
5. die Angaben über diejenigen Tatsachen, aus denen sich das Vorliegen der Voraussetzungen nach den Sätzen 1 und 2 ergibt.

Über die Anfrage eines nach Satz 1 behandelnden Arztes, ob ein bestimmtes Betäubungsmittel vorrätig ist oder bis wann es zur Abgabe bereitsteht, muss der Apotheker oder die zu seiner Vertretung berechtigte Person mindestens folgende Aufzeichnungen führen und diese drei Jahre, vom Tag der Anfrage an gerechnet, aufbewahren:

1. das Datum und die Uhrzeit der Anfrage,
2. den Namen des Arztes,
3. die Bezeichnung des angefragten Betäubungsmittels,
4. die Angabe gegenüber dem Arzt, ob das Betäubungsmittel zum Zeitpunkt der Anfrage vorrätig ist oder bis wann es zur Abgabe bereitsteht.

Im Falle des Überlassens nach Satz 1 hat der Arzt den ambulant versorgten Palliativpatienten oder zu dessen Pflege anwesende Dritte über die ordnungsgemäße Anwendung der überlassenen Betäubungsmittel aufzuklären und eine schriftliche Gebrauchsanweisung mit Angaben zur Einzel- und Tagesgabe auszuhändigen.

(2) Die nach Absatz 1 verschriebenen Betäubungsmittel dürfen nur im Rahmen des Betriebs einer Apotheke und gegen Vorlage der Verschreibung abgegeben werden. Diamorphin darf nur vom pharmazeutischen Unternehmer und nur an anerkannte Einrichtungen nach Absatz 3 Satz 2 Nummer 2a gegen Vorlage der Verschreibung abgegeben werden. Im Rahmen des Betriebs einer tierärztlichen Hausapotheke dürfen nur die in Anlage III bezeichneten Betäubungsmittel und nur zur Anwendung bei einem vom Betreiber der Hausapotheke behandelten Tier abgegeben werden.

(3) Die Bundesregierung wird ermächtigt, durch Rechtsverordnung mit Zustimmung des Bundesrates das Verschreiben von den in Anlage III bezeichneten Betäubungsmitteln, ihre Abgabe auf Grund einer Verschreibung und das Aufzeichnen ihres Verbleibs und des Bestandes bei Ärzten, Zahnärzten, Tierärzten, in Apotheken, tierärztlichen Hausapotheken, Krankenhäusern, Tierkliniken, Alten- und Pflegeheimen, Hospizen, Einrichtungen der spezialisierten ambulanten Palliativversorgung, Einrichtungen der Rettungsdienste, Einrichtungen, in denen eine Behandlung mit dem Substitutionsmittel Diamorphin stattfindet, und auf Kauffahrteischiffen zu regeln, soweit es zur Sicherheit oder Kontrolle des Betäubungsmittelverkehrs erforderlich ist. Insbesondere können

1. das Verschreiben auf bestimmte Zubereitungen, Bestimmungszwecke oder Mengen beschränkt,
2. das Verschreiben von Substitutionsmitteln für Drogenabhängige von der Erfüllung von Mindestanforderungen an die Qualifikation der verschreibenden Ärzte abhängig gemacht und die Festlegung der Mindestanforderungen den Ärztekammern übertragen,

2a. das Verschreiben von Diamorphin nur in Einrichtungen, denen eine Erlaubnis von der zuständigen Landesbehörde erteilt wurde, zugelassen,

2b. die Mindestanforderungen an die Ausstattung der Einrichtungen, in denen die Behandlung mit dem Substitutionsmittel Diamorphin stattfindet, festgelegt,

3. Meldungen
   a) der verschreibenden Ärzte an das Bundesinstitut für Arzneimittel und Medizinprodukte über das Verschreiben eines Substitutionsmittels für einen Patienten in anonymisierter Form,
   b) der Ärztekammern an das Bundesinstitut für Arzneimittel und Medizinprodukte über die Ärzte, die die Mindestanforderungen nach Nummer 2 erfüllen und

   Mitteilungen
   c) des Bundesinstituts für Arzneimittel und Medizinprodukte an die zuständigen Überwachungsbehörden und an die verschreibenden Ärzte über die Patienten, denen bereits ein anderer Arzt ein Substitutionsmittel verschrieben hat, in anonymisierter Form,
   d) des Bundesinstituts für Arzneimittel und Medizinprodukte an die zuständigen Überwachungsbehörden der Länder über die Ärzte, die die Mindestanforderungen nach Nummer 2 erfüllen,
   e) des Bundesinstituts für Arzneimittel und Medizinprodukte an die obersten Landesgesundheitsbehörden über die Anzahl der Patienten, denen ein Substitutionsmittel verschrieben wurde, die Anzahl der Ärzte, die zum Verschreiben eines Substitutionsmittels berechtigt sind, die Anzahl der Ärzte, die ein Substitutionsmittel verschrieben haben, die verschriebenen Substitutionsmittel und die Art der Verschreibung

   sowie Art der Anonymisierung, Form und Inhalt der Meldungen und Mitteilungen vorgeschrieben,
4. Form, Inhalt, Anfertigung, Ausgabe, Aufbewahrung und Rückgabe des zu verwendenden amtlichen Formblattes für die Verschreibung sowie der Aufzeichnungen über den Verbleib und den Bestand festgelegt und
5. Ausnahmen von § 4 Abs. 1 Nr. 1 Buchstabe c für die Ausrüstung von Kauffahrteischiffen erlassen werden.

Für das Verfahren zur Erteilung einer Erlaubnis nach Satz 2 Nummer 2a gelten § 7 Satz 2 Nummer 1 bis 4, § 8 Absatz 1 Satz 1, Absatz 2 und 3 Satz 1 bis 3, § 9 Absatz 2 und § 10 entsprechend. Dabei tritt an die Stelle des Bundesinstitutes für Arzneimittel und Medizinprodukte jeweils die zuständige Landesbehörde, an die Stelle der zuständigen obersten Landesbehörde jeweils das Bundesinstitut für Arzneimittel und Medizinprodukte. Die Empfänger nach Satz 2 Nr. 3 dürfen die übermittelten Daten nicht für einen anderen als den in Satz 1 genannten Zweck verwenden. Das Bundesinstitut für Arzneimittel und Medizinprodukte handelt bei der Wahrnehmung der ihm durch Rechtsverordnung nach Satz 2 zugewiesenen Aufgaben als vom Bund entliehenes Organ des jeweils zuständigen Landes; Einzelheiten einschließlich der Kostenerstattung an den Bund werden durch Vereinbarung geregelt.

[...]

§ 16 Vernichtung

(1) Der Eigentümer von nicht mehr verkehrsfähigen Betäubungsmitteln hat diese auf seine Kosten in Gegenwart von zwei Zeugen in einer Weise zu vernichten, die eine auch nur teilweise Wiedergewinnung der Betäubungsmittel ausschließt sowie den Schutz von Mensch und Umwelt vor schädlichen Einwirkungen sicherstellt. Über die Vernichtung ist eine Niederschrift zu fertigen und diese drei Jahre aufzubewahren.

(2) Das Bundesinstitut für Arzneimittel und Medizinprodukte, in den Fällen des § 19 Abs. 1 Satz 3 die zuständige Behörde des Landes, kann den Eigentümer auffordern, die Betäubungsmittel auf seine Kosten an diese Behörden zur Vernichtung einzusenden. Ist ein Eigentümer der Betäubungsmittel nicht vorhanden oder nicht zu ermitteln, oder kommt der Eigentümer

seiner Verpflichtung zur Vernichtung oder der Aufforderung zur Einsendung der Betäubungsmittel gemäß Satz 1 nicht innerhalb einer zuvor gesetzten Frist von drei Monaten nach, so treffen die in Satz 1 genannten Behörden die zur Vernichtung erforderlichen Maßnahmen. Der Eigentümer oder Besitzer der Betäubungsmittel ist verpflichtet, die Betäubungsmittel den mit der Vernichtung beauftragten Personen herauszugeben oder die Wegnahme zu dulden.

(3) Absatz 1 und Absatz 2 Satz 1 und 3 gelten entsprechend, wenn der Eigentümer nicht mehr benötigte Betäubungsmittel beseitigen will.

§ 17 Aufzeichnungen

(1) Der Inhaber einer Erlaubnis nach § 3 ist verpflichtet, getrennt für jede Betriebsstätte und jedes Betäubungsmittel fortlaufend folgende Aufzeichnungen über jeden Zugang und jeden Abgang zu führen:

1. das Datum,
2. den Namen oder die Firma und die Anschrift des Lieferers oder des Empfängers oder die sonstige Herkunft oder den sonstigen Verbleib,
3. die zugegangene oder abgegangene Menge und den sich daraus ergebenden Bestand,
4. im Falle des Anbaues zusätzlich die Anbaufläche nach Lage und Größe sowie das Datum der Aussaat,
5. im Falle des Herstellens zusätzlich die Angabe der eingesetzten oder hergestellten Betäubungsmittel, der nicht dem Gesetz unterliegenden Stoffe oder der ausgenommenen Zubereitungen nach Art und Menge und
6. im Falle der Abgabe ausgenommener Zubereitungen durch deren Hersteller zusätzlich den Namen oder die Firma und die Anschrift des Empfängers.

Anstelle der in Nummer 6 bezeichneten Aufzeichnungen können die Durchschriften der Ausgangsrechnungen, in denen die ausgenommenen Zubereitungen kenntlich gemacht sind, fortlaufend nach dem Rechnungsdatum abgeheftet werden.

(2) Die in den Aufzeichnungen oder Rechnungen anzugebenden Mengen sind

1. bei Stoffen und nicht abgeteilten Zubereitungen die Gewichtsmenge und
2. bei abgeteilten Zubereitungen die Stückzahl.

(3) Die Aufzeichnungen oder Rechnungsdurchschriften sind drei Jahre, von der letzten Aufzeichnung oder vom letzten Rechnungsdatum an gerechnet, gesondert aufzubewahren.

[...]

6.8 Betäubungsmittel-Verschreibungsverordnung

Betäubungsmittel-Verschreibungsverordnung vom 20. Januar 1998 (BGBl. I S. 74, 80), die zuletzt durch Artikel 2 der Verordnung vom 20. Juli 2012 (BGBl. I S. 1639) geändert worden ist

[...]

§ 13 Nachweisführung

(1) Der Nachweis von Verbleib und Bestand der Betäubungsmittel in den in § 1 Abs. 3 genannten Einrichtungen ist unverzüglich nach Bestandsänderung nach amtlichem Formblatt zu führen. Es können Karteikarten oder Betäubungsmittelbücher mit fortlaufend numerierten Seiten verwendet werden. Die Aufzeichnung kann auch mittels elektronischer Datenverarbeitung erfolgen, sofern jederzeit der Ausdruck der gespeicherten Angaben in der Reihenfolge des amtlichen Formblattes gewährleistet ist. Im Falle des Überlassens eines Substitutionsmittels zum unmittelbaren Verbrauch nach § 5 Abs. 6 Satz 1 oder eines Betäubungsmittels nach § 5b Abs. 2 ist der Verbleib patientenbezogen nachzuweisen.

(2) Die Eintragungen über Zugänge, Abgänge und Bestände der Betäubungsmittel sowie die Übereinstimmung der Bestände mit den geführten Nachweisen sind

1. von dem Apotheker für die von ihm geleitete Apotheke,
2. von dem Tierarzt für die von ihm geleitete tierärztliche Hausapotheke und
3. von dem in den §§ 2 bis 4 bezeichneten, verschreibungsberechtigten Arzt, Zahnarzt oder Tierarzt für den Praxis- oder Stationsbedarf,
4. von einem nach § 5c Absatz 1 Satz 2 Nummer 1 beauftragten Arzt für Hospize und Einrichtungen der spezialisierten ambulanten Palliativversorgung sowie von dem nach § 6 Absatz 2 beauftragten Arzt für Einrichtungen des Rettungsdienstes,
5. vom für die Durchführung der Krankenfürsorge Verantwortlichen für das jeweilige Kauffahrteischiff, das die Bundesflagge führt,
6. vom behandelnden Arzt im Falle des Nachweises nach Absatz 1 Satz 4,
7. vom Verantwortlichen im Sinne des § 5 Absatz 9b Nummer 3

am Ende eines jeden Kalendermonats zu prüfen und, sofern sich der Bestand geändert hat, durch Namenszeichen und Prüfdatum zu bestätigen. Für den Fall, daß die Nachweisführung mittels elektronischer Datenverarbeitung erfolgt, ist die Prüfung auf der Grundlage zum Monatsende angefertigter Ausdrucke durchzuführen.

(3) Die Karteikarten, Betäubungsmittelbücher oder EDV-Ausdrucke nach Absatz 2 Satz 2 sind in den in § 1 Abs. 3 genannten Einrichtungen drei Jahre, von der letzten Eintragung an gerechnet, aufzubewahren. Bei einem Wechsel in der Leitung einer Krankenhausapotheke, einer Einrichtung eines Krankenhauses, einer Tierklinik oder einem Wechsel des beauftragten Arztes nach § 5c Absatz 1 Satz 2 Nummer 1 oder § 6 Absatz 2 Satz 1 sind durch die in Absatz 2 genannten Personen das Datum der Übergabe sowie der übergebene Bestand zu vermerken und durch Unterschrift zu bestätigen. Die Karteikarten, die Betäubungsmittelbücher und die EDV-Ausdrucke sind auf Verlangen der nach § 19 Abs. 1 Satz 3 des Betäubungsmittelgesetzes zuständigen Landesbehörde einzusenden oder Beauftragten dieser Behörde vorzulegen. In der Zwischenzeit sind vorläufige Aufzeichnungen vorzunehmen, die nach Rückgabe der Karteikarten und Betäubungsmittelbücher nachzutragen sind.

§ 14 Angaben zur Nachweisführung

(1) Beim Nachweis von Verbleib und Bestand der Betäubungsmittel sind für jedes Betäubungsmittel dauerhaft anzugeben:

1. Bezeichnung, bei Arzneimitteln entsprechend § 9 Abs. 1 Nr. 3,
2. Datum des Zugangs oder des Abgangs,
3. zugegangene oder abgegangene Menge und der sich daraus ergebende Bestand; bei Stoffen und nicht abgeteilten Zubereitungen die Gewichtsmenge in Gramm oder Milligramm, bei abgeteilten Zubereitungen die Stückzahl; bei flüssigen Zubereitungen, die im Rahmen einer Behandlung angewendet werden, die Menge auch in Millilitern,
4. Name oder Firma und Anschrift des Lieferers oder des Empfängers oder die sonstige Herkunft oder der sonstige Verbleib,
5. in Apotheken im Falle der Abgabe auf Verschreibung für Patienten sowie für den Praxisbedarf der Name und die Anschrift des verschreibenden Arztes, Zahnarztes oder Tierarztes und die Nummer des Betäubungsmittelrezeptes, im Falle der Verschreibung für den Stationsbedarf, den Notfallbedarf sowie den Rettungsdienstbedarf der Name des verschreibenden Arztes, Zahnarztes oder Tierarztes und die Nummer des Betäubungsmittelanforderungsscheines,

5a. in Krankenhäusern, Tierkliniken, Hospizen sowie in Einrichtungen der spezialisierten ambulanten Palliativversorgung und des Rettungsdienstes im Falle des Erwerbs auf Verschreibung für den Stationsbedarf, den Notfallbedarf sowie den Rettungsdienstbedarf der Name des verschreibenden Arztes, Zahnarztes oder Tierarztes und die Nummer des Betäubungsmittelanforderungsscheines,

6. beim pharmazeutischen Unternehmen im Falle der Abgabe auf Verschreibung von Diamorphin Name und Anschrift des verschreibenden Arztes und die Nummer des Betäubungsmittelrezeptes.

Bestehen bei den in § 1 Abs. 3 genannten Einrichtungen Teileinheiten, sind die Aufzeichnungen in diesen zu führen.

(2) Bei der Nachweisführung ist bei flüssigen Zubereitungen die Gewichtsmenge des Betäubungsmittels, die in der aus technischen Gründen erforderlichen Überfüllung des Abgabebehältnisses enthalten ist, nur zu berücksichtigen, wenn dadurch der Abgang höher ist als der Zugang. Die Differenz ist als Zugang mit „Überfüllung" auszuweisen.

§ 15 Formblätter

Das Bundesinstitut für Arzneimittel und Medizinprodukte gibt die amtlichen Formblätter für das Verschreiben (Betäubungsmittelrezepte und Betäubungsmittelanforderungsscheine) und für den Nachweis von Verbleib und Bestand (Karteikarten und Betäubungsmittelbücher) heraus und macht sie im Bundesanzeiger bekannt.

[...]

6.9 Betäubungsmittel-Binnenhandelsverordnung

Betäubungsmittel-Binnenhandelsverordnung vom 16. Dezember 1981 (BGBl. I S. 1425), die zuletzt durch Artikel 1 der Verordnung vom 17. August 2011 (BGBl. I S. 1754) geändert worden ist

[...]

§ 6

(1) Das Bundesinstitut für Arzneimittel und Medizinprodukte gibt das amtliche Formblatt nach § 1 heraus und macht es im Bundesanzeiger bekannt. Für das elektronische Verfahren legt das Bundesinstitut für Arzneimittel und Medizinprodukte die Bearbeitungsvoraussetzungen fest und gibt auf seiner Internetseite www.bfarm.de insbesondere Folgendes bekannt:

1. das zu verwendende elektronische Muster und das Format, in dem die elektronischen Dokumente einzureichen sind,
2. die Einzelheiten des Verfahrens, das bei einer elektronischen Übermittlung einzuhalten ist, einschließlich des Standards für die Verschlüsselung.

(2) Das Bundesinstitut für Arzneimittel und Medizinprodukte weist die BtM-Nummern (§ 2 Abs. 1 Satz 1 Nr. 1 und 2) den berechtigten Personen und Personenvereinigungen zu und macht die vom Bundesinstitut für Arzneimittel und Medizinprodukte zugewiesenen Pharmazentralnummern für Betäubungsmittel (§ 2 Abs. 1 Satz 1 Nr. 3 Buchstabe a) auf seiner Internetseite www.bfarm.de bekannt.

[...]

6.10 Grundstoffüberwachungsgesetz

Grundstoffüberwachungsgesetz vom 11. März 2008 (BGBl. I S. 306), das zuletzt durch Artikel 2 Absatz 22 u. Artikel 4 Absatz 9 des Gesetzes vom 7. August 2013 (BGBl. I S. 3154) geändert worden ist

[...]

§ 16 Überwachungsmaßnahmen

(1) Die für die Überwachung des Verkehrs mit Grundstoffen zuständigen Behörden oder die mit der Überwachung beauftragten Personen sind befugt,

1. von Wirtschaftsbeteiligten alle für die Überwachung erforderlichen Auskünfte zu verlangen;
2. die in Artikel 5 Abs. 2 und 3 der Verordnung (EG) Nr. 273/2004 und Artikel 3 der Verordnung (EG) Nr. 111/2005 bezeichneten Unterlagen einzusehen und hieraus Abschriften anzufertigen sowie Einsicht in die nach Artikel 5 Abs. 6 der Verordnung (EG) Nr. 273/2004 oder Artikel 4 Satz 3 der Verordnung (EG) Nr. 111/2005 angelegten elektronischen Dokumente zu nehmen und Ausdrucke dieser Dokumente zu verlangen, soweit diese für die Aufdeckung oder Verhinderung der unerlaubten Abzweigung von Grundstoffen erforderlich sind;
3. die Datenverarbeitungssysteme von Wirtschaftsbeteiligten zur Prüfung der Unterlagen nach Nummer 2 zu nutzen; sie können auch verlangen, dass die Daten nach ihren Vorgaben automatisiert ausgewertet oder ihnen auf automatisiert verarbeitbaren Datenträgern zur Verfügung gestellt werden, soweit dies für die Aufdeckung oder Verhinderung der unerlaubten Abzweigung von Grundstoffen erforderlich ist;
4. Grundstücke, Gebäude, Gebäudeteile, Einrichtungen und Transportmittel, die zum Verkehr mit Grundstoffen genutzt werden, zu betreten und zu besichtigen, um zu prüfen, ob die Vorschriften dieses Gesetzes sowie der Verordnung (EG) Nr. 273/2004, der Verordnung (EG) Nr. 111/2005 und der Verordnung (EG) Nr. 1277/2005 beachtet werden. Zur Abwehr dringender Gefahren für die öffentliche Sicherheit, insbesondere zur Verhinderung einer Straftat nach § 19 oder einer Ordnungswidrigkeit nach § 20, dürfen die bezeichneten Grundstücke, Gebäude, Gebäudeteile, Einrichtungen und Transportmittel auch außerhalb der Betriebs- und Geschäftszeit sowie zu Wohnzwecken dienende Räume betreten werden; das Grundrecht der Unverletzlichkeit der Wohnung (Artikel 13 des Grundgesetzes) wird insoweit eingeschränkt;
5. zur Verhütung dringender Gefahren für die Sicherheit und Kontrolle des Grundstoffverkehrs vorläufige Anordnungen zu treffen, soweit Tatsachen die Annahme rechtfertigen, dass
   a) ein Grundstoff zur unerlaubten Herstellung von Betäubungsmitteln abgezweigt werden soll oder
   b) Vorschriften dieses Gesetzes, der Verordnung (EG) Nr. 273/2004, der Verordnung (EG) Nr. 111/2005 oder der Verordnung (EG) Nr. 1277/2005 nicht eingehalten werden.

Insbesondere können sie die weitere Teilnahme am Grundstoffverkehr ganz oder teilweise untersagen und die Grundstoffbestände sicherstellen. Die zuständige Behörde hat innerhalb eines Monats nach Erlass einer vorläufigen Anordnung endgültig zu entscheiden. Maßnahmen der mit der Überwachung beauftragten Personen werden einen Monat nach ihrer Bekanntgabe unwirksam. Erfolgt eine Bekanntgabe nicht, werden sie einen Monat nach ihrer Vornahme unwirksam. Die zuständige Behörde kann Maßnahmen jeder mit der Überwachung beauftragten Person bereits vorher aufheben.

(2) Die Zollbehörden prüfen im Rahmen ihrer Zuständigkeiten nach § 5 Abs. 2 die Einhaltung dieses Gesetzes und der auf diesem Gebiet erlassenen Rechtsakte der Europäischen Gemeinschaften. Sie können zu diesem Zweck von den am Warenverkehr mittelbar oder unmittelbar beteiligten Personen Auskünfte und die Vorlage von Unterlagen verlangen. Bestehen Zweifel an der Einhaltung der zuvor genannten Vorschriften, ordnen die Zollbehörden im Falle des innergemeinschaftlichen Warenverkehrs die Beschlagnahme, im Falle der Ein- und Ausfuhr die Aussetzung der Überlassung oder die Zurückhaltung der Waren an. Werden die Zweifel nicht innerhalb einer Frist von sieben Werktagen ausgeräumt, können die Zollbehörden die Einziehung der Waren anordnen, soweit nicht die Einziehung nach § 21 in Betracht kommt. Die Kosten für die in dieser Vorschrift genannten Sicherungsmaßnahmen können den Verfügungsberechtigten auferlegt werden.

(3) Die auf Grund von Überwachungsmaßnahmen nach Absatz 1 und 2 erlangten Informationen dürfen nur zu den in § 4 Abs. 2 Satz 3 genannten Zwecken verwendet werden. Die für die Überwachung des Verkehrs mit Grundstoffen zuständigen Behörden dürfen die

Informationen auch ohne Ersuchen an die Gemeinsame Grundstoffüberwachungsstelle übermitteln, soweit aus ihrer Sicht die Kenntnis der Informationen für die in § 4 Abs. 2 Satz 3 genannten Zwecke erforderlich ist.

[...]

6.11 EG VO Nr. 273/2004

Kategorie 1: Hier muss von Apotheken stets eine Endverbleibserklärung (EVE) abgegeben werden.

- Herba Ephedrae (neu),
- Ephedrin,
- Ergometrin,
- Ergotamin,
- Lysergsäure,
- 1-Phenyl-2-propanon,
- Pseudoephedrin,
- N-Acetylanthranilsäure,
- 3,4-Methylendioxiphenylpropan-2-on,
- Isosafrol (cis und trans),
- Piperonal,
- Safrol,
- alpha-Phenylacetonitril.

Kategorie 2: Für diese Stoffe ist erst ab bestimmten Mengen (Jahresmengenverbrauch) eine Endverbleibserklärung (EVE) notwendig.

- Essigsäureanhydrid (100 l),
- Anthranilsäure (1 kg),
- Phenylessigsäure (1 kg),
- Piperidin (0,5 kg).

6.12 Arbeitsschutzgesetz

Arbeitsschutzgesetz vom 7. August 1996 (BGBl. I S. 1246), das zuletzt durch Artikel 8 des Gesetzes vom 19. Oktober 2013 (BGBl. I S. 3836) geändert worden ist

[...]

§ 12 Unterweisung

(1) Der Arbeitgeber hat die Beschäftigten über Sicherheit und Gesundheitsschutz bei der Arbeit während ihrer Arbeitszeit ausreichend und angemessen zu unterweisen. Die Unterweisung umfaßt Anweisungen und Erläuterungen, die eigens auf den Arbeitsplatz oder den Aufgabenbereich der Beschäftigten ausgerichtet sind. Die Unterweisung muß bei der Einstellung, bei Veränderungen im Aufgabenbereich, der Einführung neuer Arbeitsmittel oder einer neuen Technologie vor Aufnahme der Tätigkeit der Beschäftigten erfolgen. Die Unterweisung muß an die Gefährdungsentwicklung angepaßt sein und erforderlichenfalls regelmäßig wiederholt werden.

(2) Bei einer Arbeitnehmerüberlassung trifft die Pflicht zur Unterweisung nach Absatz 1 den Entleiher. Er hat die Unterweisung unter Berücksichtigung der Qualifikation und der Erfahrung der Personen, die ihm zur Arbeitsleistung überlassen werden, vorzunehmen. Die sonstigen Arbeitsschutzpflichten des Verleihers bleiben unberührt.

[...]

6.13 Betriebssicherheitsverordnung

Betriebssicherheitsverordnung vom 27. September 2002 (BGBl. I S. 3777), die zuletzt durch Artikel 5 des Gesetzes vom 8. November 2011 (BGBl. I S. 2178) geändert worden ist

[...]

§ 6 Explosionsschutzdokument

(1) Der Arbeitgeber hat unabhängig von der Zahl der Beschäftigten im Rahmen seiner Pflichten nach § 3 sicherzustellen, dass ein Dokument (Explosionsschutzdokument) erstellt und auf dem letzten Stand gehalten wird.

(2) Aus dem Explosionsschutzdokument muss insbesondere hervorgehen,

1. dass die Explosionsgefährdungen ermittelt und einer Bewertung unterzogen worden sind,
2. dass angemessene Vorkehrungen getroffen werden, um die Ziele des Explosionsschutzes zu erreichen,
3. welche Bereiche entsprechend Anhang 3 in Zonen eingeteilt wurden und
4. für welche Bereiche die Mindestvorschriften gemäß Anhang 4 gelten.

(3) Das Explosionsschutzdokument ist vor Aufnahme der Arbeit zu erstellen. Es ist zu überarbeiten, wenn Veränderungen, Erweiterungen oder Umgestaltungen der Arbeitsmittel oder des Arbeitsablaufes vorgenommen werden.

(4) Unbeschadet der Einzelverantwortung jedes Arbeitgebers nach dem Arbeitsschutzgesetz und den §§ 6 und 15 der Gefahrstoffverordnung koordiniert der Arbeitgeber, der die Verantwortung für die Bereitstellung und Benutzung der Arbeitsmittel trägt, die Durchführung aller die Sicherheit und den Gesundheitsschutz der Beschäftigten betreffenden Maßnahmen und macht in seinem Explosionsschutzdokument genauere Angaben über das Ziel, die Maßnahmen und die Bedingungen der Durchführung dieser Koordinierung.

(5) Bei der Erfüllung der Verpflichtungen nach Absatz 1 können auch vorhandene Gefährdungsbeur-

teilungen, Dokumente oder andere gleichwertige Berichte verwendet werden, die auf Grund von Verpflichtungen nach anderen Rechtsvorschriften erstellt worden sind.

[...]

6.14 Chemikaliengesetz

Chemikaliengesetz in der Fassung der Bekanntmachung vom 28. August 2013 (BGBl. I S. 3498, 3991), das zuletzt durch Artikel 1 der Verordnung vom 20. Juni 2014 (BGBl. I S. 824) geändert worden ist

[...]

§ 22 Informationspflichten

(1) Die Bundesstelle für Chemikalien und die zuständigen Landesbehörden unterrichten sich gegenseitig über alle Erkenntnisse, die für die Wahrnehmung ihrer Aufgaben nach diesem Gesetz, den aufgrund dieses Gesetzes erlassenen Rechtsverordnungen oder den in § 21 Abs. 2 Satz 1 genannten EG- oder EU-Verordnungen einschließlich der Erfüllung darin enthaltener Berichtspflichten gegenüber der Europäischen Kommission erforderlich sind. Die Bundesstelle für Chemikalien hat die zuständigen Landesbehörden auf Verlangen zu beraten. Soweit nach § 21 Abs. 2a Nr. 2 eine andere Bundesoberbehörde bestimmt ist, bestehen die in den Sätzen 1 und 2 genannten Pflichten zwischen dieser Behörde und den zuständigen Landesbehörden.

§ 26 Bußgeldvorschriften

(1) Ordnungswidrig handelt, wer vorsätzlich oder fahrlässig

1. (weggefallen)
1a. (weggefallen)
1b. (weggefallen)
2. (weggefallen)
3. (weggefallen)
4. einer vollziehbaren Anordnung nach § 12 g Absatz 1 Satz 1 zuwiderhandelt,
5.
   a) entgegen § 13 Absatz 2 in Verbindung mit einer Rechtsverordnung nach § 14 Absatz 1 Nummer 1, 2 oder Nummer 3 Buchstabe c, jeweils auch in Verbindung mit § 14 Absatz 3, einen Stoff oder ein Gemisch nicht, nicht richtig, nicht vollständig, nicht in der vorgeschriebenen Weise oder nicht rechtzeitig einstuft,
   b) entgegen § 13 Absatz 3 Satz 1 in Verbindung mit einer Rechtsverordnung nach § 14 Absatz 1 Nummer 3 Buchstabe a, d oder Buchstabe e, jeweils auch in Verbindung mit § 14 Absatz 3, einen Stoff oder ein Gemisch nicht, nicht richtig, nicht vollständig, nicht in der vorgeschriebenen Weise oder nicht rechtzeitig kennzeichnet oder nicht, nicht richtig, nicht vollständig, nicht in der vorgeschriebenen Weise oder nicht rechtzeitig verpackt oder
   c) einer Rechtsverordnung nach § 14 Absatz 1 Nummer 3 Buchstabe a, b, d, e oder Buchstabe f oder Absatz 2 Satz 2 zuwiderhandelt, soweit sie für einen bestimmten Tatbestand auf diese Bußgeldvorschrift verweist,
5a. (weggefallen)
6. einer Rechtsverordnung nach § 16d zuwiderhandelt, soweit sie für einen bestimmten Tatbestand auf diese Bußgeldvorschrift verweist,
6a. entgegen § 16e Absatz 1 Satz 1 oder Satz 3, jeweils auch in Verbindung mit einer Rechtsverordnung nach Absatz 5 Nummer 2 oder Nummer 3, eine Mitteilung nicht, nicht richtig, nicht vollständig oder nicht rechtzeitig macht,
6b. (weggefallen)
7. einer Rechtsverordnung nach
   a) § 17 Absatz 1 Nummer 1 Buchstabe b oder Nummer 2 Buchstabe a, c oder d, jeweils auch in Verbindung mit Absatz 3 Satz 1,
   b) § 17 Absatz 1 Nummer 1 Buchstabe c, auch in Verbindung mit Absatz 3 Satz 1, oder
   c) § 17 Absatz 5

   zuwiderhandelt, soweit sie für einen bestimmten Tatbestand auf diese Bußgeldvorschrift verweist,
8. einer Rechtsverordnung nach
   a) § 18 Absatz 1 über giftige Tiere und Pflanzen,
   b) § 19 Absatz 1 in Verbindung mit Absatz 3 über Maßnahmen zum Schutz von Beschäftigten

   zuwiderhandelt, soweit sie für einen bestimmten Tatbestand auf diese Bußgeldvorschrift verweist,
8a. (weggefallen)
9. entgegen § 21 Absatz 3 eine Auskunft trotz Anmahnung nicht erteilt, entgegen § 21 Absatz 4 Satz 1 Nummer 2 Unterlagen nicht vorlegt oder einer Pflicht nach § 21 Absatz 4 Satz 3 nicht nachkommt,
10. einer vollziehbaren Anordnung
   a) nach § 23 Absatz 1 oder
   b) nach § 23 Absatz 2 Satz 3 in Verbindung mit Satz 1 über das Herstellen, das Inverkehrbringen oder das Verwenden von Stoffen, Gemischen oder Erzeugnissen

   zuwiderhandelt,
10a. einer Rechtsverordnung nach § 28 Absatz 11 über Zulassungs- oder Meldepflichten für bestimmte Biozid-Produkte zuwiderhandelt, soweit sie für einen bestimmten Tatbestand auf diese Bußgeldvorschrift verweist, oder
11. einer unmittelbar geltenden Vorschrift in Rechtsakten der Europäischen Gemeinschaften oder der

Europäischen Union zuwiderhandelt, die Sachbereiche dieses Gesetzes betrifft, soweit eine Rechtsverordnung nach Satz 2 für einen bestimmten Tatbestand auf diese Bußgeldvorschrift verweist und die Zuwiderhandlung nicht nach § 27 Absatz 1 Nummer 3 oder Absatz 2 als Straftat geahndet werden kann. Die Bundesregierung wird ermächtigt, durch Rechtsverordnung mit Zustimmung des Bundesrates die einzelnen Tatbestände der Rechtsakte, die nach Satz 1 als Ordnungswidrigkeiten mit Geldbuße geahndet werden können, zu bezeichnen, soweit dies zur Durchführung der Rechtsakte erforderlich ist.

(2) Die Ordnungswidrigkeit kann in den Fällen des Absatzes 1 Nummer 7 Buchstabe b mit einer Geldbuße bis zu zweihunderttausend Euro, in den Fällen des Absatzes 1 Nummer 4, 5, 6, 7 Buchstabe a, Nummer 8 Buchstabe b, Nummer 10 und 11 mit einer Geldbuße bis zu fünfzigtausend Euro und in den übrigen Fällen mit einer Geldbuße bis zu zehntausend Euro geahndet werden.

(3) Verwaltungsbehörde im Sinne des § 36 Absatz 1 Nummer 1 des Gesetzes über Ordnungswidrigkeiten ist

1. in den Fällen des Absatzes 1 Nummer 9 in Verbindung mit § 21 Absatz 3 Satz 2
   a) die Bundesstelle für Chemikalien für ihren Geschäftsbereich gemäß § 21 Absatz 2 Satz 2 oder
   b) die in der Rechtsverordnung nach § 21 Absatz 2a bezeichnete Bundesbehörde, soweit ihr die in § 21 Absatz 3 Satz 1 bezeichneten Befugnisse zustehen,
2. (weggefallen)
3. im Übrigen die nach Landesrecht zuständige Behörde.

6.15 Chemikalienverbotsverordnung

Chemikalien-Verbotsverordnung in der Fassung der Bekanntmachung vom 13. Juni 2003 (BGBl. I S. 867), die zuletzt durch Artikel 5 Absatz 40 des Gesetzes vom 24. Februar 2012 (BGBl. I S. 212) geändert worden ist

[...]

§ 3 Informations- und Aufzeichnungspflichten bei der Abgabe an Dritte

(1) Stoffe und Zubereitungen, die nach der Gefahrstoffverordnung mit den Gefahrensymbolen T (giftig) oder T+ (sehr giftig) oder O (brandfördernd) oder F+ (hochentzündlich) oder mit den R-Sätzen R 40, R 62, R 63 oder R 68 zu kennzeichnen sind, dürfen nur abgegeben werden, wenn

1. der Abgebende die Identität (Name und Anschrift) des Erwerbers und, falls der Erwerber eine andere Person zur Abholung beauftragt hat (Abholender), deren Identität bei gleichzeitiger Vorlage der Auftragsbestätigung, aus der Verwendungszweck und Identität des Erwerbers hervorgehen, festgestellt hat,
2. dem Abgebenden bekannt ist oder er sich durch den Erwerber hat bestätigen lassen, dass dieser
   a) als Handelsgewerbetreibender für sehr giftige und giftige Stoffe und Zubereitungen im Besitz einer Erlaubnis nach § 2 Abs. 1 ist oder das Inverkehrbringen gemäß § 2 Abs. 6 angezeigt hat oder Stoffe sowie Zubereitungen, die nach der Gefahrstoffverordnung mit den Gefahrensymbolen, O (brandfördernd) oder F+ (hochentzündlich) oder mit den R-Sätzen R 40, R 62, R 63 oder R 68 zu kennzeichnen sind, an den privaten Endverbraucher nur durch eine im Betrieb beschäftigte Person abgeben lässt, die die Voraussetzungen des § 2 Abs. 2 erfüllt, oder
   b) als Endabnehmer diese Stoffe und Zubereitungen in erlaubter Weise verwenden will,

   und keine Anhaltspunkte für eine unerlaubte Weiterveräußerung oder Verwendung bestehen,
3. der Erwerber, sofern es sich um eine natürliche Person handelt, mindestens 18 Jahre alt ist,
4. der Erwerber, sofern er ein Begasungsmittel nach der Gefahrstoffverordnung erwerben will, die Erlaubnis nach Anhang I Nummer 4.3.1 Absatz 1 der Gefahrstoffverordnung oder den Befähigungsschein nach Anhang I Nr. 4.3.1 Absatz 2 der Gefahrstoffverordnung vorgelegt hat und
5. der Abgebende den Erwerber über die mit dem Verwenden des Stoffes oder der Zubereitung verbundenen Gefahren, die notwendigen Vorsichtsmaßnahmen beim bestimmungsgemäßen Gebrauch und für den Fall des unvorhergesehenen Verschüttens oder Freisetzens sowie über die ordnungsgemäße Entsorgung unterrichtet hat.

Satz 1 Nr. 1 bis 3 gilt auch für die Abgabe von nicht nach der Gefahrstoffverordnung mit dem Gefahrensymbol O (brandfördernd) zu kennzeichnenden Wasserstoffperoxidlösungen (CAS-Nummer 7722-84-1) mit einem Massengehalt von mehr als 12 Prozent und den nicht mit dem Gefahrensymbol O (brandfördernd) zu kennzeichnenden ammoniumnitrathaltigen Zubereitungen, die einer der in Anhang I Nummer 5 der Gefahrstoffverordnung genannten Gruppen A oder E oder den Untergruppen B I, C I, D III oder D IV zugeordnet werden können. Bei der Abgabe von Stoffen und Zubereitungen nach Satz 1, die nicht mit dem Gefahrensymbol T (giftig) oder T + (sehr giftig) zu kennzeichnen sind, an natürliche Personen ist eine Identitätsfeststellung nach Satz 1 Nr. 1 nicht erforderlich; Satz 1 Nr. 3 bleibt unberührt. Abweichend von Satz 3 ist eine Identitätsfeststellung nach Satz 1 Nr. 1 erforderlich bei der Abgabe von

1. Ammoniumnitrat (CAS-Nummer 6484-52-2) und den in Satz 2 genannten ammoniumnitrathaltigen Zubereitungen,
2. Kaliumchlorat (CAS-Nummer 3811-04-9),
3. Kaliumnitrat (CAS-Nummer 7757-79-1),
4. Kaliumperchlorat (CAS-Nummer 7778-74-7),
5. Kaliumpermanganat (CAS-Nummer 7722-64-7),
6. Natriumchlorat (CAS-Nummer 7775-09-9),
7. Natriumnitrat (CAS-Nummer 7631-99-4),
8. Natriumperchlorat (CAS-Nummer 7601-89-0),
9. Wasserstoffperoxidlösungen mit einem Massengehalt von mehr als 12 Prozent (CAS-Nummer 7722-84-1).

Für die Abgabe von Stoffen und Zubereitungen, die bei bestimmungsgemäßer Verwendung Phosphorwasserstoff entwickeln, gilt Satz 1 Nr. 1 bis 5 auch dann, wenn diese Stoffe und Zubereitungen nicht mit einem der in Satz 1 genannten Gefahrensymbole und R-Sätze zu kennzeichnen sind; abweichend hiervon gilt Satz 1 Nr. 4 nicht, wenn die Stoffe und Zubereitungen portionsweise verpackt sind, bei bestimmungsgemäßer Verwendung nicht mehr als 15 Gramm Phosphorwasserstoff entwickeln und zur Schädlingsbekämpfung im Freien verwendet werden. Die Sätze 1 bis 4 gelten nicht für die Abgabe von pyrotechnischen Gegenständen im Sinne des § 4 Abs. 2 der Ersten Verordnung zum Sprengstoffgesetz in der Fassung der Bekanntmachung vom 31. Januar 1991 (BGBl. I S. 169), die zuletzt durch Artikel 390 der Verordnung vom 31. Oktober 2006 (BGBl. I S. 2407) geändert worden ist.

(2) Die Abgabe nach Absatz 1 darf nur durch eine in dem Betrieb beschäftigte Person erfolgen, die die Anforderungen nach § 2 Abs. 2 erfüllt. Satz 1 gilt nicht

1. für die in Absatz 1 Satz 2 genannten Stoffe und Zubereitungen sowie
2. für Hersteller, Einführer und Händler, soweit sie die Stoffe und Zubereitungen an Wiederverkäufer, berufsmäßige Verwender oder öffentliche Forschungs-, Untersuchungs- oder Lehranstalten abgeben und mit der Abgabe Personen beauftragen, die zuverlässig sind, das 18. Lebensjahr vollendet haben und mindestens jährlich über die zu beachtenden Vorschriften belehrt werden; die Belehrung ist schriftlich zu bestätigen.

(3) Über die Abgabe der Stoffe und Zubereitungen nach § 2 Abs. 1 und § 3 Abs. 1 Satz 4 ist ein Abgabebuch zu führen, das Angaben über Art und Menge der Stoffe und Zubereitungen, das Datum der Abgabe, den Verwendungszweck, den Namen und die Anschrift des Erwerbers und den Namen des Abgebenden enthält. Der Empfang der Stoffe und Zubereitungen ist vom Erwerber oder, wenn er diese nicht selbst in Empfang nimmt, vom Abholenden im Abgabebuch oder auf einem gesonderten Empfangsschein durch Unterschrift zu bestätigen. Das Abgabebuch ist vom Betriebsinhaber zusammen mit den Empfangsscheinen für mindestens fünf Jahre nach der letzten Eintragung aufzubewahren.

(4) Absatz 3 gilt nicht für Hersteller, Einführer und Händler, soweit sie die Stoffe und Zubereitungen an Wiederverkäufer, berufsmäßige Verwender oder öffentliche Forschungs-, Untersuchungs- und Lehranstalten abgeben und die in Absatz 3 Satz 1 aufgeführten Angaben in anderer Weise für mindestens fünf Jahre nachweisen können. Die nach Absatz 3 Satz 1 nachzuweisenden Angaben müssen bei Abgabe an öffentliche Anstalten nach Satz 1 die Angabe umfassen, ob die Abgabe zu Forschungs-, Analyse-, Ausbildungs- oder Lehrzwecken erfolgt. Die Absätze 1 und 2 gelten nicht für

1. Gase im Sinne der Klasse 2 nach Unterabschnitt 2.2.2.1 Anlage A des Europäischen Übereinkommens vom 30. September 1957 über die internationale Beförderung gefährlicher Güter auf der Straße (ADR) in der Fassung der Bekanntmachung vom 28. August 2007 (BGBl. 2007 II S. 1399), sofern sie nach der Gefahrstoffverordnung mit dem Gefahrensymbol F+ (hochentzündlich) oder O (brandfördernd) zu kennzeichnen sind,
2. Klebstoffe, Härter, Mehrkomponentenkleber und Mehrkomponenten-Reparaturspachtel, die auf Grund ihrer Zusammensetzung nach der Gefahrstoffverordnung mit dem Gefahrensymbol O (brandfördernd) zu kennzeichnen sind,
3. Experimentierkästen für chemische oder ähnliche Versuche, die in Übereinstimmung mit DIN EN 71 Teil 4, Ausgabe November 1990, hergestellt worden sind, wobei Absatz 1 Satz 1 Nr. 3 unberührt bleibt,
4. Mineralien für Sammlerzwecke,
5. Heizöl und Dieselkraftstoffe,
6. Sonderkraftstoffe für motorbetriebene Arbeitsgeräte, die nach der Gefahrstoffverordnung mit dem Gefahrensymbol F+ (hochentzündlich) zu kennzeichnen sind, sowie
7. Photochemikalien mit den Gefahrensymbolen Xn und R 40/R 68 in Verpackungen mit kindergesicherten Verschlüssen.

[...]

6.16 Gefahrstoffverordnung

Gefahrstoffverordnung vom 26. November 2010 (BGBl. I S. 1643, 1644), die zuletzt durch Artikel 2 der Verordnung vom 15. Juli 2013 (BGBl. I S. 2514) geändert worden ist

[...]

§ 4 Einstufung, Kennzeichnung und Verpackung

(1) Die Einstufung, Kennzeichnung und Verpackung von Stoffen und Gemischen sowie von Erzeugnissen mit Explosivstoff richten sich nach den Bestimmungen der Verordnung (EG) Nr. 1272/2008.

(2) Sofern nach Artikel 61 der Verordnung (EG) Nr. 1272/2008 die Einstufung, Kennzeichnung oder Verpackung von Stoffen und Zubereitungen nach der Richtlinie 67/548/EWG oder der Richtlinie 1999/45/EG erfolgt, sind unbeschadet des § 19 Absatz 3 die Bestimmungen dieser Richtlinien sowie die Absätze 3 bis 6 und § 5 Absatz 3 anzuwenden.

(3) Bei der Einstufung von Stoffen und Zubereitungen sind die nach § 20 Absatz 4 bekannt gegebenen Regeln und Erkenntnisse zu berücksichtigen.

(4) Die Kennzeichnung von Stoffen und Zubereitungen, die in Deutschland in Verkehr gebracht werden, muss in deutscher Sprache erfolgen.

(5) Werden gefährliche Stoffe oder gefährliche Zubereitungen unverpackt in Verkehr gebracht, sind jeder Liefereinheit geeignete Sicherheitsinformationen oder ein Sicherheitsdatenblatt in deutscher Sprache beizufügen.

(6) Beabsichtigt ein Hersteller oder Einführer, der nach der Richtlinie 1999/45/EG kennzeichnet, von der in Artikel 15 dieser Richtlinie festgelegten Möglichkeit zur abweichenden Bezeichnung von gefährlichen Stoffen bei der Kennzeichnung von Zubereitungen Gebrauch zu machen, hat er die erforderlichen Informationen und Nachweise der Bundesstelle für Chemikalien (§ 4 Absatz 1 Nummer 1 des Chemikaliengesetzes) rechtzeitig vorzulegen. Von der Möglichkeit zur abweichenden Bezeichnung kann für Wirkstoffe in Biozid-Produkten nicht Gebrauch gemacht werden.

(7) Der Hersteller oder Einführer hat Biozid-Wirkstoffe, die als solche in Verkehr gebracht werden und zugleich biologische Arbeitsstoffe sind, zusätzlich nach den §§ 3 und 4 der Biostoffverordnung einzustufen.

(8) Für die Verpackung und Kennzeichnung von Biozid-Produkten gilt zusätzlich Artikel 20 Absatz 2 Satz 2 Buchstabe a und Absatz 3 Satz 2 und 3 Buchstabe a, c, f bis j, l und m sowie im Fall zugelassener oder registrierter Biozid-Produkte zusätzlich Artikel 20 Absatz 3 Satz 3 Buchstabe b, d, e und k der Richtlinie 98/8/EG des Europäischen Parlaments und des Rates vom 16. Februar 1998 über das Inverkehrbringen von Biozid-Produkten (ABl. L 123 vom 24.4.1998, S. 1, L 150 vom 8.6.2002, S. 71), die zuletzt durch die Richtlinien 2010/7/EU, 2010/8/EU, 2010/9/EU, 2010/10/EU und 2010/11/EU (ABl. L 37 vom 10.2.2010, S. 33, 37, 40, 44, 47) geändert worden ist. Bei der Kennzeichnung von Biozid-Produkten, bei denen der Wirkstoff ein biologischer Arbeitsstoff ist, sind darüber hinaus anzugeben

1. die Identität des Organismus nach Anhang IVA Abschnitt II Nummer 2.1 und 2.2 der Richtlinie 98/8/EG,
2. die Einstufung der Mikroorganismen in Risikogruppen nach den §§ 3 und 4 der Biostoffverordnung und
3. bei einer Einstufung in die Risikogruppe 2 und höher nach den §§ 3 und 4 der Biostoffverordnung das Symbol für Biogefährdung nach Anhang I der Biostoffverordnung.

Die nach Satz 2 und nach Artikel 20 Absatz 3 Satz 3 Buchstabe a, b, d, g und k der Richtlinie 98/8/EG erforderlichen Angaben müssen auf dem Kennzeichnungsschild stehen. Die Angaben nach Artikel 20 Absatz 3 Satz 3 Buchstabe c, e, f, h, i, j und l der Richtlinie 98/8/EG können auf dem Kennzeichnungsschild oder an anderer Stelle der Verpackung oder auf einem der Verpackung beigefügten, integrierten Merkblatt stehen.

(9) Dekontaminierte PCB-haltige Geräte im Sinne der Richtlinie 96/59/EG müssen nach dem Anhang dieser Richtlinie gekennzeichnet werden.

(10) Die Kennzeichnung bestimmter, beschränkter Stoffe, Zubereitungen und Erzeugnisse richtet sich zusätzlich nach Artikel 67 in Verbindung mit Anhang XVII der Verordnung (EG) Nr. 1907/2006 des Europäischen Parlaments und des Rates vom 18. Dezember 2006 zur Registrierung, Bewertung, Zulassung und Beschränkung chemischer Stoffe (REACH), zur Schaffung einer Europäischen Chemikalienagentur, zur Änderung der Richtlinie 1999/45/EG und zur Aufhebung der Verordnung (EWG) Nr. 793/93 des Rates, der Verordnung (EG) Nr. 1488/94 der Kommission, der Richtlinie 76/769/EWG des Rates sowie der Richtlinien 91/155/EWG, 93/67/EWG, 93/105/EG und 2000/21/EG der Kommission (ABl. L 396 vom 30.12.2006, S. 1, L 136 vom 29.5.2007, S. 3, L 141 vom 31.5.2008, S. 22, L 36 vom 5.2.2009, S. 84), die zuletzt durch die Verordnung (EU) Nr. 453/2010 (ABl. L 133 vom 31.5.2010, S. 1) geändert worden ist, in ihrer jeweils geltenden Fassung.

(11) Ist

1. der Informationsgehalt der Kennzeichnung oder des Sicherheitsdatenblatts einer Zubereitung oder
2. die Information über eine Verunreinigung oder Beimengung auf dem Kennzeichnungsschild oder im Sicherheitsdatenblatt eines Stoffs

nicht ausreichend, um neue Zubereitungen bei der Herstellung ordnungsgemäß einstufen zu können, hat der Inverkehrbringer der Zubereitung oder des Stoffs den anderen Herstellern auf Anfrage unverzüglich alle Informationen zur Verfügung zu stellen, die für eine ordnungsgemäße Einstufung neuer Zubereitungen erforderlich sind.

§ 5 Sicherheitsdatenblatt und sonstige Informationspflichten

(1) Die vom Hersteller, Einführer und erneuten Inverkehrbringer hinsichtlich des Sicherheitsdatenblatts beim Inverkehrbringen von Stoffen und Zubereitungen zu beachtenden Anforderungen ergeben sich aus Artikel 31 in Verbindung mit Anhang II der Verordnung (EG) Nr. 1907/2006. Ist nach diesen Vorschriften die Übermittlung eines Sicherheitsdatenblatts nicht erforderlich, richten sich die Informationspflichten nach Artikel 32 der Verordnung (EG) Nr. 1907/2006.

(2) Bei den Angaben, die nach den Nummern 15 und 16 des Anhangs II der Verordnung (EG) Nr. 1907/2006 zu machen sind, sind insbesondere die nach § 20 Absatz 4 bekannt gegebenen Regeln und Erkenntnisse zu berücksichtigen, nach denen Stoffe oder Tätigkeiten als krebserzeugend, erbgutverändernd oder fortpflanzungsgefährdend bezeichnet werden.

(3) Werden Zubereitungen nach der Richtlinie 1999/45/EG gekennzeichnet, muss auf der Verpackung von Zubereitungen, die im Einzelhandel angeboten oder für jedermann erhältlich sind und die als sehr giftig, giftig oder ätzend eingestuft sind, nach Maßgabe des Anhangs V Buchstabe A Nummer 1.2 der Richtlinie 1999/45/EG eine genaue und allgemein verständliche Gebrauchsanweisung angebracht werden. Falls dies technisch nicht möglich ist, muss die Gebrauchsanweisung der Verpackung beigefügt werden.

§ 6 Informationsermittlung und Gefährdungsbeurteilung

(1) Im Rahmen einer Gefährdungsbeurteilung als Bestandteil der Beurteilung der Arbeitsbedingungen nach § 5 des Arbeitsschutzgesetzes hat der Arbeitgeber festzustellen, ob die Beschäftigten Tätigkeiten mit Gefahrstoffen ausüben oder ob bei Tätigkeiten Gefahrstoffe entstehen oder freigesetzt werden können. Ist dies der Fall, so hat er alle hiervon ausgehenden Gefährdungen der Gesundheit und Sicherheit der Beschäftigten unter folgenden Gesichtspunkten zu beurteilen:

1. gefährliche Eigenschaften der Stoffe oder Zubereitungen, einschließlich ihrer physikalisch-chemischen Wirkungen,
2. Informationen des Herstellers oder Inverkehrbringers zum Gesundheitsschutz und zur Sicherheit insbesondere im Sicherheitsdatenblatt,
3. Art und Ausmaß der Exposition unter Berücksichtigung aller Expositionswege; dabei sind die Ergebnisse der Messungen und Ermittlungen nach § 7 Absatz 8 zu berücksichtigen,
4. Möglichkeiten einer Substitution,
5. Arbeitsbedingungen und Verfahren, einschließlich der Arbeitsmittel und der Gefahrstoffmenge,
6. Arbeitsplatzgrenzwerte und biologische Grenzwerte,
7. Wirksamkeit der ergriffenen oder zu ergreifenden Schutzmaßnahmen,
8. Erkenntnisse aus arbeitsmedizinischen Vorsorgeuntersuchungen nach der Verordnung zur arbeitsmedizinischen Vorsorge.

(2) Der Arbeitgeber hat sich die für die Gefährdungsbeurteilung notwendigen Informationen beim Inverkehrbringer oder aus anderen, ihm mit zumutbarem Aufwand zugänglichen Quellen zu beschaffen. Insbesondere hat der Arbeitgeber die Informationen zu beachten, die ihm nach Titel IV der Verordnung (EG) Nr. 1907/2006 zur Verfügung gestellt werden; dazu gehören Sicherheitsdatenblätter und die Informationen zu Stoffen oder Zubereitungen, für die kein Sicherheitsdatenblatt zu erstellen ist. Sofern die Verordnung (EG) Nr. 1907/2006 keine Informationspflicht vorsieht, hat der Inverkehrbringer dem Arbeitgeber auf Anfrage die für die Gefährdungsbeurteilung notwendigen Informationen über die Gefahrstoffe zur Verfügung zu stellen.

(3) Stoffe und Zubereitungen, die nicht von einem Inverkehrbringer nach § 4 Absatz 1 oder Absatz 2 eingestuft und gekennzeichnet worden sind, beispielsweise innerbetrieblich hergestellte Stoffe oder Zubereitungen, hat der Arbeitgeber selbst einzustufen. Zumindest aber hat er die von den Stoffen oder Zubereitungen ausgehenden Gefährdungen der Beschäftigten zu ermitteln; dies gilt auch für Gefahrstoffe nach § 2 Absatz 1 Nummer 4.

(4) Der Arbeitgeber hat festzustellen, ob die verwendeten Stoffe, Zubereitungen oder Erzeugnisse bei Tätigkeiten, auch unter Berücksichtigung verwendeter Arbeitsmittel, Verfahren und der Arbeitsumgebung sowie ihrer möglichen Wechselwirkungen, zu Brand- oder Explosionsgefährdungen führen können. Insbesondere hat er zu ermitteln, ob die Stoffe, Zubereitungen oder Erzeugnisse auf Grund ihrer Eigenschaften und der Art und Weise, wie sie am Arbeitsplatz vorhanden sind oder verwendet werden, explosionsfähige Gemische bilden können. Im Fall von nicht atmosphärischen Bedingungen sind auch die möglichen Veränderungen der für den Explosionsschutz relevanten sicherheitstechnischen Kenngrößen zu ermitteln und zu berücksichtigen.

(5) Bei der Gefährdungsbeurteilung sind ferner Tätigkeiten zu berücksichtigen, bei denen auch nach Ausschöpfung sämtlicher technischer Schutzmaßnahmen die Möglichkeit einer Gefährdung besteht. Dies gilt insbesondere für Instandhaltungsarbeiten, einschließlich Wartungsarbeiten. Darüber hinaus sind auch andere Tätigkeiten wie Bedien- und Überwachungsarbeiten zu berücksichtigen, wenn diese zu einer Gefährdung von Beschäftigten durch Gefahrstoffe führen können.

(6) Die mit den Tätigkeiten verbundenen inhalativen, dermalen und physikalisch-chemischen Gefährdungen sind unabhängig voneinander zu beurteilen und in der Gefährdungsbeurteilung zusammenzuführen. Treten bei einer Tätigkeit mehrere Gefahrstoffe gleichzeitig auf, sind Wechsel- oder Kombinationswirkungen der Gefahrstoffe, die Einfluss auf die Gesundheit und Sicherheit der Beschäftigten haben, bei der Gefährdungsbeurteilung zu berücksichtigen, soweit solche Wirkungen bekannt sind.

(7) Der Arbeitgeber kann bei der Festlegung der Schutzmaßnahmen eine Gefährdungsbeurteilung übernehmen, die ihm der Hersteller oder Inverkehrbringer mitgeliefert hat, sofern die Angaben und Festlegungen in dieser Gefährdungsbeurteilung den Arbeitsbedingungen und Verfahren, einschließlich der Arbeitsmittel und der Gefahrstoffmenge, im eigenen Betrieb entsprechen.

(8) Der Arbeitgeber hat die Gefährdungsbeurteilung unabhängig von der Zahl der Beschäftigten erstmals vor Aufnahme der Tätigkeit zu dokumentieren; dabei sind anzugeben

1. die Gefährdungen am Arbeitsplatz,
2. das Ergebnis der Prüfung auf Möglichkeiten einer Substitution nach Absatz 1 Satz 2 Nummer 4,
3. eine Begründung für einen Verzicht auf eine technisch mögliche Substitution, sofern Schutzmaßnahmen nach § 9 oder § 10 zu ergreifen sind,
4. die durchzuführenden Schutzmaßnahmen einschließlich derer,
   a) die wegen der Überschreitung eines Arbeitsplatzgrenzwerts zusätzlich ergriffen wurden sowie der geplanten Schutzmaßnahmen, die zukünftig ergriffen werden sollen, um den Arbeitsplatzgrenzwert einzuhalten, oder
   b) die unter Berücksichtigung eines Beurteilungsmaßstabs für krebserzeugende Gefahrstoffe, der nach § 20 Absatz 4 bekannt gegeben worden ist, zusätzlich getroffen worden sind oder zukünftig getroffen werden sollen (Maßnahmenplan),
5. eine Begründung, wenn von den nach § 20 Absatz 4 bekannt gegebenen Regeln und Erkenntnissen abgewichen wird, und
6. die Ermittlungsergebnisse, die belegen, dass der Arbeitsplatzgrenzwert eingehalten wird oder – bei Stoffen ohne Arbeitsplatzgrenzwert – die ergriffenen technischen Schutzmaßnahmen wirksam sind.

Auf eine detaillierte Dokumentation kann bei Tätigkeiten mit geringer Gefährdung nach Absatz 11 verzichtet werden. Falls in anderen Fällen auf eine detaillierte Dokumentation verzichtet wird, ist dies nachvollziehbar zu begründen. Die Gefährdungsbeurteilung ist regelmäßig zu überprüfen und bei Bedarf zu aktualisieren. Sie ist umgehend zu aktualisieren, wenn maßgebliche Veränderungen oder neue Informationen dies erfordern oder wenn sich eine Aktualisierung auf Grund der Ergebnisse arbeitsmedizinischer Vorsorgeuntersuchungen nach der Verordnung zur arbeitsmedizinischen Vorsorge als notwendig erweist.

(9) Die Gefährdungsbeurteilung darf nur von fachkundigen Personen durchgeführt werden. Verfügt der Arbeitgeber nicht selbst über die entsprechenden Kenntnisse, so hat er sich fachkundig beraten zu lassen. Fachkundig können insbesondere die Fachkraft für Arbeitssicherheit und die Betriebsärztin oder der Betriebsarzt sein.

(10) Der Arbeitgeber hat ein Verzeichnis der im Betrieb verwendeten Gefahrstoffe zu führen, in dem auf die entsprechenden Sicherheitsdatenblätter verwiesen wird. Das Verzeichnis muss mindestens folgende Angaben enthalten:

1. Bezeichnung des Gefahrstoffs,
2. Einstufung des Gefahrstoffs oder Angaben zu den gefährlichen Eigenschaften,
3. Angaben zu den im Betrieb verwendeten Mengenbereichen,
4. Bezeichnung der Arbeitsbereiche, in denen Beschäftigte dem Gefahrstoff ausgesetzt sein können.

Die Sätze 1 und 2 gelten nicht, wenn nur Tätigkeiten mit geringer Gefährdung nach Absatz 11 ausgeübt werden. Die Angaben nach Satz 2 Nummer 1, 2 und 4 müssen allen betroffenen Beschäftigten und ihrer Vertretung zugänglich sein.

(11) Ergibt sich aus der Gefährdungsbeurteilung für bestimmte Tätigkeiten auf Grund

1. der dem Gefahrstoff zugeordneten Gefährlichkeitsmerkmale,
2. einer geringen verwendeten Stoffmenge,
3. einer nach Höhe und Dauer niedrigen Exposition und
4. der Arbeitsbedingungen

insgesamt eine nur geringe Gefährdung der Beschäftigten und reichen die nach § 8 zu ergreifenden Maßnahmen zum Schutz der Beschäftigten aus, so müssen keine weiteren Maßnahmen des Abschnitts 4 ergriffen werden.

(12) Wenn für Stoffe oder Zubereitungen keine Prüfdaten oder entsprechende aussagekräftige Informationen zur akut toxischen, reizenden, hautsensibilisierenden oder erbgutverändernden Wirkung oder zur Wirkung bei wiederholter Exposition vorliegen, sind die Stoffe oder Zubereitungen bei der Gefährdungsbeurteilung wie Gefahrstoffe mit entsprechenden Wirkungen zu behandeln.

§ 7 Grundpflichten

(1) Der Arbeitgeber darf eine Tätigkeit mit Gefahrstoffen erst aufnehmen lassen, nachdem eine Gefährdungsbeurteilung nach § 6 durchgeführt und die erforderlichen Schutzmaßnahmen nach Abschnitt 4 ergriffen worden sind.

(2) Um die Gesundheit und die Sicherheit der Beschäftigten bei allen Tätigkeiten mit Gefahrstoffen zu gewährleisten, hat der Arbeitgeber die erforderlichen Maßnahmen nach dem Arbeitsschutzgesetz und zusätzlich die nach dieser Verordnung erforderlichen Maßnahmen zu ergreifen. Dabei hat er die nach § 20 Absatz 4 bekannt gegebenen Regeln und Erkenntnisse zu berücksichtigen. Bei Einhaltung dieser Regeln und Erkenntnisse ist in der Regel davon auszugehen, dass die Anforderungen dieser Verordnung erfüllt sind. Von diesen Regeln und Erkenntnissen kann abgewichen werden, wenn durch andere Maßnahmen zumindest in vergleichbarer Weise der Schutz der Gesundheit und die Sicherheit der Beschäftigten gewährleistet werden.

(3) Der Arbeitgeber hat auf der Grundlage des Ergebnisses der Substitutionsprüfung nach § 6 Absatz 1 Satz 2 Nummer 4 vorrangig eine Substitution durchzuführen. Er hat Gefahrstoffe oder Verfahren durch Stoffe, Zubereitungen oder Erzeugnisse oder Verfahren zu ersetzen, die unter den jeweiligen Verwendungsbedingungen für die Gesundheit und Sicherheit der Beschäftigten nicht oder weniger gefährlich sind.

(4) Der Arbeitgeber hat Gefährdungen der Gesundheit und der Sicherheit der Beschäftigten bei Tätigkeiten mit Gefahrstoffen auszuschließen. Ist dies nicht möglich, hat er sie auf ein Minimum zu reduzieren. Diesen Geboten hat der Arbeitgeber durch die Festlegung und Anwendung geeigneter Schutzmaßnahmen Rechnung zu tragen. Dabei hat er folgende Rangfolge zu beachten:

1. Gestaltung geeigneter Verfahren und technischer Steuerungseinrichtungen von Verfahren, den Einsatz emissionsfreier oder emissionsarmer Verwendungsformen sowie Verwendung geeigneter Arbeitsmittel und Materialien nach dem Stand der Technik,
2. Anwendung kollektiver Schutzmaßnahmen technischer Art an der Gefahrenquelle, wie angemessene Be- und Entlüftung, und Anwendung geeigneter organisatorischer Maßnahmen,
3. sofern eine Gefährdung nicht durch Maßnahmen nach den Nummern 1 und 2 verhütet werden kann, Anwendung von individuellen Schutzmaßnahmen, die auch die Bereitstellung und Verwendung von persönlicher Schutzausrüstung umfassen.

(5) Beschäftigte müssen die bereitgestellte persönliche Schutzausrüstung verwenden, solange eine Gefährdung besteht. Die Verwendung von belastender persönlicher Schutzausrüstung darf keine Dauermaßnahme sein. Sie ist für jeden Beschäftigten auf das unbedingt erforderliche Minimum zu beschränken.

(6) Der Arbeitgeber stellt sicher, dass

1. die persönliche Schutzausrüstung an einem dafür vorgesehenen Ort sachgerecht aufbewahrt wird,
2. die persönliche Schutzausrüstung vor Gebrauch geprüft und nach Gebrauch gereinigt wird und
3. schadhafte persönliche Schutzausrüstung vor erneutem Gebrauch ausgebessert oder ausgetauscht wird.

(7) Der Arbeitgeber hat die Funktion und die Wirksamkeit der technischen Schutzmaßnahmen regelmäßig, mindestens jedoch jedes dritte Jahr, zu überprüfen. Das Ergebnis der Prüfungen ist aufzuzeichnen und vorzugsweise zusammen mit der Dokumentation nach § 6 Absatz 8 aufzubewahren.

(8) Der Arbeitgeber stellt sicher, dass die Arbeitsplatzgrenzwerte eingehalten werden. Er hat die Einhaltung durch Arbeitsplatzmessungen oder durch andere geeignete Methoden zur Ermittlung der Exposition zu überprüfen. Ermittlungen sind auch durchzuführen, wenn sich die Bedingungen ändern, welche die Exposition der Beschäftigten beeinflussen können. Die Ermittlungsergebnisse sind aufzuzeichnen, aufzubewahren und den Beschäftigten und ihrer Vertretung zugänglich zu machen. Werden Tätigkeiten entsprechend einem verfahrens- und stoffspezifischen Kriterium ausgeübt, das nach § 20 Absatz 4 bekannt gegebenen worden ist, kann der Arbeitgeber in der Regel davon ausgehen, dass die Arbeitsplatzgrenzwerte eingehalten werden; in diesem Fall findet Satz 2 keine Anwendung.

(9) Sofern Tätigkeiten mit Gefahrstoffen ausgeübt werden, für die kein Arbeitsplatzgrenzwert vorliegt, hat der Arbeitgeber regelmäßig die Wirksamkeit der ergriffenen technischen Schutzmaßnahmen durch geeignete Ermittlungsmethoden zu überprüfen, zu denen auch Arbeitsplatzmessungen gehören können.

(10) Wer Arbeitsplatzmessungen von Gefahrstoffen durchführt, muss fachkundig sein und über die erforderlichen Einrichtungen verfügen. Wenn ein Arbeitgeber eine für Messungen von Gefahrstoffen an Arbeitsplätzen akkreditierte Messstelle beauftragt, kann der Arbeitgeber in der Regel davon ausgehen, dass die von dieser Messstelle gewonnenen Erkenntnisse zutreffend sind.

(11) Der Arbeitgeber hat bei allen Ermittlungen und Messungen die nach § 20 Absatz 4 bekannt gegebenen Verfahren, Messregeln und Grenzwerte zu berücksichtigen, bei denen die entsprechenden Bestimmungen der folgenden Richtlinien berücksichtigt worden sind:

1. der Richtlinie 98/24/EG des Rates vom 7. April 1998 zum Schutz von Gesundheit und Sicherheit der

Arbeitnehmer vor der Gefährdung durch chemische Arbeitsstoffe bei der Arbeit (ABl. L 131 vom 5.5.1998, S. 11), die durch die Richtlinie 2007/30/EG (ABl. L 165 vom 27.6.2007, S. 21) geändert worden ist, und insbesondere der Richtlinien nach Artikel 3 Absatz 2 dieser Richtlinie zu Arbeitsplatzgrenzwerten,
2. der Richtlinie 2004/37/EG des Europäischen Parlaments und des Rates vom 29. April 2004 über den Schutz der Arbeitnehmer gegen Gefährdung durch Karzinogene oder Mutagene bei der Arbeit (ABl. L 158 vom 30.4.2004, S. 50, L 229 vom 29.6.2004, S. 23, L 204 vom 4.8.2007, S. 28) sowie
3. der Richtlinie 2009/148/EG des Europäischen Parlaments und des Rates vom 30. November 2009 über den Schutz der Arbeitnehmer gegen Gefährdung durch Asbest am Arbeitsplatz (ABl. L 330 vom 16.12.2009, S. 28).

[...]

§ 14 Unterrichtung und Unterweisung der Beschäftigten

(1) Der Arbeitgeber hat sicherzustellen, dass den Beschäftigten eine schriftliche Betriebsanweisung, die der Gefährdungsbeurteilung nach § 6 Rechnung trägt, in einer für die Beschäftigten verständlichen Form und Sprache zugänglich gemacht wird. Die Betriebsanweisung muss mindestens Folgendes enthalten:

1. Informationen über die am Arbeitsplatz vorhandenen oder entstehenden Gefahrstoffe, wie beispielsweise die Bezeichnung der Gefahrstoffe, ihre Kennzeichnung sowie mögliche Gefährdungen der Gesundheit und der Sicherheit,
2. Informationen über angemessene Vorsichtsmaßregeln und Maßnahmen, die die Beschäftigten zu ihrem eigenen Schutz und zum Schutz der anderen Beschäftigten am Arbeitsplatz durchzuführen haben; dazu gehören insbesondere
   a) Hygienevorschriften,
   b) Informationen über Maßnahmen, die zur Verhütung einer Exposition zu ergreifen sind,
   c) Informationen zum Tragen und Verwenden von persönlicher Schutzausrüstung und Schutzkleidung,
3. Informationen über Maßnahmen, die bei Betriebsstörungen, Unfällen und Notfällen und zur Verhütung dieser von den Beschäftigten, insbesondere von Rettungsmannschaften, durchzuführen sind.

Die Betriebsanweisung muss bei jeder maßgeblichen Veränderung der Arbeitsbedingungen aktualisiert werden. Der Arbeitgeber hat ferner sicherzustellen, dass die Beschäftigten

1. Zugang haben zu allen Informationen nach Artikel 35 der Verordnung (EG) Nr. 1907/2006 über die Stoffe und Zubereitungen, mit denen sie Tätigkeiten ausüben, insbesondere zu Sicherheitsdatenblättern, und
2. über Methoden und Verfahren unterrichtet werden, die bei der Verwendung von Gefahrstoffen zum Schutz der Beschäftigten angewendet werden müssen.

(2) Der Arbeitgeber hat sicherzustellen, dass die Beschäftigten anhand der Betriebsanweisung nach Absatz 1 über alle auftretenden Gefährdungen und entsprechende Schutzmaßnahmen mündlich unterwiesen werden. Teil dieser Unterweisung ist ferner eine allgemeine arbeitsmedizinisch-toxikologische Beratung. Diese dient auch zur Information der Beschäftigten über die Voraussetzungen, unter denen sie Anspruch auf arbeitsmedizinische Vorsorgeuntersuchungen nach der Verordnung zur arbeitsmedizinischen Vorsorge haben, und über den Zweck dieser Vorsorgeuntersuchungen. Die Beratung ist unter Beteiligung der Ärztin oder des Arztes nach § 7 Absatz 1 der Verordnung zur arbeitsmedizinischen Vorsorge durchzuführen, falls dies erforderlich sein sollte. Die Unterweisung muss vor Aufnahme der Beschäftigung und danach mindestens jährlich arbeitsplatzbezogen durchgeführt werden. Sie muss in für die Beschäftigten verständlicher Form und Sprache erfolgen. Inhalt und Zeitpunkt der Unterweisung sind schriftlich festzuhalten und von den Unterwiesenen durch Unterschrift zu bestätigen.

(3) Der Arbeitgeber hat bei Tätigkeiten mit krebserzeugenden, erbgutverändernden oder fruchtbarkeitsgefährdenden Gefahrstoffen der Kategorie 1 oder 2 sicherzustellen, dass

1. die Beschäftigten und ihre Vertretung nachprüfen können, ob die Bestimmungen dieser Verordnung eingehalten werden, und zwar insbesondere in Bezug auf die Auswahl und Verwendung der persönlichen Schutzausrüstung und die damit verbundenen Belastungen der Beschäftigten, durchzuführende Maßnahmen im Sinne des § 10 Absatz 4 Satz 1,
2. die Beschäftigten und ihre Vertretung bei einer erhöhten Exposition, einschließlich der in § 10 Absatz 4 Satz 1 genannten Fälle, unverzüglich unterrichtet und über die Ursachen sowie über die bereits ergriffenen oder noch zu ergreifenden Gegenmaßnahmen informiert werden,
3. ein aktualisiertes Verzeichnis über die Beschäftigten geführt wird, die Tätigkeiten ausüben, bei denen die Gefährdungsbeurteilung nach § 6 eine Gefährdung der Gesundheit oder der Sicherheit der Beschäftigten ergibt; in dem Verzeichnis ist auch die Höhe und

die Dauer der Exposition anzugeben, der die Beschäftigten ausgesetzt waren,

4. das Verzeichnis nach Nummer 3 mit allen Aktualisierungen 40 Jahre nach Ende der Exposition aufbewahrt wird; bei Beendigung von Beschäftigungsverhältnissen hat der Arbeitgeber den Beschäftigten einen Auszug über die sie betreffenden Angaben des Verzeichnisses auszuhändigen und einen Nachweis hierüber wie Personalunterlagen aufzubewahren,
5. die Ärztin oder der Arzt nach § 7 Absatz 1 der Verordnung zur arbeitsmedizinischen Vorsorge, die zuständige Behörde sowie jede für die Gesundheit und die Sicherheit am Arbeitsplatz verantwortliche Person Zugang zu dem Verzeichnis nach Nummer 3 haben,
6. alle Beschäftigten Zugang zu den sie persönlich betreffenden Angaben in dem Verzeichnis haben,
7. die Beschäftigten und ihre Vertretung Zugang zu den nicht personenbezogenen Informationen allgemeiner Art in dem Verzeichnis haben.

(4) Der Arbeitgeber kann mit Einwilligung des betroffenen Beschäftigten die Aufbewahrungs- einschließlich der Aushändigungspflicht nach Absatz 3 Nummer 4 auf den zuständigen gesetzlichen Unfallversicherungsträger übertragen. Dafür übergibt der Arbeitgeber dem Unfallversicherungsträger die erforderlichen Unterlagen in einer für die elektronische Datenverarbeitung geeigneten Form. Der Unfallversicherungsträger händigt der betroffenen Person auf Anforderung einen Auszug des Verzeichnisses mit den sie betreffenden Angaben aus.

[...]

6.17 Gesetz über Ordnungswidrigkeiten

Gesetz über Ordnungswidrigkeiten in der Fassung der Bekanntmachung vom 19. Februar 1987 (BGBl. I S. 602), das zuletzt durch Artikel 18 des Gesetzes vom 10. Oktober 2013 (BGBl. I S. 3786) geändert worden ist

[...]

§ 9 Handeln für einen anderen

(1) Handelt jemand

1. als vertretungsberechtigtes Organ einer juristischen Person oder als Mitglied eines solchen Organs,
2. als vertretungsberechtigter Gesellschafter einer rechtsfähigen Personengesellschaft oder
3. als gesetzlicher Vertreter eines anderen,

so ist ein Gesetz, nach dem besondere persönliche Eigenschaften, Verhältnisse oder Umstände (besondere persönliche Merkmale) die Möglichkeit der Ahndung begründen, auch auf den Vertreter anzuwenden, wenn diese Merkmale zwar nicht bei ihm, aber bei dem Vertretenen vorliegen.

(2) Ist jemand von dem Inhaber eines Betriebes oder einem sonst dazu Befugten

1. beauftragt, den Betrieb ganz oder zum Teil zu leiten, oder
2. ausdrücklich beauftragt, in eigener Verantwortung Aufgaben wahrzunehmen, die dem Inhaber des Betriebes obliegen,

und handelt er auf Grund dieses Auftrages, so ist ein Gesetz, nach dem besondere persönliche Merkmale die Möglichkeit der Ahndung begründen, auch auf den Beauftragten anzuwenden, wenn diese Merkmale zwar nicht bei ihm, aber bei dem Inhaber des Betriebes vorliegen. Dem Betrieb im Sinne des Satzes 1 steht das Unternehmen gleich. Handelt jemand auf Grund eines entsprechenden Auftrages für eine Stelle, die Aufgaben der öffentlichen Verwaltung wahrnimmt, so ist Satz 1 sinngemäß anzuwenden.

(3) Die Absätze 1 und 2 sind auch dann anzuwenden, wenn die Rechtshandlung, welche die Vertretungsbefugnis oder das Auftragsverhältnis begründen sollte, unwirksam ist.

[...]